中国现代教育社团史

周谷城 题

"中国现代教育社团史"丛书编委会

丛 书 主 编： 储朝晖

丛书编委会： （按姓氏笔画排序）

于书娟　马立武　王 玮　王文岭　王洪见
王聪颖　白 欣　刘小红　刘树勇　刘羡冰
刘嘉恒　孙邦华　苏东来　李永春　李英杰
李高峰　杨思信　吴冬梅　吴擎华　汪昊宇
宋业春　张礼永　张睦楚　陈克胜　陈梦越
周志平　周雪敏　钱 江　徐莹晖　曹天忠
梁尔铭　葛仁考　韩 星　储朝晖　楼世洲

审读委员会： （按姓氏笔画排序）

王 雷　王建梁　巴 杰　曲铁华　朱镜人
刘秀峰　刘继华　牟映雪　张 弛　张 剑
邵晓枫　范铁权　周 勇　赵国壮　徐 勇
徐卫红　黄书光　谢长法

"中国现代教育社团史"丛书书目

《中国现代教育社团发展史论》
《中华教育改进社史》
《中华平民教育促进会史》
《生活教育社史》
《中华职业教育社史》
《江苏教育会史》
《全国教育会联合会史》
《中国教育学会史》
《无锡教育会史》
《中国社会教育社史》
《中国民生教育学会史》
《中国教育电影协会史》
《中国科学社史》
《通俗教育研究会史》
《国家教育协会史》
《中华图书馆协会史》
《少年中国学会史》
《中华儿童教育社史》
《新安旅行团史》
《留美中国学生联合会史》
《中华学艺社史》
《道德学社史》
《中华教育文化基金会史》
《中华基督教教育会史》
《华法教育会史》
《中华自然科学社史》
《寰球中国学生会史》
《华美协进社史》
《中国数学会史》
《澳门中华教育会史》

> 推进教育治理体系和治理能力现代化……推动社会参与教育治理常态化，建立健全社会参与学校管理和教育评价监管机制。
>
> ——《中国教育现代化2035》

> 当前，我国改革开放正在逐步地深入和扩大，激发社会组织活力，在整个社会治理体系建设中具有重要作用。现代教育治理体系的建设，也迫切需要发挥专业的教育社团的积极作用。在这个大背景下，依据可靠的历史资料，回溯和评价历史上著名教育社团的产生、发展、组织方式和活动方式等，具有现实意义和社会价值。总的来说，这个项目设计视角独特，基础良好，具有较高的学术价值、实践价值和出版价值。
>
> ——石中英

> 教育社团组织与中国教育早期现代化，既是一个有丰富内涵的历史课题，更是一个极具现实意义的重大课题。由中国教育科学研究院储朝晖研究员领衔的学术团队，多年来在近代教育史这块园地上努力耕耘，多有创获，取得了可喜的成果，积累了深厚的知识储备。现在，他们选择一批有代表性、典型性、产生过重大影响的教育社团组织，列为专题，分头进行深入的研究，以期在丰富中国教育早期现代化研究和为当代中国教育改革服务两个方面做出贡献，我觉得他们的设想很好。
>
> ——田正平

国家出版基金项目
NATIONAL PUBLICATION FOUNDATION

中国现代教育社团史　丛书主编 / 储朝晖

中国民生教育学会史

吴冬梅　储朝晖　著

西南大学出版社
国家一级出版社　全国百佳图书出版单位

图书在版编目(CIP)数据

中国民生教育学会史 / 吴冬梅, 储朝晖著. -- 重庆：西南大学出版社, 2023.12
（中国现代教育社团史）
ISBN 978-7-5697-2069-3

Ⅰ.①中… Ⅱ.①吴… ②储… Ⅲ.①教育学会—历史—中国 Ⅳ.①G529.6

中国国家版本馆CIP数据核字（2023）第233291号

中国民生教育学会史
ZHONGGUO MINSHENG JIAOYU XUEHUI SHI

吴冬梅　储朝晖　著

策划编辑：	尤国琴　尹清强
责任编辑：	时曼卿　刘江华
责任校对：	向集遂
装帧设计：	观止堂_朱璇
排　　版：	王　兴
出版发行：	西南大学出版社（原西南师范大学出版社）
	重庆·北碚　邮编：400715
印　　刷：	重庆市正前方彩色印刷有限公司
成品尺寸：	170mm×240mm
印　　张：	18.5
插　　页：	4
字　　数：	330千字
版　　次：	2023年12月　第1版
印　　次：	2023年12月　第1次
书　　号：	ISBN 978-7-5697-2069-3
定　　价：	94.00元

总序

在中国教育早期现代化的历史进程中，无论是清末，还是北洋政府和国民政府时期，在整个20世纪前期传统教育变革和现代教育推进波澜壮阔的历史舞台上，活跃着这样一批人的身影，他们既不是清王朝的封疆大吏、朝廷重臣，也不是民国政府的议长部长、军政要员，从张謇、袁希涛、沈恩孚、黄炎培，到晏阳初、陶行知、陈鹤琴、廖世承，有晚清的状元、举人，有海外学成归来的博士、硕士，他们不居庙堂之上，却念念不忘国家民族的百年大计；他们不拿政府的分文津贴，却时时心系中国教育的改革与发展。是"研究学理，介绍新知，发展教育，开通民智"这样一个共同理想和愿景，将这些年龄悬殊、经历迥异、分散在天南海北的传统士人、新型知识分子凝聚在一起，此呼彼应、同气相求，结成团体，组织会社。于是，从晚清最后十年的江苏学务总会、安徽全省教育总会、河南全省教育总会，到民国时期的全国教育会联合会；从中华职业教育社、中华新教育共进社、中华教育改进社，到中华平民教育促进会、生活教育社、中国社会教育社、中华儿童教育社、中国教育学会……在短短的半个世纪里，仅省级以上的和全国性的教育会社团体就先后有数十个，至于以县、市地区命名，以高等学校命名或以某种特定目标命名的各式各样的教育会社团体，更是难以计数。所有这些遍布全国各地的教育会社团体，通过持续不断的努力，从不同的层面，以不同的方式，冲击着传统封建教育的根基，孕育和滋养着现代教育的因素。可以毫不夸张地说，在传统教育变革和现代教育推进的历史进程中，从宏观到微观，到处都留下了这些教育会社团体的深深印记，它们对中国教育早期现代化的贡献可谓功莫大焉！

大约从20世纪90年代开始,中国近代教育会社团体的研究,渐渐进入人们的学术视野,20多年过去了,如今关于这一领域的研究,已经风生水起,渐成气候,取得了相当的成果,并且有着很好的发展势头。说到底,这是当代中国教育改革的需要和呼唤。教育是中华民族振兴的根基和依托,改革和发展中国教育,让中国教育努力赶上世界先进水平,既是中央政府和地方各级政府义不容辞的职责,也必须依靠广大教育工作者的自觉参与和担当。从这个意义上讲,中国近代教育会社团体与中国教育早期现代化研究,既是一个有丰富内涵的历史课题,更是一个极具现实意义的重大问题。中国教育科学研究院储朝晖研究员,多年来在关注现实教育改革的诸多问题的同时,对中国近代教育史有着特殊的感情,并在这块园地上努力耕耘,多有创获,取得了可喜的成果,积累了深厚的知识储备。现在,他率领一批志同道合的中青年学者,完成了"中国现代教育社团史"的课题,从近代以来数十上百个教育社团中精心选择了一批有代表性、典型性、产生过重大影响的教育社团,列为专题,分头进行了深入的研究。我相信,读者诸君在阅读这些成果后所收获的不仅仅是对教育社团的深入理解和崇高敬意,也可能从中引发出一些关于当代中国教育改革的更深层次的思考。

是为序。

田正平

丁酉暮春于浙江大学西溪校区

目录

总　序（田正平）
导　言　/1

第一章　中国民生教育学会成立的背景
　　第一节　孙中山的民生思想　/11
　　第二节　新教育中国化运动的反思与民生意识的凸显　/20
　　第三节　20世纪30年代的中国民生状况　/38
　　第四节　民生教育思想的提出及其要义　/43

第二章　中国民生教育学会成立
　　第一节　中国民生教育学会的组织基础——念二社　/61
　　第二节　民生教育实验需要新的组织形态　/75
　　第三节　中国民生教育学会的成立　/86

第三章　中国民生教育学会的宗旨与组织结构
　　第一节　成立大会宣言中体现的宗旨　/97
　　第二节　中国民生教育学会会章显示的宗旨与结构　/100
　　第三节　中国民生教育学会理事会　/105

第四章　短暂的勃兴（1936年5月—1938年10月）
　　第一节　对民生教育更加深入广泛的讨论　/115
　　第二节　会员迅速增加　/132
　　第三节　分会的发展　/136

第四节　民生教育实验拓展　/145
第五节　经费实现平衡　/159
第六节　编辑发行会刊《民生教育》　/161
第七节　编辑发行《教育与民生》周刊　/175

第五章　在中国教育学术团体联合会中的维持(1938年11月—1945年10月)
第一节　加入中国教育学术团体联合会　/181
第二节　参加第一届中国教育学术团体联合年会并提案　/189
第三节　参加第二、三、四届中国教育学术团体联合年会　/198
第四节　创办中国民生建设实验院　/203
第五节　巴县民生建设实验　/216

第六章　东迁后的发展(1946—1949)
第一节　复员回迁　/231
第二节　如何实施民生教育的新讨论　/233
第三节　继续实施民生教育实验　/238
第四节　参加第五届中国教育学术团体联合年会　/240
第五节　倡办大众大学和大众中学　/243
第六节　中国民生教育学会的终结　/246

第七章　中国民生教育学会的成效与影响
第一节　中国民生教育学会的成效　/251
第二节　中国民生教育学会的影响　/260

附录　/265

主要参考文献　/273

丛书跋(储朝晖)　/283

导　言

中国教育社团产生于清末,盛行于20世纪二三十年代,因中国近代社会的变迁和教育的发展而兴衰起伏,同时又通过教育理论的研究、教育实验的开展、教育舆论的引导和教育政策的制定对中国近代教育产生重要影响。因此,对中国教育社团的研究具有重要的价值,也成为教育史学界关注的焦点之一。

目前,在已出版的一些近现代教育史研究成果中,都对中国近代教育社团进行了总体和具体的介绍。朱有瓛、戚名琇等人在《中国近代教育史资料汇编·教育行政机构及教育团体》[①]一书中指出近代所成立的教育团体,主要分为中央、省、县教育会,教育部主持设立的教育团体,民间教育团体和在华基督教教育团体,并且对这些教育团体的创办、章程、特点等方面进行了详细具体的介绍。李华兴在《民国教育史》[②]第十二章中从明末清初教育学术团体的建立、"五四"时期的教育团体与教育改革的关系以及国民政府时期教育团体的专业化三个方面对民国时期的教育学术团体进行了论述,并指出教育团体在推动民国教育改革上发挥着重要作用。金顺明在《近代中国教育团体的发展历程》[③]一文中指出,近代中国教育团体呈四个阶段起落交错的基本发展态势:19世纪末到1904年的起步阶段、1905年到1914年的合法化阶段、1915年到1935年的成熟化阶段和1936年到1949年的调整分化阶段,并概括出每个阶段教育团体的特点,这对我们全面了解近代的教育团体有着很大的帮助。

---

① 朱有瓛、戚名琇、钱曼倩、霍益萍:《中国近代教育史资料汇编·教育行政机构及教育团体》,上海教育出版社,1993。

② 李华兴主编《民国教育史》,上海教育出版社,1997。

③ 金顺明:《近代中国教育团体的发展历程》,《华东师范大学学报》(教育科学版)2022年第1期。

有研究者也关注到了教育社团对中国教育发展的影响。教育社团以从事教育活动为核心,对我国教育事业的发展起着引导和示范的作用,在促进我国教育现代化进程中扮演着重要的角色。李琼在《试论五四时期的民间教育社团》①一文中,首先介绍了"五四"时期民间教育社团的概况,其次分析并介绍了"五四"时期民间教育社团的特点以及开展的主要活动。"五四"时期的民间教育社团传播了教育思想,引导并推动了中国各项教育事业的发展,加快了中国教育现代化进程。张伟平的《教育会社与中国教育近代化》②一书,以江苏教育会和浙江教育会为考察个案,对具有整体性质的各类教育社团进行分析,阐述了教育会社的组织结构和运作系统,提到教育会社本着教育强国的教育愿望,组织各种教育活动,对中国教育近代化做出了贡献。除此以外,教育会社积极倡办职业学校,对中国近代职业教育的发展产生了重要影响。

此外,有学者关注到近代教育社团与国际教育组织的关系。兰军在《中国近代教育社团与国际教育组织的关系》③一文中提到,近代教育社团参加国际教育组织的目的在于借助国际教育组织平台,对外传播中国教育,增强中国在国际上的地位,进而谋求对世界文化的贡献。他还提到中国近代教育社团对参加国际教育组织及会议极为重视,并且主要通过选派代表、在社团会务中开展相关活动、搜集与会资料、向大会提交议案和舆论宣传五种途径参加国际教育组织。由此来看,中国近代教育社团不仅对中国教育发展起着重要作用,在推动中国参与国际教育和会议,传播自身教育方面也具有重要影响。

阎广芬所著的《经商与办学:近代商人教育研究》④一书中,提到在近代教育社团的创办过程中,商人介入是一种比较普遍而又突出的现象。光绪年间的江苏教育总会就是一个以绅商为主导的教育社团。上海的学务会所也是以商界人士为主而创立的教育团体。第一次世界大战爆发后,教育家黄炎培的职业教育思想得到了工商界人士的大力赞成,因而之后成立的中华职业教育社便成为学界和商界共同努力的产物。此外,商人还积极参与教育社团的活动,如各教育社团筹集经费,就有赖于商会的掖助和协作。

---

① 李琼:《试论五四时期的民间教育社团》,《大理学院学报》2012年第8期。
② 张伟平:《教育会社与中国教育近代化》,浙江大学出版社,2002。
③ 兰军:《中国近代教育社团与国际教育组织的关系》,《学习月刊》2009年第16期。
④ 阎广芬:《经商与办学:近代商人教育研究》,河北教育出版社,2001。

导言

在中国近代教育社团发展的成熟阶段,基于民生凋敝的社会现实和对新教育运动的反思,一批教育人士试图以更为实用的民生思想开展教育解决社会的民生问题,在此基础上组建了中国民生教育学会。民生教育学会的理论特色鲜明,教育实验更契合社会现实,对中国20世纪三四十年代的教育产生了较大的影响,逐渐引起研究者的关注。

熊明安、周洪宇著的《中国近现代教育实验史》[1]一书,内有中国民生教育学会的成立与民生教育运动的开展、民生教育派的生产教育主张等内容,专门介绍了中国民生教育学会的成立过程以及它的教育主张和教育实践,主要包括在民生教育思想引导下进行的以民生为首要目标的民生教育实验,其中特别提到了巴县民生建设实验,这个教育实验将邰爽秋的民生教育理论推广到了四川。刘齐在《民国时期民生教育的理念与实践》[2]一文中提到了中国民生教育学会的创办背景,并提到中国民生教育学会的重要使命是以民生本位为思想理论依据,推动民生教育。

雷志松在《中国民生教育学会会刊〈民生教育〉》[3]一文中提到,中国民生教育学会对当时中国教育学术事业的发展产生了重要影响,并且介绍了会刊《民生教育》的内容,提到其任务在于阐明民生教育的旨趣,介绍民生教育实施方法,刊载中国民生教育学会消息。《民生教育》可以说体现了中国民生教育学会对改造中国教育的深层次思考和创造性贡献。

鉴于已有的研究将民生教育学会置于诸学术团体之中,主要进行的是笼统的介绍,雷志松在《学术、社团与社会:中国民生教育学会研究(1936—1949)》[4]一书中对中国民生教育学会的发展演变、思想和活动进行了研究。他对中国民生教育学会的创立、组织结构与演变、教育学术活动、民生本位教育理论、民生教育实验以及其地位和影响都进行了细致的阐述。该书是在其2009年的博士学位论文基础上完成的。

---

[1] 熊明安、周洪宇:《中国近现代教育实验史》,山东教育出版社,2001。
[2] 刘齐:《民国时期民生教育的理念与实践》,《华东师范大学学报》(教育科学版)2015年第3期。
[3] 雷志松:《中国民生教育学会会刊〈民生教育〉》,《宁波大学学报》(教育科学版)2011年第2期。
[4] 雷志松:《学术、社团与社会:中国民生教育学会研究(1936—1949)》,社会科学文献出版社,2012。

中国民生教育学会是由邰爽秋等人组织的一个近代综合性教育学术团体，其所倡导的民生本位教育思想和开展的民生教育实验，可以说在理论和实践方面都取得了重大成就，极大推动了中国教育学术事业的发展。邰爽秋在教育方面的主要成就集中在他所提出的民生本位教育思想。20世纪二十年代，邰爽秋在《民生教育刍议》中提到民生本位教育的性质和宗旨是"以发展人民生计的经济活动的脊干，来改进民众生活，扶植社会生存，保障群众生命而达到民族复兴的教育。"因而，民生本位教育的特点是注重生产生活，与此同时，他进行了一系列的民生教育实验。

王炳华、董宝良等所编的《中国教育思想通史》[1]一书，介绍了邰爽秋的民生教育思想，提到生产教育就是民生教育，民生教育应做到"教育与生产相结合"。为此，他建立了"经济分团制"的教学组织形式，强调教育与生产相结合，并且要为生产服务。李定开在《重庆教育史》[2]一书中，列专节介绍了邰爽秋的民生本位教育思想与巴县民生教育建设实验，强调了其坚持从民生出发，教育与生产劳动相结合的特点。

丁锦均在《邰爽秋的教育思想及其实践》和《邰爽秋与民生教育》[3]中按照时间的顺序介绍了邰爽秋在不同时期的人生经历、思想活动和实践经历，并指出在20世纪三十年代邰爽秋提出了民生教育的理论，提出教育要结合生产，并成立了民生教育学会，在此基础上开展了民生教育的实验活动——念二运动。陈学军在《尚实之道：邰爽秋教育思想述略》[4]一文中从三个方面阐述了民生本位教育的实质：面向本土实践，倡导民生本位的教育；基于实际情况，重视教育调查的作用；始于亲历实干，主张脚踏实地地行动，说明了邰爽秋教育思想中有着鲜明的"尚实"特征。除此以外，张传燧在《邰爽秋与民生本位教学及其课程实验》[5]一文中系统地阐述了邰爽秋的民生本位教育思想，重点论述了他的民生本位教学实验，坚持教育民生共同建设。从民生本位教学实验的教学内容、教学

---

[1] 王炳华、董宝良主编《中国教育思想通史》（第七卷），湖南教育出版社，1994。

[2] 李定开主编《重庆教育史》，西南师范大学出版社，2006。

[3] 丁锦均：《邰爽秋的教育思想及其实践》，《师范教育》1986年第9期；丁锦均：《邰爽秋与民生教育》，《华东师范大学学报》（教育科学版）1988年第1期。

[4] 陈学军：《尚实之道：邰爽秋教育思想述略》，《江苏教育》2015年第7期。

[5] 张传燧：《邰爽秋与民生本位教学及其课程实验》，《课程·教材·教法》1999年第12期。

原则、教学方法进行分析,最后总结出民生本位课程实验的四个特点:强调技术中心;注重生产劳动;突出应用文字;采用口语材料。郭海红在硕士学位论文《邰爽秋民生本位教育的理论和实践研究》①中对邰爽秋的民生本位教育理论和实践活动进行了系统的梳理。民生本位教育是立足于民众生活,达到民族复兴的教育,并提到了民生本位教育实践活动主要分为两个时期:上海农村念二社民生本位教育和重庆巴县教育活动。最后对民生本位教育思想特点进行了概括,肯定了邰爽秋对中国教育所做出的贡献。

邰爽秋的教育经费政策理论体系也是他教育思想的重要内容。他提出了教育经费的重要问题是要实现教育机会均等和教育经费的独立,是中国历史上第一个对教育经费进行系统研究的学者,对当时乃至对现在都有重要的借鉴意义。王振存、李向阳的《邰爽秋教育思想与教育实验述考》②和迟为国的《邰爽秋教育经费思想评价》③都详细论述了邰爽秋的教育经费思想,并且对邰爽秋实现教育机会均等和教育经费独立的具体措施进行了阐述。

此外,有学者将邰爽秋的教育思想与其他学者的教育思想进行对比分析,从而让我们对邰爽秋的民生本位教育思想有了更深入的理解。郭海红在《晏阳初平民教育与邰爽秋民生本位教育比较研究》④一文中,从提出的背景、教育目的、教育内容和实践方式四个方面对平民教育和民生本位教育进行了对比,并提出了晏阳初的平民教育是学校教育、家庭教育、社会教育三大教育方式并行,而邰爽秋的民生本位教育是一种社会式的教育,将教育寓于经济活动之中。但无论是平民教育,还是民生本位教育,都要与平民生活的需要相联系。鲍成中在《陶行知与邰爽秋教育思想的异同探析》⑤一文中,对陶行知和邰爽秋的教育思想进行了比较。作者通过教育思想渊源、教育性质、教育目的、教育内容、教育方法、教育组织形式和教育实践七个方面的比较,提出了不论是陶行知的"大众普及教育",还是邰爽秋的"大众民生教育",都符合中国的国情,对中国农村教育发展具有重要的影响。

---

① 郭海红:《邰爽秋民生本位教育的理论和实践研究》,硕士学位论文,河北师范大学,2014。
② 王振存、李向阳:《邰爽秋教育思想与教育实验述考》,《教育史研究》2019年第2期。
③ 迟为国:《邰爽秋教育经费思想评价》,《教育与经济》1993年第4期。
④ 郭海红:《晏阳初平民教育与邰爽秋民生本位教育比较研究》,《保定学院学报》2014年第2期。
⑤ 鲍成中:《陶行知与邰爽秋教育思想的异同探析》,《生活教育》2012年第6期。

上述对中国近代教育会社、中国民生教育学会及邰爽秋的教育思想和实践的研究,为本书的研究提供了丰富的资料,开拓了研究的思路。但大多数研究未能对中国民生教育学会进行全貌式的研究,虽然雷志松的《学术、社团与社会:中国民生教育学会研究(1936—1949)》一书对中国民生教育学会进行了迄今为止最系统的研究,但该成果仍属于专题式的研究,并未对中国民生教育学会的产生、存续、发展过程进行完整的呈现,因此,为还原并留存各教育社团的历史原貌和全貌,传承、传播教育先驱的精神,为当今教育改革和发展提供历史借鉴和智慧资源,拓展教育发展的历史文化空间,仍需对中国民生教育学会做进一步研究。

本研究力求写出中国民生教育学会历史的全貌,以及其背后盘根错节的因果关系。在内容上尽量做到:对中国民生教育学会的理念做准确、完整的表述,并通过史料证明该社团的活动是如何在其理念引导下开展的;完整地写出中国民生教育学会的产生、存续、发展过程,完整地陈述该社团的组织结构、活动规模、活动方式、社会影响,准确完整地体现社团成员在社团中的作用、教育思想、教育实践,尽可能做到"横不缺项、纵不断线";以史料为依据,客观评价中国民生教育学会对社会和教育的贡献,实事求是,还原历史,避免主观,不做有意拔高,也不压低同时期其他教育社团。关键性的评价要有多方面足够的史料作支撑,用词尽可能准确无歧义;凸显中国民生教育学会的独特性,注意该社团所在时代的社会与教育背景,避免出现违背历史事实的表述。在写法上力求按照史的体例,设计好篇目、取舍资料、安排内容、确定写法;在整体把握准确的基础上,直叙历史,不写成专题或论文;通过记叙社团发展过程中的人和事展示其具有的教育功能。

第一章 中国民生教育学会成立的背景

中国民生教育学会成立于1936年。一批提倡民生教育的学者、实践者依据当时中国民生问题突出、教育与民生分离的实际，为在教育中倡导民生主义主张，研究和推行民生教育，自发组织成立了中国民生教育学会这一教育学术与教育实验、实践推进团体。与此前产生的众多教育社团相同，中国民生教育学会成立也有它的缘起，其中包括社会问题的逼迫，时代思潮的激荡，学术研究的影响。具体而言，中国民生教育学会成立的思想意识源头主要是孙中山的民生思想，社会环境则是20世纪30年代中国社会民生问题严峻的形势，社团组织基础则是新教育中国化运动的开展及对这一运动的深入反思，直接的微观背景是由生产教育演变而成的民生教育思潮的兴起。

第一节　孙中山的民生思想

《左传·宣公十二年》中道："民生在勤，勤则不匮"，这可能是"民生"一词最早的出处，意指民众的生活在于勤劳，勤劳则不会有物资的匮乏。东晋诗人陶渊明曾在《劝农》诗中引用这一规诫，表达了辛勤劳动创造美好生活的类似观点。自古以来，不论是执政者还是具有人文关怀的有识之士，无不对民生问题予以关注。"仓廪实而知礼节，衣食足而知荣辱"，反映了管子富民的民生思想。管子还把富民与治国联系起来，视其为治国首先之道。儒家有丰富的民生思想,除了先秦儒家广为人知的记述,北宋理学家程颐也明确提出"为政之道,以顺民心为本,以厚民生为本"。

19世纪末至20世纪初,中国不同阶层人士对"民生"也做出不同的表述。孙中山在提出民族主义、民权主义之后,又提出了民生主义。民生主义是前两者的前提,同时又是其归宿。孙中山的民生主义既有对中国古代民生要义的继承,即重视劳苦大众的生活福利,同时又有其资本主义社会的具体内涵,从而对"民生"的含义有了新的发展。南京国民政府成立后,确立"民族、民权、民生"的"三民主义"为基本纲领,该纲领成为社会建设和教育发展总的指导思想。

当时的中国以三民主义为治国指导思想,因此推行"三民主义教育"就成为逻辑和现实的必然。对于"三民主义教育"的内涵,民生教育学会的理事潘公展是这样阐释的:

> 三民主义,虽有民族、民权、民生的分别,而其中心思想,则仍为民生。不独使人民要有平等的生活,而且有向上的生活;不独使全体人民能继续生存,而且要发展生存。民生教育,是以实现三民主义为最高目标,三民主义也就是民生教育的基础,没有民生教育,三民主义无由实现,没有三民主义,民生教育无所依据……①

中国民生教育学会认同"三民主义"的政治理想,认为"三民主义"是最适合中国国情的健全政治理想,同时也是最适合中国国情的健全教育理想。因为"三民主义"的政治理想以民生为中心,所以"三民主义"的教育也就应该以民生为中心。"建设的首要在民生;教育建设的首要,当然也在民生。"②由此可见,中国民生教育学会倡导以民生为本位的教育,中国民生教育学会的成立,深受孙中山民生思想的影响。因此,孙中山的民生思想是探讨民生教育学会成立和发展不可或缺的内容。

孙中山先生生于广东香山的农民家庭,目睹了列强侵略中国、主权丧失、经济落后、百姓尽受压迫的社会现实,所以对民生问题的洞察和体会更为深刻。

---

① 潘公展:《民生本位教育的政治基础》,《民生教育》1937年第1卷第1期,第25页。
② 中国民生教育学会:《抗战建国时期中之民生教育》,《民生教育》1939年第1卷第4期,第8页。

他把民生作为毕生奋斗的目标,对此进行了不断的探索和思考,形成了其具有时代特色的民生思想。

一、孙中山民生观的内涵

孙中山多次阐述"民生",其"民生观"内涵丰富。他从多方面对民生进行了解释和回答,其中有他对历史上人类求生实践的考察,也有对现实社会问题解决办法的密切关注。总体来说,孙中山理解的民生可归纳为以下几方面:

第一是普通大众为维持生命获取衣、食、住、行等物质条件而展开的活动。孙中山强调吃饭穿衣是民生的首要问题,是其他活动得以开展的基础。要解决民生问题,就要让百姓吃饱穿暖,让他们丰衣足食,否则无法改变中国。他还把百姓的出行问题也列入民生需求之中,并通过研究指出,中国的民生除吃饭、穿衣、住房外,还应包括人们的出行,出行在中国的表现即道路建设问题。他认为解决民生问题,不仅要充分满足这四种需求,还应让大众可以负担得起这四种需求的成本,因此他根据人类生活水平和阶级将人类生活程度分为三个等级:基本性的需要,追求安适的需要,追求奢侈性享受的需要。孙中山在当时所要解决的问题则是满足第一需要。

第二是人类广泛开展的基本性的经济活动。孙中山认为这个层面的民生问题可以概括为追求生存而进行的有目的、有组织的生产、分配以及消费的活动。他提出,中国要解决吃饭穿衣问题,必须先解决生产问题,不断改进生产工具、调整生产组织形式以跟进生产条件的变化。此外,孙中山还很注重分配和消费问题,他认为各种经济活动是彼此紧密相连、相互影响制约的。因此,要解决民生问题,生产是重中之重,同时也要很好地解决分配和消费问题。

第三是指为维护生产、生活的顺利进行而展开的政治、道德层面的活动。孙中山认为人类生存不可能只涉及经济活动,还应包括政治、道德层面的活动,只凭经济手段是不可能解决或不可能很好解决民生问题的,因此不仅要用经济手段,还应保证人民有基本的政治权利。这就要求加强思想道德的宣传和建设以及权利保障工作。

简言之,孙中山的民生是人民为追求生存而展开的各种活动,它既包括人民追求衣食住行等基本物质生活而展开的活动,又包括生产、分配、消费活动,还包括政治和道德层面展开的活动,是一个包括经济、政治、思想等多方面的整体、系统的概念。

二、孙中山民生思想的主要内容

孙中山的民生思想是一个完整的理论体系,总体来说主要包括土地、资本、实业、教育这四大方面。

(一)土地——平均地权,耕者有其田

孙中山一直很注重土地问题,他认为土地问题是民生的核心,但是农业诸业都在资本家手中,贫民无法与其抗争,因此孙中山在1924年《中国国民党第一次全国代表大会宣言》中明确提出,平均地权是民生主义的重要原则之一。

孙中山提倡的平均地权不是用革命手段无偿没收地主土地,而是根据现有土地价值对国家所有土地进行定价,这部分利益归土地原有者所有,但要是因为社会进步、科技发展的原因,土地价格也随之上升的话,那么上升部分就归国家所有,不属于土地原有者。根据这一方法,孙中山制定出核定地价、照价纳税、照价收买和涨价归公的步骤进行土地国有化。核定地价指地主根据市场价格对土地进行估价,政府不直接定价。照价纳税指在核定地价基础上,把地价一定比例的资金抽取出来作为地税。照价收买指国家在发放土地证给土地所有者时,注明如国家需用此地,可按地价收买。涨价归公,即"从定地价那年以后,那块地皮的价格再行涨高,各国都是要另外加税,但是我们的办法,就要以后所加之价完全归为公有"[1]。20世纪20年代,孙中山对平均地权的认识发生转变。针对当时农民为地主耕种土地但自己却无法拥有,且大部分劳动成果被地主剥夺的现状,他认为要实现民生主义,从根本上解决农民问题,就要让农民有自己可耕种的土地。因此,他提出了"耕者有其田"的政策主张,并在国民党一大宣言中指出,对于那些缺乏田地的农民,国家应该给予一定土地使其耕种。

---

[1] 孙中山:《三民主义》(第十版),民智书局,1926,第68页。

为了彻底解决农民问题,能够有效实现土地的征收和购买,孙中山制定了土地法、土地使用法、地价税法以及土地征收法。因此,这一时期的"平均地权"无论在理论上还是实践上较之前的温和自由主义方式有巨大不同,更容易引发土地革命。

(二)资本——节制资本

在资本问题上,孙中山主张节制资本。节制资本并不是反对资本,而是反对资本家利用经济势力垄断社会资源。国家对土地以及操纵国计民生的大企业拥有所有权和经营权,从而让社会财富归人民所有。其本质是在保证中国经济在快速发展的同时,避免大的财团或垄断势力的出现,因此他认为中国的实业应该由国家来经营、管理,私人企业可经营一些轻工业。

孙中山长期居住于欧美国家,他认识到:"欧美各国,善果被富人享尽,贫民反食恶果,总由少数人把持文明幸福,故成此不平等世界。"[1]因此,他认为要预防资本集中在少数资本家手中而造成不公平问题,就需要节制私人资本。不仅如此,也要节制外国资本,因为外国资本的积累主要通过对中国财富的掠夺,极大阻碍了中国实业发展,如不加以节制,中国经济将不会健康发展,也不可能从根本上解决民生问题。

另外,国家经济水平的提高对民生问题的解决也是至关重要的,在节制资本的同时更要注意发展国家资本。孙中山提出要解决民生问题光靠节制资本是不行的,"因为外国富,中国贫。外国生产过剩,中国生产不足,所以中国不单是节制私人资本,还要发达国家资本"。[2]孙中山所说的"发达国家资本"指的是"发展国家实业",即国家出资兴办铁路、航空等重大公共事业。只有国家拥有的资本足够丰富,才能够给民众带来福利,实现国富民强。

(三)实业——振兴实业

中国人处于贫穷状态,鉴于中国当时的实际情况,孙中山认为中国的当务之急就是兴办和发展实业。振兴实业不仅可以创造更多的就业机会,避免因失

---

[1] 孙中山:《孙中山全集》(第一卷),中华书局,1981,第327—328页。
[2] 孙中山:《孙中山全集》(第九卷),中华书局,1986,第392页。

业导致的社会不安定现象以及众多社会问题的出现,还可以增加社会财富,使其用于社会救济和发放福利。经过长期革命和实践的积累,孙中山于1921年写成《实业计划》,里面蕴含了他的实业思想,主要分为以下几个方面:

第一,关于发展实业的原则。孙中山鉴于中国现实,认为发展实业应该由个人企业与国家企业并行,国家规划实业发展应该遵循四条原则:一是用最有力的方案吸引外资;二是所办之事为大众最亟需;三是遇到障碍必须最少;四是选择地位必须相宜。第二,关于发展实业的规划。孙中山根据实业发展规则提出六大实业发展计划。其中一、二、三、四包括修建交通运输港和六大铁路主干,以发展中国海陆交通。第三,利用外资兴办实业。发展实业需要资本、人才、经验和知识等积累,而筹备这些资金必须利用外资,因此要通过对外开放的方式来发展实业。第四,利用外资的方法。第五,利用外资的原则。孙中山强调利用外资的原则有二:一是利用外资不得损害国家利益,他明确表示一不能失去主权,二不作抵押,三利息不能过高;二是主要通过民间合作的方式利用外资,从而避免政府借债引起的有损国家主权以及国际矛盾等事的发生。

孙中山的《实业计划》提出以中国工业化为中心发展国民经济的方针和规划。

(四)教育——大力发展教育

孙中山从国家富强的角度高度重视教育。他认为只有国家富强才能从根本上解决民生问题。在1890年的《致郑藻如书》中,他曾指出:"远观历代,横览九州,人才之盛衰,风俗之淳靡,实关教化。教之有道,则人才济济,风俗丕丕,而国以强;否则反此。"因此,"必也多设学校,使天下无不学之人,无不学之地","如是,则人才安得不盛,风俗安得不良,国家安得而不强哉!"[1]孙中山重视教育,并对封建教育进行批判,提出了其具有资言阶级性质的教育思想。在1894年的《上李鸿章书》中,他又指出"人能尽其才"为"富国之大经、治国之大本",而"人能尽其才"的前提则在"教养有道"。[2]

---

[1]孙中山:《孙中山全集》(第一卷),中华书局,1981,第2页。
[2]孙中山:《孙中山全集》(第一卷),中华书局,1981,第8-18页。

1. 普及教育

孙中山认为,国家强盛要求"庠序学校遍布国中",为了培养革命和强力人才,"第一件须从教育始。中国人数四万万人,此四万万人皆应受教育"。[①]针对当时国民文化素质普遍偏低的状况,他多次强调,建立民国"非从事于普及教育,使全国人民皆有科学知识不可"。[②]作为民国的公民,每个人都应该接受教育,从而成为合格的公民。因此,普及教育成为关乎民主共和的国家能否存续的重大事项。

普及教育意味着不分贫富贵贱、男女老幼,人人都要接受教育,因此普及教育内在蕴含着教育平等。孙中山认为应该不论贫富,公民都应该受到良好的教育,这是全体公民的一项基本权利。因此,他痛斥封建统治阶层变相剥夺穷人受教育权的可耻行为。他于1922年1月在《桂林学界欢迎会的演说》中再次强调,在他建立的中华民国中人人都是主人翁,要普及教育,使普通人民都可以接受教育。针对女子不能去学校读书的现状,他在《地方自治实行法》中规定,不论男女,只要在自治区域都有平等的受教育的权利。因此,他创办了女子师范学校,发展女子教育,促进教育平等。他还重视儿童的教育工作,认为普及教育应重视童蒙的教育问题。因此他提出"惟教育主义,首贵普及,做人之道,尤重童蒙,中小学校之急应开办"。[③]他全力发展儿童教育,并大力开办中小学校。为了促进教育公平,能够让穷苦孩子也可以接受教育,孙中山提出"平民学校不收学费,并且发给书籍""不但学校内不收学费,有书籍给他们读,还要那些读书的小孩子有饭吃,有衣穿,有屋住;要让那些小孩子自出世以后,自小长成人,国家都有教有养,不要小孩子的父母担忧,那些穷家父母才能安心送小孩子去读书"。[④]

2. 社会办学

仅靠国家创办的学校来满足义务教育的需求是很难的,这就要求社会也要参与办学,因此地方筹资办学,兴办教育事业,成为孙中山所倡导的社会办学的主要方式。

[①]孙中山:《孙中山全集》(第二卷),中华书局,1982,第358页。
[②]孙中山:《孙中山全集》(第六卷),中华书局,1985,第222页。
[③]孙中山:《孙中山全集》(第二卷),中华书局,1982,第392页。
[④]孙中山:《孙中山全集》(第十卷),中华书局,1986,第24页。

辛亥革命后,由于进行民国建设,政府财力不足,用大量经费来兴办教育是不可能的,因此孙中山倡导社会多办学校,并鼓励社会办学,主张用社会的力量,集合平民和富裕人家的财力来筹集教育经费。他说,在民国建设初期,应当多办学校,发展教育,提高国民素质,人人都应尽己所能,付诸行动,只有全社会共同办学,才能形成良好的治学氛围,大家有书可读,才能完成普及教育的任务。

在进行社会办学时,首先,要使每个乡都有蒙学校,由蒙学校推广到高等学校,再到大学堂,呈递进式发展。其次,多多设立义务教育学校,开展多种办学形式,丰富教学内容,让平民都有书可读,并且十岁以下应当接受教育。同时,在地方上也要多设公共讲堂、夜校、书库等场所,这样老年人也可以进行学习,增加知识技能。地方自治区要发展更要办教育、建学校。关于资金问题,孙中山倡导民众出资办学,大家各尽其能、齐心协力。

3.师范教育

人人都接受普及教育,受教育的人数增多,对教师的需求也会随之增加。因此孙中山指出,"普及教育之第一步,乃养成师范人才"[①]"欲兴办中小学校,非养成多数教员不可;欲养成多数中小学教员,非多设初级优级师范学校不可"。只有重视教育,重视师范,"复可隐植将来教育之根本"[②]。

孙中山指出,作为教师一定要有广博的知识,只有教师文化及其他素养较高时,才可以教出高质量的学生。他还提出教师要尽职尽责,起到模范作用,由此可见,教师责任重大。他还指出师资问题的重要性,对国民实行普及教育,没有足够多的教师是不能很好实现的,因此孙中山认为应培养更多的教师,这就需要创办师范学校。1912年3月,孙中山在给教育部的总统令中指明,创办中小学要有足够的教师,而培养更多的专业的教师,要多设立师范院校,办好师范院校是教育普及的关键。他还曾在广东女子学校第二校进行过一次演说,也提到普及教育要依靠师范学校。他说,教育至关重要,中国四万万人都应该接受教育,这就需要依靠师范,所以师范学校的建立不容置后。女子师范也尤为重

---

① 秦孝仪:《国父思想学说精义录》(第二编),台北正中书局,1976,第46页。
② 孙中山:《孙中山全集》(第二卷),中华书局,1982,第253页。

要,他曾派自己的亲密战友廖仲恺担任广东女子师范的校长,并且亲自指导学校相关教育工作。

4.教育经费独立

如何对教育进行普及?孙中山始终认为国家是落实普及教育政策的主体,应该担负起最主要的责任,并提出对于适龄儿童,国家要实行免费义务教育。他认为,国家有了钱,就应该办教育。"要由国家拨十几万万,专作教育经费。有了这样多的教育经费,中国人便不怕没有书读,做小孩子的都可以读书。"[①]

1924年1月,孙中山在《中国国民党第一次全国代表大会宣言》中提出:"厉行教育普及,以全力发展儿童本位之教育。整理学制系统,增高教育经费,并保障其独立。"[②]宣言中还规定:"庚子赔款,当完全化作教育经费"等。在这些教育政策里可以看出孙中山"教育经费独立"的设想。

孙中山所提出的民生思想,是中国近代史上针对民生问题的探讨中影响最大最广泛的理论思想,其中许多具体内容不仅对当时产生了较大影响,也影响了此后民生问题的解决和民生教育社会组织的建立。这种影响主要体现在以下方面:

一是重视并大力发展教育。晚清广大民众为维持生活已耗尽精力,无从谈及教育,当时整个国家国民文化素质偏低,孙中山意识到教育在开启民智、增强国力等方面发挥的重要作用,结合中国当时穷、弱的国情,大力推行教育,以提高国民文化素质、实现民主权利。

二是提出人人拥有受教育权、办教育权。实现民生不仅体现在政治方面,受教育权也是重要标志之一。国家大力发展教育,不仅仅是为了传播文化,更重要的是在传播文化的过程中可以让每个民众都有受教育的权利。同时,办教育不仅仅是国家的事,更是社会、家庭和个人的事,因此孙中山提出"社会之人办教育"。通过社会办教育,让适龄儿童能够得到社会和国家的帮扶,从而使学生的受教育权得到落实。

[①]孙中山:《孙中山全集》(第十卷),中华书局,1986,第24页。
[②]孙中山:《孙中山全集》(第九卷),中华书局,1986,第124页。

三是浓厚的理想主义色彩。孙中山所代表的社会群体不论在经济上还是政治上都不能完全独立,他的主张具有革命性,也具有妥协性,可实现性、可操作性较低。他所倡导的民生主义也明显带有理想主义色彩,试图通过民生使"每一阶级,皆依赖于其他阶级,而共同生活于互爱的情形之下,此种思想,固难达到,但吾人当努力以求理想之实现,以改良社会情状,使臻于完善之域也"。[①]这一特点使得后来建立的中国民生教育学会同样带有浓厚的理想主义色彩。

孙中山提出的民生主义的思想是中国民生教育学会的主要理论来源,也对研究和实践民生教育产生了很大的影响,特别是大力发展经济和大力发展教育的思想,直接成为中国民生教育学会的奋斗目标。

第二节　新教育中国化运动的反思与民生意识的凸显

中国民生教育学会在中国现代教育社团中组建比较晚,没有在中国教育社团产生的高峰时段建立,而是在1915年中国新文化运动开始21年之后、1918年中国新教育思潮传播并付诸实践的18年后才建立。近二十年的新教育运动客观上成为中国民生教育学会成立的重要背景,而中国民生教育学会在一定程度上是那一代教育当事人中的一部分人对新教育中国化运动过程的反应、总结、反思的产物。

一、新教育中国化运动的开展

(一)新教育运动的开展及消退

1919年初,蒋梦麟、胡适、陶行知等国内教育界知名人士,集结当时国内五大教育机关——北京大学、南京高师、暨南学校、江苏教育会和中华职业教育

---

① 孙中山:《孙中山全集》(第二卷),中华书局,1982,第492页。

社,组织建立新教育共进社,成员以回国的留美学生为主体。以"注重职业陶冶以养成生计观念""注重公民训练以养成平民政治之精神"为口号,提倡教育应"养成健全之个人""创造进化的社会"。同年2月,创办并发行新教育共进社机关刊物《新教育》。《新教育》的首任主编为蒋梦麟,继任者为陶知行,最后一任主编为徐则陵,三人都曾在哥伦比亚大学学习或者进修,均推崇时任哥大教授的著名教育家杜威。一场以杜威及进步主义教育思想为指导的中国新教育运动由此拉开帷幕。同年4月,杜威应新教育共进社的邀请来华讲学,中国教育界掀起了学习杜威学说的高潮,杜威的学说在20世纪20年代的中国教育界引发激荡,新教育运动在此激荡下沛然前行。

1922年11月1日,具有浓郁进步主义教育色彩的"壬戌学制"颁布。新学制的问世,使方兴未艾的新教育运动更加如火如荼地展开。配合新学制的改革,以选科制和学分制为主的课程改革也在同时进行。道尔顿制的倡行,将新教育运动推向了发展的高潮。1923年全国教育联合会第九次会议议决案要求新制中学和师范学校试行道尔顿制,自此,试行道尔顿制的学校纷纷而起。至1924年上半年,全国试行道尔顿制的学校达百所之多。[1]

对于新教育运动来说,1925年是一个多灾多难的年份。对此,陶行知在《中华教育改进社第四届年会感言》中感慨:"这一年是近来中国最不幸的时期,也是中国教育最不幸的时期。全国国民简直是在天灾人祸、内乱外患里翻筋斗,大家弄得个朝不保夕,本社也是东倒西歪地随着大家翻筋斗,累了许多朋友代我们担忧。"[2]

盛极一时的设计教学法、道尔顿制,在1925年走向了沉寂。也是在1925年,作为新教育运动兴起标志之一的《新教育》杂志于10月宣布停刊,作为主要鼓动者和组织者的中华教育改进社,在陶行知等人的领导下,将重点从城市学校教育的改革转向乡村教育。这一切,标志着持续六年的轰轰烈烈的中国新教育运动退出了中国教育的舞台,取而代之的是新教育中国化运动的登场。

---

[1]舒新城:《现代教育方法》,商务印书馆,1930,第223页。
[2]华中师范学院教育科学研究所主编《陶行知全集》(第一卷),湖南教育出版社,1984,第546页。

(二)新教育中国化运动的兴起和教育探索的乡村教育转向

1925年12月1日,由北京大学教育系、东南大学教育科、北京师范大学、北京清华学校、香山慈幼院、中华平民教育促进会、中等教育协进社、初等教育季刊社、中华教育改进社等九家机关合组的新教育评论社出版发行《新教育评论》周刊。

《新教育评论》在创刊缘起中写道:"我们深信一个国家的教育,无论在制度上、内容上、方法上不应当靠着稗贩和因袭,而应该准照那国家的需要和精神,去谋适合,谋创造"。①"现代国家的教育,要本着民治的精神、科学的态度,去建设他的制度,分析和估定他的内容,发明和实验他的方法,而考核他的效果。"②基于这种认识,《新教育评论》的创刊宗旨是,"根据民治的精神,科学的态度,评论教育思想与实际两方面之为题,以谋教育之改进";③编辑方针是,"批评本国现时教育上之政策,主张,与实施;建议今后本国教育上各种革新的计划;介绍和批评外国最近的教育制度和学说;报告各地教育调查的结果"④。

由此可见,《新教育评论》的创办目的就是谋求适合中国的教育,可以说《新教育评论》是新教育中国化运动兴起时的核心刊物,为新教育中国化运动的开展提供了一个宣传、交流、动员的平台。

也是在1925年12月,当时中国最大的教育研究团体中华教育改进社确定了今后教育进行的方针。自此以后,新教育中国化运动不仅有了思想层面的动员,也有了实践层面的具体实施。

以谋求适合国家需要和精神的教育为目的的教育刊物的创办,以适合本国国情及生活需要为努力方向的教育团体的成立,以及教育界广大学者的积极响应,标志着新教育中国化运动的正式兴起。

---

① 华中师范学院教育科学研究所主编《陶行知全集》(第一卷),湖南教育出版社,1984,第568页。
② 华中师范学院教育科学研究所主编《陶行知全集》(第一卷),湖南教育出版社,1984,第568页。
③ 中华基督教育会:《伟大的教育界舆论机关:"新教育评论"之发起与办法》,《中华基督教育季刊》1925年第1卷第4期,第85页。
④ 华中师范学院教育科学研究所主编《陶行知全集》(第一卷),湖南教育出版社,1984,第567页。

1927年,庄泽宣在《如何使新教育中国化》一文中明确提出了新教育中国化的口号并进行了理论阐述,加之庄泽宣在当时中国教育界的影响力,新教育中国化成为教育界耳熟能详的一个口号。在他看来,"要把新教育中国化,至少要合于下列四个条件:一、合于中国的国民经济力;二、合于中国的社会状况;三、能发扬中国民族的优点;四、能改良中国人的恶根性。"①

1926年11月21日,中华教育改进社特约四所乡村小学做乡村教育试验,并召开第一次联合研究会,通过了陶行知提出的乡村教育宣言。1927年春,中华教育改进社又创设了乡村试验师范,其后又创设了乡村幼稚园和南京晓庄学校。南京晓庄学校的创立,在乡村教育史上开创了一个新纪元。1928年以后,各大学的教育学院基本都开设了乡村教育课程。1930年后,山东乡村建设研究院成立,成为乡村教育中的生力军。各种教育会议无不以乡村教育为主题。在抗战前进行乡村实验的还有不少,比较著名的有中华职业教育社所办的各个农村改进区,江苏省立教育学院所办的北夏和惠北两个实验区,山东乡村建设研究院所办的邹平实验区,江苏省立大港乡村教育实验区,浙江省立湘湖乡村师范学校,以及生活教育社所办的山海工学团等等。

乡村教育运动,是对模仿西方工业国家的都市教育的一个反动,是新教育中国化的早期表现形式。对此,庄泽宣、梁漱溟等人都有过论述。1928年,庄泽宣在介绍中国的新教育时提到:"幸而前几年早有一部分的人知道中国的新教育,模仿日本与西洋都不对,非自己去建设不可。这种建设当然是不容易的,而且起首的时候是局部的是偶然的。现在我们看得见的局部的建设便是平民教育与乡村教育。"②

梁漱溟也认为,大约从1925年以后,教育的发展呈现出由都市教育转向乡村教育的趋势,"乡村教育""民众教育"俨然是教育界最时髦的话题。这种转变的发生,在梁漱溟看来,"不外是由模仿感觉到问题而生的一个自觉"。中国的新式教育,由于模仿工业化的西方国家,因此不期而然地成为一种都市教育。而我国工商业不发达,仍为一农村社会,因此,新式教育不仅于乡村无所裨益,反使其更加枯败破坏,对中国而言,乡村坏则根本败,因此,新式教育的失败自

---

① 庄泽宣:《如何使新教育中国化》,民智书局,1929,第23页。
② 庄泽宣:《中国的新教育》,《现代评论》1928年第三周纪念增刊,第58-59页。

不待言。于是乡村教育在有识之士的提倡下应运而生。由于我国的都市教育是模仿而不自知的,所以"都市教育始未有其名号",而乡村教育是出于自觉的,因此"乡村教育是大标特标出来的"。民众教育的兴起亦是如此。最初兴办新式教育,不过是为了培养人才,富国强兵,但培养出来的人才却不适应中国社会的需要,于是恍然明白必须全体民众觉悟了,进步了,整个社会才会进步。于是民众教育的呼声大起。"民众教育是大标特标出来的,而都市教育始未有其名号",也是自觉与模仿的区别。①

对于乡村教育,有各种不同的主张,但归纳起来,可以分为这样两类。

一是乡村生活改造说。提倡这种主张的以陶行知为代表。在陶行知看来,原来的"中国向来所办的教育,完全走错了路,他教人离开乡下向城里跑,他教人吃饭不种稻,穿衣不种棉,盖房子不造林。他教人羡慕繁华,看不起务农……他教人分利不生利……他教农夫的子弟变成书呆子。他教富的变穷,穷的格外穷;他教强的变弱,弱的变得格外弱。"②陶行知认为,教育是国家万年根本大计,教育家应向着农民烧心香,主张建设适合乡村实际生活的活教育。即"要从乡村实际生活产生活的中心学校,从活的中心学校产生活的乡村师范,从活的乡村师范产生活的教师,从活的教师产生活的学生,活的国民"。活的乡村教师要有农夫的身心,科学的头脑,改造社会的精神。活的方法就是教学做合一:教的法子根据学的法子,学的法子根据做的法子。要教学生在征服自然、改造社会环境的过程中,运用环境的活势力以培植他自己的活本领。乡村教育首先要与农业携手,以改进乡村生活;其次要与银行、科学、卫生、道路工程各机关联络,以推翻重利,破除迷信,预防疾病,改良道路。同时注意乡村的自治自卫的训练,以期村民能自食其力,村政能成为村民自有、自治、自享的活动。能如此,则"中国个个乡村变作天堂,变作乐园,作中华民国的健全的自治单位"。因此,"乡村学校是今日中国改造乡村生活之惟一可能的中心"。③南京晓庄学校即是他这一思想的体现,1930年4月晓庄学校被解散,但陶行知并未停止对乡村教育的探索。

---

① 梁漱溟:《丹麦的教育与我们的教育(续)》,《村治》1932年第2卷第8期,第6页。
② 陶行知、程本海:《中国乡村教育之根本改造》,《中华教育界》1927年第16卷第10期,第1页。
③ 陶行知、程本海:《中国乡村教育之根本改造》,《中华教育界》1927年第16卷第10期,第2页。

二是乡村建设说。提倡这种主张的以梁漱溟为代表。虽然同是关注乡村教育,但梁漱溟的出发点和陶行知的完全不同。陶行知以教育为基点,首先注重乡村学校的改革,然后逐渐推及于乡农乡政;梁漱溟则以解决中国问题为研究对象,在发现乡村问题的重要性后,才注意到乡村教育。梁漱溟通过对东西方文化的研究,发现中国问题与近代其他国家完全不同,在政治上不能适用民主政治和无产阶级专政,在经济上不能采用资本主义和共产主义。中国问题的解决,在于村治。所谓村治,即从经济、政治、教育三方面建设乡村。梁漱溟认为,村治的建设应先从经济入手,经济发展后才有政治改进、教育改进的需要,也才有政治改进、教育改进的可能。梁漱溟的乡村教育的实施载体为邹平的乡农学校。

当时大多数的乡村教育,关注点都在教农民识字、常识、农业知识技能等方面,希望以此振兴农村,挽救危亡之中的中国。对东西方文化有深刻研究的梁漱溟,对于乡村教育却有着独到而又让人深思的见解。梁漱溟断言,中国学术除非不复兴盛,如其兴盛必自人生问题的讨究入手,同样中国教育要想复兴,"必自人生行谊教育之重提,而后其它一切知识技能教育乃得著其功;抑必将始终以人生行谊教育为基点而发达于其它知识技能教育焉"。[①]

(三)新教育中国化运动的深化及向民族教育的演变

九一八事变后,国家与民族的存亡,时时逼近国人。同时,新教育的发展仍是外国化的趋向。外国化的教育对挽救危亡于事无补,国人对模仿抄袭的新教育的期望一再落空,相应地,对新教育中国化的倡导也更加普遍。1932年,邱椿、孟真在《独立评论》杂志撰文指出:"模仿外国而不顾国情是三十年来中国教育改革的通病。中国新教育最初抄袭日本……后来模仿法国……近三四年来,他们都觉悟纯粹抄袭的错误而提倡中国化的教育,关于这类的文字已发表了许多,差不多成为滥调了。"[②]

不仅如此,中国教育界对教育也从迷信其万能、清高、神圣而转向工具论,对教育与中国国情、民性的关系有了更深入的认识,对中国的国情、民性也开始

[①] 马秋帆:《梁漱溟教育论著选》,人民教育出版社,1994,第102页。
[②] 邱椿、孟真:《通信》,《独立评论》1932年第11期,第20页。

了具体的研究。民族主义更为国人所认识,民族复兴更成为谋国者研究的焦点,教育上亦形成一种民族复兴的思想和实践。

随着外患日亟,国人对于民族主义的认识更加深刻,学术界对民族复兴问题的讨论日见其多,虽然立足点有经济、文化、生物、意志或心态等的不同,但都要求实施民族主义。在这种背景下,新教育中国化运动由乡村教育运动转为民族教育运动。

1932年12月,教育部发表《九个月来教育部整理全国教育之说明》,详细论述了民族复兴教育的旨趣:

> 窃谓中国现在就整个民族言,必须在教育上注意民族复兴,而后中国民族乃能自由……中国民族复兴必须有待于教育者有二:一为养成国民之民族观念,一为恢复国民之民族自信。总理尝谓把世界文化迎头赶上去,把中国民族从根救起来,又谓复兴中国民族必须促成民族团结,恢复自信。此两遗教,实有一贯意义……盖中国社会缺乏组织,缺乏纪律,已无可讳言,个人自由既视为素常,则一切团体要素,乃极端缺乏,结果民族如一盘散沙,丧失其团结进取之精神。此在教育上非以民族观念之培养为其主要内容,实无从救正。又中国年来因西洋文化迅速输入,不暇作审慎之抉择,于是纷于抄袭,乱于追寻,终至无论任何制度文物思想学理,一到中国,即成为逾淮之橘,此皆由于失其民族自信所致。国民既忘其民族之固有文化,对于外来文化之吸收,自失其自主,对于新文化之创造,就缺其基础。文化必须创造,而创造必须以固有文化为其基础,失此基础,则世界文化融合无自,迎头赶上去更谈不到。此在教育上又非以民族自信之培养为其主要内容,亦无从救正。此改进全国教育应注重民族复兴之旨趣也。[①]

对于民族教育兴起的原因,从外部来看首先是国难的逼迫、反抗帝国主义的需要,同时推翻封建势力也是引发民族教育的一种原因。从教育内部来看,民族教育的兴起则是对新教育运动时期脱离国情、模仿外国的教育的反抗。

---

①朱家骅:《九个月来教育部整理全国教育之说明》,《教育部公报》第四卷第49、50期,1932年12月18日。

在民族教育的实践中,颇引人注目的是广西国民基础教育运动。这一运动从1933年9月制定实施大纲,进行了为期六年的试验。崔载阳称这一运动"充满着民族主义的精神"。①这种民族主义的精神,从其指导纲领中可以明显地显现出来。该纲领包括四部分:政治建设,表明整饬国家民族社会力量,以为复兴民族之基础;经济建设,表明实施统制经济,保障民族资本;文化建设,要提高民族意识,发扬前进的民族文化;军事建设,要由寓兵于团达到国民义务兵役。可以看出,这四部分内容有着鲜明的民族主义的色彩。在教育管理上,实行军事化管理,以恢复民族的自信力,挽救中华的危亡。广西国民基础教育不仅纲领富于民族主义的色彩,课程与教科书也以民族为中心。其课程初期注重乡土生活与本省概况,后期注重民族的现状、历史,世界大势,中华民族和世界的关系。

对于民族教育的本质,有民族适应论和民族协进论两种主要观点。民族适应论或适应的民族教育由陈科美所提倡。陈科美认为,民族教育的最终目的是生存,这也是人类最根本的需要。然而若要继续不断地生存,则非"适应"不可。基于这种认识,他提出,教育就是"有意识的利用环境的刺激,以发展遗传的能力,使适应人生外部环境与内部需要,而求得继续不断的生存"。②但中国的人生外部环境和内部需要有其特殊性,因而中国的民族教育也就相应地有其特殊性。据陈科美的研究,中国的特殊性在于:第一,中国固有的文化是人本文化,但这种文化太偏于伦理与保守;第二,中国的民族特性是富于坚强的适应性,但是这种适应性太偏于私利;第三,中国外有强权扩张和爆发经济危机的世界,内有党派分歧和社会的紊乱。这三方面昭示中国应实行一种特别的教育,即"民族特性的维新与民族文化的改造,以求民族生命的适应与生存"③,这种教育即是适应的民族教育。适应的民族教育,一方面要使中国的文化动易化,一方面使中国的民性积极化。实现中国文化的动易化,一是需要将人本文化社会化,把家族的社会制度扩充为民族的社会制度,实现由人治到民主法治的转变,使国民纪律化;一是需要将保守的态度变为进取的态度,将顺应自然的人生变为征服自然的人生,将全部学术科学化,全部态度劳动化。实现中国民性的积极

---

① 崔载阳:《广西教育上的民族主义》,《教育研究》1935年第63期,第1页。
② 陈科美:《适应的民族教育》,《中华教育界》1935年第23卷第3期,第3页。
③ 陈科美:《中国民族与教育》,《江苏教育》1934年第3卷第1、2合刊,第50页。

化,一是需要发展进取性,把愚顽的保守性变为灵敏的创造性;一是要发展互动性,把私利的唯我变为互助的爱他性。

与陈科美的适应论不同,崔载阳认为,民族教育来源于民族社会,民族教育的开展必须符合民族社会的特质。在他看来,中华民族是"至大至刚的民族",中国民族是至刚的,所以它有自己的立场,自我的表现,能发明、能创造,能不断地开拓生命的前途,而不为外界所压抑及摧残。又因它是至大的,所以它对于历代异族的文物,外来的文化,不断地吸收、兼并,不断地同化、长养,而绝不深闭固拒,不求进步。但是中华民族进步的方式很特别:它不是为满足物欲而向前迈进,如西洋各民族所取的路;也不是禁绝物欲而向内精进,如印度民族所取的路;它是节制物欲,以求人与人间的上进。中国民族的求进步,总是先求人与人关系的满足,然后求物欲的满足。基于对中华民族特质的这种认识,崔载阳认为,民族教育应是一种协进的教育。

二、新教育中国化运动的特点

(一)在组织上,注重教育的社会化

新教育中国化运动的倡行者已经认识到,教育是一种社会现象,教育的发展离不开其所在的社会背景。以这种教育社会学的观点反观中国的近代教育,则会发现中国近代移植自西方的教育制度,"并非对于西洋的一套教育制度有了认识,尤其没有看到农业社会和工商业社会有什么差别",新教育与中国社会毫无联系。教育由家塾变为学校后,教育由私立改为官办,由散漫变为集中,因其为官办,教育者遂将学校视为机关衙门,高悬"学校重地闲人免进"的禁例;因其集中于城市,学校教育于是资产化,农村子女能入学校者也日益洋化而远离农村。衙门化和资产化的教育,造成"学校自学校,社会自社会,两者乃根本绝缘"①。抄袭外来学校教育既发生如许严重的弊害,教育者乃欲另图补救之道,而努力于提倡社会教育、民众教育。

---

① 董渭川:《学校教育与社会教育合流之刍议》,《建设研究》1941年第4卷第5期,第36页。

早在清末废科举兴学校之际,即有兴办社会教育提高民智之说,为了使教育能普及一般平民,补助学校教育的不足,于是有简易学堂的创设。简易学堂即是社会教育的胚胎。辛亥革命南京临时政府成立时,蔡元培在教育部设立高等教育司、普通教育司、社会教育司,将社会教育名目标榜出来。自此以后,全国教育分为两大类:学校教育和社会教育,学校教育为主,社会教育为辅,如简易识字教育、平民教育都属于这种辅助类型的社会教育。社会教育因而常被当时的专家学者解释为"学校以外的教育"。学校教育和社会教育的明显划界,导致实施上局面的分立和学说上二元论的产生。于是学校教育依然沿着衙门化资产化的道路前进,遂致陷溺日深,振拔无由;社会教育虽力求蓬勃发展,但因经费困难和师资缺乏,处处受到限制。

在论及中国的社会教育时,董渭川指出,社会教育是中国人自己建设的教育。它"不是从外洋抄来的",具有鲜明的特点,即教育的大众化,因此"社会教育的工作范围不能不扩展到乡村,教育内容不能不适合中国的社会,教育方法不能不浸透到民众各方面的生活里去"。于是这种植根于整个中国社会和全体民众生活的、被一般人所轻视的"学校以外的教育""在学校以外漫无边际地枝叶蔓延",不拘囿于民众学校、民众教育馆的狭小牢笼,形成了一种强有力的社会改造运动。同时,因为社会教育普及、深入、社会化的特点,愈发暴露出学校教育的弱点和弊端,如何把各级学校造成"社会中心""文化中心"的呼声日益高涨,又形成了一种强有力的教育改造运动。[1]

新教育中国化运动中所发生的种种教育改革,基本上都属于社会教育的范畴,具有明显的社会化的特点。

(二)在内容上,重视经济生活和生产教育

罗廷光认为,经济生活支配了教育问题的各方面,倘使忽略了这个极重要的背景,决不能探得教育问题症结所在。他认为,小学生出去无所事事,既不能自己服贾营商,又不能帮助父亲耕耘收获;中学毕业生毫无出路,除升学外,几乎陷于绝境;师范生每因待遇不良而纷纷改就他业;职业教育天天呼喊而效率

---

[1] 董渭川:《学校教育与社会教育合流之刍议》,《建设研究》1941年第4卷第5期,第37页。

仍不见佳,而在别处则成绩卓著;直至今日,专门学校所造就出来的人才能实地应用的,仍然寥若星辰。上述这些问题的产生,都有其经济上的背景,要想解决,必须教育、经济兼顾。①

舒新城认为:"中国在历史上只有治术教育,虽然'新教育'的娘家是注重生产的,但移植到中国来,所有理化工农等等也都变成所谓'洋八股',而成为治术的新工具。但十七年(一九二八)而后因为世界经济的恐慌,中国的市场固然为列强所必争,而国内的产业则更因列强经济侵略的压迫,而日趋衰弱,国际贸易上的借贷表更无法平衡。治术教育之无裨国是,差不多是人人所能感到。于是教育思想乃由治术方面转变到生产方面。"② 由此可见,直到20世纪20年代末,由于经济破产,教育没有出路,人们才重视生产教育。

古楳认为:中国的病症,第一是穷;中国化的教育,直截了当地说就是救穷的教育。中国现在的病症既然是穷,那么所最需要的就是救穷方法。消极方面的救穷方法,是减少消费,积极方面的救穷方法,是增加生产。减少消费,首先要能安于东方式的消费;增加生产,必须努力采用西方式的生产。所以今后的教育,不要再去造就双料的少爷,不要再去养成洋八股的新秀才,不要再去产生只有架子而无技能的高等游民,不要再去培植文不足当录事、武不足当勤务的失业原料。中国化的教育,要能造就脑内充满科学,手内掌着马力的人才;要能够利用科学的原理和方法,手脑并用的生产人才。③

古楳认为:经济之为物,诚有如历史的唯物论者所说,是人类社会的基础,其余政治、法律、文学、美术、宗教、哲学等,不过此种基础上的上层建筑物而已。所以经济基础一有变动,此全部庞大的上层建筑物即不能不随着而变动。教育同为一种上层建筑物,当然要受它影响的。经济中最重要的元素是生产力,即社会生产进程中所用的一切力,如自然力、人类劳动力、技术力等均是。人类一经获得新生产力,当即改变其生产方法,生产方法一经改变,复即改变其各种社会关系。④

---

① 罗廷光:《经济与教育》,《新中华》1933年第1卷第3期,第29页。
② 舒新城:《最近中国教育思想的转变》,《新中华》1933年第1卷第1期,第98页。
③ 古楳:《现代中国及其教育》(下),中华书局,1936,第478页。
④ 古楳:《现代中国及其教育》(下),中华书局,1936,第474页。

这些新教育中国化运动的倡行者,明确指出了经济对教育的重大影响,并强调要重视生产教育。

(三)在方法论上,强调用科学的态度、实验的方法开展教育

庄泽宣曾明确指出,新教育中国化的途径"在外延方面是中国社会的科学分析,在内涵方面是适应社会的教育实验"。[①]

早在1918年,陶行知在思考中国教育发展的根本原则时就指出,新教育开展十余年来,"拘于古法,而徒仍旧贯者有之;慕于新奇,而专事仪型者有之"。要改革教育,则"非试行试验方法不为功"。因为"能试验,则能自树立;能自树立,则能发古人所未发明今人所未明"。[②]1919年,陶行知针对当时教育界仪型他国的情形,进行了批评,他指出:"中外情形有同者,有不同者。同者借镜,他山之石,固可攻玉。不同者而效焉,则适于外者未必适于中。"因此应采用试验的方法,保证教育的进步。[③]同年,陶行知呼吁应培养有创造精神的第一流的教育家。[④]此后的多年间,陶行知多次提到要用试验的方法,要有创造的精神。这种创造的精神是新教育的根本内涵。陶行知在对新教育进行释义时明确指出"新字的第一个意义要'自新'",而不是"忽而学日本,忽而学德国,忽而学法国、美国"。[⑤]由此也可以看出,新教育重视用试验的方法进行创造,蕴含着教育中国化的必然。

在1922年学制改革时,陶行知指出:"今当改革之时,我们对于国外学制的经验,应该明辨择善,决不舍己从人,轻于吸收。"具体就是"用科学的方法、态度,考察社会个人之需要能力,和各种生活事业必不可少之基础准备,修正出一个适用的学制"。[⑥]

1922年,舒新城在介绍道尔顿制时指出:"第一,我希望国内教育者对于道

[①]庄泽宣:《我的教育思想》,中华书局,1934,第323页。
[②]陶行知:《试验主义之教育方法》,《南京高等师范学校校友会杂志》1918年第1卷第1期,第3页。
[③]陶行知:《陶行知全集》(第一卷),湖南教育出版社,1984,第94页。
[④]陶行知:《陶行知全集》(第一卷),湖南教育出版社,1984,第113页。
[⑤]陶行知:《陶行知全集》(第一卷),湖南教育出版社,1984,第122页。
[⑥]陶行知:《陶行知全集》(第一卷),湖南教育出版社,1984,第191页。

尔顿制抱试验的态度；第二，我希望国内教育者本此制的精神创造出适合国情的新制度。"①"我们对于道尔顿制之研究与实施，不要以道尔顿制底机械办法为限，更不当为适合于外国环境之方法所束缚，当本其精神努力研求更适宜国情的良好方法。"②由此可以看出，舒新城在探索适合中国国情的教育的过程中，如陶行知一样，特别强调试验的态度、创造的精神。

1923年，实施中的道尔顿制暴露出很多问题，舒新城在对教学方法缘何失败的反思中，已经认识到"此时我们所当急于预备者，不在专读外国书籍，多取外国材料，而在用科学的方法，切实研究中国的情形，以求出适当之教育方法……使中国的教育中国化"。③

《新教育评论》在创刊缘起中写道："现代国家的教育，要本着民治的精神、科学的态度，去建设他的制度，分析和估定他的内容，发明和实验他的方法，而考核他的效果。"④基于这种认识，《新教育评论》的创刊宗旨定为："根据民治的精神，科学的态度，评论教育思想与实际两方面之为题，以谋教育之改进。"⑤

编辑赵乃传对新教育开展多年却收效甚微进行了反思和建议。他认为科学的态度是十分重要的，《新教育评论》的创办，就是"想把这种科学的态度发展起来，去讨论教育理论上和实际上两方面的重要问题；同时把从前稗贩和因袭的弊病，设法扫除。照此切实做去，一种深合国情的新教育，自有逐渐实现的可能"。⑥

1928年2月，中山大学教育学研究所成立，这是国内最早的教育研究机关，也是谋求新教育中国化的一个教育机关。1933年至1935年的研究工作也有四个方面：一、小学课程的研究；二、心理的研究；三、教育行政的研究；四、社会教育及其他方面的研究。

与研究工作同步进行的，还有一些试验工作，包括(1928—1933)民众教育试验学校的办理，女中新法教学之试行，特约乡村小学之指导，(1933—1935)民

---

①舒新城：《什么是道尔顿制》，《教育杂志》1922年第14卷第11期，第43页。
②舒新城：《道尔顿制研究集·序》，中华书局，1930，第2页。
③舒新城：《论道尔顿制精神答余家菊》，《中华教育界》1941年第30卷第8期，第11页。
④陶行知：《陶行知全集》(第一卷)，湖南教育出版社，1984，第568页。
⑤中华基督教育会：《伟大的教育界舆论机关：'新教育评论'之发起与办法》1925年第1卷第4期，第85页。
⑥赵乃传：《科学的态度与新教育》，《新教育评论》1925年第1卷第1期，第13页。

族中心制小学实验班之设立,龙眼洞乡村教育实验区之指导,特约西江乡村师范学校指导。①从以上研究工作可以看出,第一阶段的研究倾向于教育科学的研究,较多地运用分析的方法,来精密探讨客观的教育事实,求得教育个别问题的认识与解决。

科学的态度、实验的方法,是新教育运动时期人们秉承的方法论,新教育中国化运动时期继承了这一现代的教育方法论。

(四)在教育目的上,致力于民族复兴

庄泽宣认为,在教育方面,最足以消亡民族生命的,莫过于失去自信心自信力。因此负责教育者应以恢复民族自信心为最大职责。这也是他写《如何使新教育中国化》的时候,以"发扬中国民族的优点"为四个主要条件其中之一的缘故。他认为应当随时随地就所见所得,向民众及学生宣扬文化固有的优点,这不是遗老遗少所提倡的"保存国粹",而是积极恢复民族的自信心自信力。

崔载阳在《民族中心教育的基本理论》一文中,通过批判卢梭及其中国追随者的个人中心的教育,阐述了民族教育的内涵及重要性。崔载阳指出,直到20世纪30年代,学者们都很少谈及民族中心教育,他们的教育理想,在于追求个人的完满发展,"因此他们的教育理想可谓个人中心教育理想,他们又以为如果每个人能够完满发展则全人类亦必能够完满发展了,所以他们的教育理想亦可谓是人类中心的教育理想。但是他们的教育理想,因为只是个人中心的、人类中心的,而不是社会中心的,尤不是民族中心的,故他们的教育观念只是主观地自己创造出来的幻想,和教育的真际绝对不相俟合。像这样的离开具体的现实社会而讲教育,则这种教育当然只是抽象的无内容,无精神,无生命。卢梭及其承继诸人,在教育学上就是犯了这种毛病"。②

崔载阳认为,民族是文化生活的统一体,它不但本身不断地生长,同时也是民族各个成员生长的基础。民族的生命表现在道德、法律、政治、经济等文化生

---

①崔载阳:《国立中山大学教育研究所之过去现在与将来》,《教育杂志》1935年第25卷第7期,第221—223页。

②崔载阳:《民族中心教育的基本理论》,《教育研究》1935年第60期,第2页。

活之内，人们通过攫取种种的文化而为滋养，从而进步、生长。所谓教育，在某种意义上，不过是民族与其文化滋养个人，使其不断生长的一种过程。人越接受教育，越能成为人。所谓个人中心教育，只是一种空洞的概念。个人如果脱离了社会与现存社会的最高形式民族，我们对于他的本质就不能有所了解。

黄造雄基于"一个民族的性格与风尚，都与教育有密切的关系"的认识，指出中国的颓废衰败，固然与帝国主义的攻击及生产落后的影响有关，但"数十年来中国教育的无目的，不切实际的推进，亦属根本的原由"。[①]因此，若要复兴中华民族，就应实行有计划的民族教育，用教育的力量来改变民族的意识，振起民族的精神，刷新民族的生活。

王镜清明确指出："民族教育不是帝国主义者的狭义的民族主义教育，乃是以三民主义为骨干，以解放中国民族为起点，以完成世界大同为依归之中国化教育。"[②]

民族教育的开展重在唤起民族意识和精神，恢复民族自信，改造民族习性。原因在于，中国民族到了近代，已失去了民族自信，妄自菲薄，毁灭过去。"承认中国过去的一切都是不好的，对于外来的一切文物制度，养成了一种盲目崇拜心理，尤其是旧道德已经打得粉碎，而西洋的新道德又格格不入，结果人人皆茫然无所主，不知何所适从。人们的心中既失去了礼义廉耻，结果社会上便发生种种丧廉鲜耻的事情。"[③]

对于这种状况，如果能意识到不足，从而力求上进，则个人、民族还有希望得以拯救；如果意识到不足，但仍苟且偷生、自暴自弃、敷衍塞责、不知奋发，则个人或民族的前途将不堪设想。基于这种认识，这些学者认为，当时最根本最重要的工作，就在于唤醒民族的意识，恢复民族的自信力，让国民认识到中华民族仍大有前途，来复兴民族。"而这种唤醒民族意识，恢复民族自信力以复兴民族为主要目的的工作，即是民族教育。"[④]

随着民族危机的加深，以民族复兴为教育之目的以及由此对民族教育的重视，成为新教育中国化运动的又一大特点。

[①]黄造雄：《新生活运动与民族教育》，《上海教育界》1934年第10期，第40页。
[②]王镜清：《民族教育的时代精神》，《江苏教育》1934年第3卷第1、2期合刊，第169页。
[③]赵演：《民族教育与民族复兴》，《教育杂志》1935年第25卷第1期，第152页。
[④]赵演：《民族教育与民族复兴》，《教育杂志》1935年第25卷第1期，第152页。

三、在对新教育中国化运动的反思中关注民生

新教育中国化运动体现出来的上述特点，为中国民生教育学会所继承。该学会强调教育以民众经济生活、生产实践为脊干，通过实验的方法实现民族复兴，无不体现了新教育中国化运动的特点。在继承的同时，中国民生教育学会对之前的新教育中国化运动进行了反思，提出了其教育关注的重点——民生。

（一）对生产教育的反思

改造中国的教育最重要的在于让学生具有生产能力，这已成为当时教育界比较广泛朴素的共识。民生教育也重视生产，甚至民生教育在狭义上的理解，即是生产教育①。但民生教育的提倡者认为，生产教育的含义过于狭窄，不能适应中国的现状。潘公展指出："教育的目的，除在生产以外，还有其他的更大意义，换句话说，教育除教人以物质生产外，还有精神的生产。物质生产，固足以救国，但救国之法，仅以物质为条件，亦不足以为训，除物质条件外，还要有精神的条件。"②邰爽秋认为，生产教育以生产为目的，但在他看来，生产不能作为目的，只能作为手段，民生才是目的；生产教育所提倡的生产未必是社会的生产，它对于民生的影响如何也不得而知；教育的内容，固应以生产劳动为主，但民生需要，不应仅以生产劳动的结果为满足，因为民生的活动除了生产外，还有消费、分配、交换诸多问题，单单解决了生产问题，而不能解决其他问题，民生仍不得安定。③

（二）对生活教育的反思

邰爽秋指出，生活教育者认为现在的教育与生活过于隔离，所以主张把生活和教育打成一片，但在他看来，现在的教育是与民生背道而驰，所以主张把民生和教育打成一片，寓一切教育于民生经济活动中。而且他指出，生活教育内

---

① 陈茝民：《民生本位教育的科学基础》，《民生教育》1937年第1卷第1期，第20页。
② 潘公展：《民生本位教育的政治基础》，《民生教育》1937年第1卷第1期，第23—24页。
③ 邰爽秋：《民生本位教育与各种教育之区别》，《革命日报》1938年5月9日第4版。

容宽泛,无论各种生活教育,无轻重缓急之分。①,教育应特别注重于经济的生活,并且把这种生活作为一切教育出发点。

(三)对民族教育的反思

中国民生教育学会赞同民族教育,认为民族教育把民族视为现代人类生活的单位,教育的各方面都以民族为对象,一方面可以排斥教育上的个人主义,另一方面可以推动世界迈进打通。但是"民族教育,应以民生为基础"。②"国际间的民生问题不冲突,国际间的地位才得平等;民族间的民生问题能互相调和,民族间的地位才得平等;民族内各个份子的民生问题能够分配妥善的解决,各份子间的地位才得平等。所以民族主义教育的理想必须沟通民生本位教育才得实现,民生本位教育就是从事于达到这平等目的的努力。民族主义教育是民生本位教育的目的。"③

总之,中国民生教育学会及其会员认为,民族教育应以民生为基础,乡村教育应以民生为脊干,民众教育应以民生为灵魂,生活教育应以民生为核心,生产教育应以民生为归宿。任何教育如果离开了民生,就不是中国需要的教育。④

四、民生本位教育的提出

在分析此前各中教育的得失、校准中国社会与教育问题的基础上,邰爽秋提倡一种新的生产教育——民生本位的教育。它是以发展人民生计的经济活动为脊干,以改进民众生活,扶植社会生存,保障群众生命而达到民族复兴的教育。民生本位教育以经济活动为经,以各种教育为纬,与笼统将生计教育与各种教育并列的做法有较大不同。实施民生教育的场所,也不是传统的学校,而为具有经济活动的整个社会。

当时在南京中央大学执教的邰爽秋的民生本位教育思想与孙中山提倡的

---

① 邰爽秋:《民生本位教育与各种教育之区别》,《革命日报》1938年5月9日第4版。
② 中国民生教育学会:《本会成立大会宣言》,《民生教育》1937年第1卷第1期,第3页。
③ 刘伍夫:《民生本位教育与民族教育》,《民生教育》1937年第1卷第2、3期,第19页。
④ 萧莫寒:《生产教育与民生本位教育之新思潮》,《时代知识》1936年第1卷第6期,第269页。

"民生"有直接关联,他自己常引用孙中山的《社会主义之派别及方法》讲解社会主义教育,也到乡村调查,农民衣不蔽体、食不果腹的状况,使他在教育理念上发生深刻变化,从而提出为工农大众服务的民生本位教育。

邰爽秋反对把教育内容分割为几个部分,他认为人类的生活是错综复杂的,并没有划清哪一类是家庭生活,哪一类是职业生活,哪一类是公民生活。国民生计如此困难的中国,农工们整天忙于生产的工作,尚有衣单缺食之虞,又何暇谈到进学校读书的问题,这是很明显很实际的问题。所以教育家不论他怎样地卖力鼓吹"农村教育""生活教育""民众教育"……都是隔靴搔痒的问题,与他生计的问题只有妨碍而无补益。人们的生计不解决,一切教育的设施都是白费心血。同时实行教育的场所不能打破学校的制度,无论如何总有大多数的农工不能享受教育的机会。所以邰爽秋又主张打破学校的制度,极力提倡流动教育,并且发明了轰动教育界的普及教育车。因此,民生本位的教育似乎成了医治一切教育病根的圣药,不论哪种教育根据"民生本位"去干,都可以顺行无阻地达到教育的目的。也就是说,无论哪种教育能以经济的活动先使民众解决他最迫切需要的民生问题,就可以解决其他一切的问题。所以他自认为民生本位的教育是最彻底最需要最适应中国社会的新教育学说。而这种过高的期待在现实中也限制了后来民生教育的发展。

邰爽秋在《民生本位教育讲义》中指出:"民生本位的教育,不仅发展民众的经济生活,使各人衣暖食饱,还要在发展经济生活的过程中,改进其他各种生活达到美满人生的目的……他还使全社会的民众集合而成为一种有机的生命单元——活动的社会——永远的生存不断的进步,我们可以说民生本位的教育就是一种创造社会新生命的教育……还要使全社会全民族里的群众生命得着安全的保障。"[①]

尽管这种观点有其偏激和缺陷,但是它在一定程度上切合了当时要解决的社会问题,迎合了底层民众的期望,又有孙中山民生思想这样在当时官方看来十分正统的思想来源,因此,民生教育理念一提出就有众多观念的认同者和组织的参与者,并有不少实践实施者。

[①] 萧莫寒:《生产教育与民生本位教育之新思潮》,《时代知识》1936年第1卷第6期,第271页。

第三节　20世纪30年代的中国民生状况

在20世纪30年代,思想文化上经历过1915年以来的新文化运动和新教育运动,越来越多的人放弃高远、奔放与狂想,更趋于务实、现实与切实的改善;政治上经历过立宪和复辟的涤荡,北伐战争胜利,整个社会趋向稳定,也趋向单一;同时外部与日本的民族矛盾加剧,内部国共两党由分裂发展到对立,进而转为军事冲突;经济上东部地区现代工业迅速发展,传统手工业处于衰退状态,广大的农耕地区十分落后,整个社会的不同人与不同区域的经济差距拉大。在上述各方面因素综合作用下,社会普通民众生活压力加大,不少人长期在水深火热之中煎熬,生活饥寒交迫、苦不堪言。农业、工业、商业等各行业的发展也困难重重。

一、世界形势对中国民生的影响

中国民生教育学会发起的20世纪30年代,整个世界经济处于大萧条时期,中国当时的经济在产品、市场和金融等方面都与世界经济有了密切关联,经济类型正由自然的农耕经济向工业化市场经济转型。但是由于整体上中国经济与世界工业革命和资本市场的融入不够充分,工业化水平较低,市场开放度有限,中国依然保留了自己特殊的银行体系,货币供给没有减少,银行危机没有普遍发生,使得中国经济受世界危机的拖累比较小。

中国经济1932年到1936年的年增长率分别为:3.68%、-0.72%、-8.64%、8.30%、5.87%,平均年增长率为1.7%,与当时的德国和英国相当,但是低于日本(3.7%)[①]。考虑到1929到1932年中国经济增长较高的实际,当时中国的经济状况较世界大多数国家好。

从1929年到1931年,中国上海、天津、广州三大城市批发物价上涨,中国平均物价上升25%左右[②],显示这几年出现轻微的通货膨胀,主要是对城市居民影

---

① 管汉晖:《20世纪30年代大萧条中的中国宏观经济》,《经济研究》2007年第2期,第16页。
② 管汉晖:《20世纪30年代大萧条中的中国宏观经济》,《经济研究》2007年第2期,第17页。

响较为明显。1934年中国教授实际工资600圆[1],以生活必需品、日用品的实际购买力估算,1930—1936年大米每石10圆左右(当时1石=160市斤),合每斤6.2分钱,猪肉每斤2角钱,白糖每斤1角钱,食盐每斤2~5分钱,植物油每斤1角5分钱,鸡蛋每斤2角钱。正因为此,与世界其他国家相比,20世纪30年代中国城市居民的生活水平及社会经济状况相对值较高。科技发展带来的电气电器等便利使得生活舒适指数上升,当时留下的建筑、饮食、照片、文字都可以作为参考。但这种向好状况因日本的侵略而中断。

世界性经济危机爆发后,米、小麦、面粉、棉花等与中国人民生活密切相关的农产品都有了大幅度增加,极大冲击了中国的农业和农产品市场的同时,也为中国人提供了价格便宜的食品原材料。在经济危机爆发后,为了转嫁危机,世界农产品大国大肆向中国倾销农产品,1931年的"英美贷款"和1933年的"美棉卖借款",支付的都不是货币,而是美国剩余的农产品——棉花和小麦。[2]

简而言之,20世纪30年代世界环境对中国民生确实带来一些挑战,但总体而言对民生改善是相对积极、稳定、良好的,这种状况产生的改善面扩大也造成不同人之间的民生差距拉大,生成社会中改善民生新期望的社会基础。

二、民营实业快速发展与官僚资本兴起凸显民生新问题

辛亥革命推翻封建君主专制后,共和国的建立,极大程度解放了生产力,激发了民营资本投资建厂、振兴实业的热情。加之实业救国思潮兴起,私人工业在此后的20余年里呈现了快速发展的状态,新的私人资本企业更是如雨后春笋般涌现,史称中国民族工业快速发展的"黄金时期"。改善了从业人员的生活条件,也拉大了工业与农业从业者之间的收入差距,引发民生新的增长需求。

另一方面,国外资本的强势对中国的民族工业发展形成一定的压力和剥夺,并通过价格、销量、技术等方面作用于中国的企业及其从业人员。由于整体上中国民营企业在世界工业化体系中处于边缘或劣势,压制了中国民生改善的上限,也挤压了底层工人的工资收入,增加了他们的劳动强度,影响到他们的生

---

[1] 教育部:《第一次中国教育年鉴·乙编》,"大学教师薪俸表",开明书店,1934。
[2] 郑大华:《民国乡村建设运动》,社会科学文献出版社,2000,第34页。

存状态。在这种状况下,知识阶层的人士产生了以改善民生为目标的动机与言论。

在20世纪30年代,具体到工业领域,不同行业的情况还有所不同。由于机器工业兴起,手工生产逐渐衰落。受工业革命的影响,世界大工业时代的到来,使中国一部分手工业被机器制造所代替,造成对手工业需求量的减少。

在20世纪30年代,也出现了官僚资本和商业高利贷对手工业生产的压榨。主要体现为以下方面:

首先是国民政府实施的"管制政策"。管制包括多方面:一是物价管制。当时由于通货膨胀,政府为控制物价而限价,但并未取得很大效果,最后物价上涨不可遏制,手工业便在物价暴涨中沉坠。二是原料销售管制。这使原料供应不齐,再加上统销使盈利太小,因此对工业也起到桎梏作用。三是金融管制。物价飞涨引发国家规定放款利率,使得高利贷乘虚而入,虽政府对手工业有优待,但政府放款不能满足手工业的需求,从而使手工业在高利贷的逼迫下衰落。

其次是税捐。当时的税法只依靠账面营业为征税标准(依据),在只有亏损的时候工业价值就是一宗"虚盈实税"[①],而一般的捐税又很重,这也是促进手工业折本衰落的原因之一。

在20世纪30年代的中国,市场发育不健全,商业也面临诸多困难,原因如下:

一是商业的兴衰与农业密切相关,工农业崩溃瓦解导致商业也受影响,商店大部分关门。

二是官僚资本和商业投机化。在20世纪30年代,中国出现另一种新的商业资本,即官僚商业资本。它是在国民政府实行金融垄断的基础上凭借政权力量发展起来的。

工业的发展,引发农村实物地租逐渐向货币地租转化,但是无论哪一种地租,其租额都较高,并且呈现加重的趋势。虽然工艺作物的产量日渐增高,但是钱租额也随之增高,甚至钱租额的增加比谷租增加更快。因此,无论当时是实物地租还是货币地租都在大幅度增加,使得当时中国农民生活愈加疾苦。

[①] 刘敏:《三十三年四川之工业》,《四川经济季刊》1944年第2卷第2期,37-38页。

农民除了要缴纳高额的地租外,还要向国家缴纳农业税。此外,他们还要负担各种苛捐杂税,其中杂税有契税、盐税、烟酒税、印花税、屠宰税以及各种附加税几十种;至于苛捐,种类更是数不胜数,如植树有植木捐,养猪牛羊鸡鸭有猪牛羊鸡鸭捐,种花生有花生捐,买花布有花布捐,住房子有房捐,用河水灌田有水捐,看戏有戏捐,做道士有道士捐,当和尚有和尚捐……可谓无物不捐,无事不捐。[①]由于苛捐杂税种类的繁多,百姓负担自然沉重。

这种发展势头对民生产生多方面影响,可简要概括如下:一是整体上民族工业发展增加了就业机会和收入,拓展了民生基础,至少对这些新产业的从业者和新产业的产品使用者而言,他们的民生得到大大改善。二是由于工业的发展以及在更大程度上参与国际市场的流通,拉大了城乡、工农、新兴产业与传统产业从业者的差距,提高了整个社会的消费水平,于是,广大的农村、社会底层和传统产业从业者的生活状况日益恶化,新的民生问题日益突出。三是抬高了消费需求,刺激了消费欲望,使得大多数仅仅靠传统产业生存而又没有一技之长的人生活基本需求难以得到满足,一些人受破产、无业的影响而生活更为艰难。

三、国内政治分裂加剧民生艰难

与世界列强在工商业方面的竞争,国共分裂引发国内战争,东北伪满政权的建立,等等,加剧了中国农村经济萧条,民生凋敝的状况日益严重。

社会动荡提高了兵员需求,各方为了战胜对方,都想方设法扩大征召,从而大大提高了军人在人口中的比例。这一方面减少了各行各业的生产人员,降低了社会生产力,政府的财政收入有限,在1927年到1928年,中国财政收入的80%用于军事,仅有1.7%用于教育[②],用于其他民生的自然少得可怜;另一方面增加了其他各行业的负担,这些负担最终都以各种形式分摊到普通百姓身上。于是,在大片农村贫困地区,青壮年成批参军或被抓壮丁,其中不少人仅仅为了逃避当地的贫困而有口饭吃。在不少地区还遭到兵灾、匪灾等人祸。在1930

[①] 郑大华:《民国乡村建设运动》,社会科学文献出版社,2000,第51—52页。
[②] 《中国军费与教育费之比较》,《教育杂志》1929年第21卷第6期,第69页。

年的中原大战中,河南、山东战区"遍地烽火,满目疮痍"。豫东一带"战沟纵横,尸骨遍野,秋禾未收,房屋倒塌,十室九空,秋疫流行,满目凄凉"[①]。20世纪30年代的匪灾也闹得非常严重,土匪非常猖獗,史料所记载土匪烧杀抢掠的事例不胜枚举。国民党元老胡汉民曾经说过,土匪在当时的猖獗程度已经打破了民国以往的纪录。土匪直接侵害的对象就是普通的百姓,从而产生大量的民生灾难。

这样的政治状况大大降低了政府的执行力,使得一些自然灾害无法得到有效救治,酿成更大的民生悲剧。从地理环境来讲,中国幅员辽阔,所跨经纬度都比较大,因此地理和气候条件都比较复杂,从而自然灾害频发。"自民国元年至民国二十六年这一段历史时期中,单说各种较大的灾害,就有七十七次之多。计水灾二十四次,旱灾十四次,地震十次,蝗灾九次,风灾六次,疫灾亦六次,雹灾四次,歉饥二次,霜雪之灾二次。而且各种灾害,大都同时并发。"[②]灾害频繁发生,救治措施不到位,严重威胁到个人的生命财产以及国家的稳定。灾难发生后,一些地方哀鸿遍野、卖儿鬻女,在少数地方竟出现人相为食的悲剧。

综上所述,中国民生教育学会建立前后,中国民生总体上有较大改善,并产生了进一步改善的强大期望;不同人改善的状况和程度差异较大,激发众多人争相改善自己生活;政府、社会为民生改善提供的保障严重不足,使得民生改善的希望实现难度加大,引发一些人将民生改善的期望寄托到社会组织。这些成为中国民生教育学会组建的民生环境。

需要清醒意识到的是,当时的民生环境主要由经济、政治、社会等多重原因造成,希望通过教育来解决这些问题产生的效果是有限的、迟缓的,仅仅从教育上解决问题是认知上的局限,而一些学人试图从教育着手解决民生问题是他们无奈中能够有所作为的选择。

[①] 郭廷以:《中华民国史实日志》(第2册),第632页,转引自郑大华:《民国乡村建设运动》,社会科学文献出版社,2000,第63页。

[②] 邓云特:《中国救荒史》,东方出版中心,2020,第40页。

第四节　民生教育思想的提出及其要义

在中国民生教育学会建立之前,就有陶行知、梁漱溟、晏阳初、黄炎培等有识之士纷纷为救活中国农村、改善民生而奔走各地,发起"乡村建设运动"。但他们都把主要精力聚焦到人格养成、社会重构上,期望建设一个更美好的乡村,让村民过上更好的生活,而非把主要精力仅仅放在"民生"这样具体而实际的层面上。

与"乡建"运动的思路不同,"民生主义"和"计划经济"关系更加紧密。20世纪30年代,鉴于苏联在1928年实行第一个国民经济五年计划后逐渐形成社会主义计划经济模式,以及1929年世界经济危机爆发后欧美资本主义国家加强政府对经济的干预,中国兴起了民生主义计划经济思潮。该思潮提出,中国经济的发展以及孙中山先生提出的民生主义的实现,有赖于民生主义计划经济的有效实施。

正是在这样的大背景下,中国先后有众多学者提出民生教育的设想,进行了相关的论述。

一、姜琦民生运动与民生教育的设想

1928年姜琦发表《民生运动与民生教育》一文,这是国内较早对民生教育进行探讨的文章。作为大夏大学的教授和知名的教育家,姜琦的这篇文章对后来民生教育思潮的形成和中国民生教育学会的成立产生了一定的影响。

姜琦根据孙中山提出的民生思想,就民生问题在教育政策上提出自己的观点。

(一)提倡勤劳教育

姜琦认为,勤劳教育是有关生产方面最重要的教育政策。如果要实现孙中山所说的民生主义,那么就要从小学开始直到大学都提倡勤劳教育。有文献可

查的勤劳教育首次提出者是德国的凯兴斯泰纳(G.kerschenstiner),他提倡的勤劳学校(Arbeit School)具有显著成效,在苏俄革命后,勤劳精神在他的教育理想与设施中体现得更为明显。美国的布克提·华盛顿(B.washington)所创立的黑人学校也十分注重勤劳教育,学校内房舍、器具以及仪器等大多为学生自己制造。姜琦提出要贯彻民生主义的教育宗旨,则应该积极效仿凯兴斯泰纳和布克提·华盛顿二人有关勤劳教育的理论与方法。因此,在中小学学校中应扩充校园及工厂的范围,但是其中所配置的机器不宜太过复杂。对成年人来说,也应该设置相应的补习学校,年龄凡十八岁以下者每晚都应该上课,补习学校可根据补习之人职业的不同设置相应的教育内容,使学生在校内所学的知识可以在校外得到运用。

总而言之,勤劳教育设置的目的就是要让国民充分认识劳工的价值,针对当时中国各级学校大多对勤劳教育不够重视,甚至有人称学校为"游民制造所"的情况,姜琦认为只有学校足够重视勤劳教育,让学习者学有所用,才能够很好地解决民生问题。

(二)注重科学教育

平常的衣食住行大都与科学有密切联系,勤劳教育也是以科学知识为基础的,因此科学知识也应该得到重视。当时国内一些中小学校的课程大多被文科以及外国文所占据,自然科学的地位一直比较低微。而且即使设置自然科学的课程,其教学方式呆板,教师大都让学生死记硬背一些原则和公式,而这些知识在现实生活中则很少涉及。因此,造成了科学与实际生活的完全分离,科学起不到改善人民生活的作用,实际生活也不能促进科学的发展。当时学校经费并不宽裕,实验室的设备极其简陋,学生无法做实验,更没有机会去发现新原理。在当时,中华文化教育基金委员会设有三十余座科学教席,但是他们大多敷衍了事,对于科学教学没有一丝贡献。如果持续如此,中国将永远落后于科学世界。

因此,姜琦认为国民政府应该提出发展科学教育的一系列政策。在课程上,增加自然科学的比重,在实验室增加科学实验器材,并且在学校旁边设置模范工厂与农事试验场,以供学生在学校学习的知识可以在试验场得到实习,并把实习结果印刷装订成册分发给农民、工人,或者制成幻灯片播放,使普通民众在生活中也能运用科学知识。如此一来,科学知识与实际生活便产生了紧密的联系,不仅能使科学通俗化,也能使国民的生产力得到增加。

(三)介绍社会主义的教育

民生主义介绍社会主义教育有关分配方面的教育政策,最终目的是实现共产主义社会,但是关于共产主义的制度不能贸然实行,须先从教育着手。通过对儿童进行社会主义思想的教育,让他们明白财富不均的危害、平均地权的必要,认识到私产制度的害处、节制资本的利益,让他们对各种社会主义的思想都有一定的了解,从而使学生感受到社会主义对人民生活的深切影响,而愿意去掌握实现这种主义的技能。除掌握知识以外,还应让学生养成社会主义的习惯。学校本就是一个共产的社会,学校里的器具设备都是所有学生共同使用,因此这就要求学生们爱护校内财产像是爱护自己的私人财产一样,为学校制作公用器具就像制作自家器具一样,达到"共同生产、共同享受、共同管理"。[①]对于合作社学校、银行学校以及农场等,更应该提倡共产的习惯。

总之,要把学校造就成一个完全是社会主义的小世界,一个各尽所能、各取所需的新世界,让学生们做到"力恶其不出于身也,而不必为己"的地步。姜琦认为以前所进行的教育是资本主义的教育,为的是养成勤奋耐劳、自足服从的忠实的工人;现在所介绍的社会主义的教育,其目的是养成勤奋敏捷、自动自主的大公无我的工人。只有进行社会主义的教育才会与社会主义制度相契合,最终达到民生主义的最后的目的。

(四)促进家事教育

"家事教育的目的是用科学方法去研究家庭内衣食住洗涤养育看护装饰布置等问题,而求得最经济最精良的消费方法。"[②]世界要实现物质进步则需要生

[①] 姜琦:《民生运动与民生教育》,《教育与职业》1928年第91期,第12页。
[②] 姜琦:《民生运动与民生教育》,《教育与职业》1928年第91期,第12页。

产量超过消费量,对于生产量来说当然是越多越好,对于消费量则应该尽量减少。增加生产力的方法就是之前谈到的勤劳教育和科学教育,而减少消费量则应该从家事教育入手。

对于家事,欧美妇女特别是德国妇女最为重视,她们日夜工作也不会厌倦,还感觉到快乐,这是因为她们知道劳工是神圣的。在欧美国家,自小学到大学,学校里都设有家事科,并且有最大的家事实验室,女生必须学习,甚至还有部分男生也选择此门课程。欧美的妇女并不会认为做家事是侮辱妇女,因为妇女天生适合做家事,这也是"各尽所能"的一种体现。相反在中国,妇女则多不愿管理家事,并且认为家事是繁琐、鄙陋的,不屑于做它,富贵者吃饭穿衣皆需要仆人侍候。虽然在中小学间歇性设过家事科,但多为敷衍了事。即使在女子学校以及大学也很少设置家事科,如有人提议,则有学生指责其"思想落后""开倒车",他们不懂得劳工的神圣,也不能体会"各尽所能"与"各取所需"的妙处。

学校银行与学校合作社应该积极地提倡家事教育,因为这可以养成勤俭节约的习惯与合作的能力。要实现民生主义和共产制度,我们不仅要注意生产问题,还应该注意消费问题,否则,共产制度将很难实行,物质文明也将很难进步。

(五)提倡美感教育

姜琦以多方面证据证明美感教育的重要以及它在民生中的意义。

他认为,孙中山所谓的民生主义不仅仅包含物质方面,还包括精神方面。他所讲的精神方面,主要指的是感情生活,而美术则是陶冶情感的最佳工具。美术本身具有生产和消费两个方面,美感教育着重于消费方面——美术的欣赏。美术的力量是巨大的,它可以使欣赏者完全投入到美术中去,其人格与作品融为一体,具有开拓心胸、安慰性灵、提高人格的功效。

姜琦指出,蔡子民先生主张以美育代替宗教,要实现民生理想的最高理想必须积极地提倡美育。姜琦还提到,在美国内务部教育司长提克特(J.J.Tigert)看来,"小学课程除阅读、书写、算术三门外,以音乐为最重要,可见美育的功用很大。""德意志民族灵魂也完全寄托于音乐之上,法兰西人则以美术为第二生命。"①中国人大多数不知道利用闲暇时间去从事高尚的娱乐,应该把中华民族造就成热爱美术的民族,在课程设置上给予美术重要的地位,使学生有欣赏美术的能力。姜琦建议,尤其应该注意的是美术的通俗化,要多设置博物院、图书馆以及戏剧院。并且将美术原理与市政建筑工业园艺相结合,使中国成为一个"大花园",凡万事万物都含有美术的价值,以供全世界人民的欣赏、流连,这将是教育的最高目标。

在上面所列举的民生教育政策中,勤劳教育和科学教育是有关生产方面的,关于介绍社会主义的教育的是有关分配方面的,家事教育和美感教育是有关消费方面的,生产、分配、消费这三方面构成了民生主义的教育政策和设施,尽管不能断定百分百解决全部民生问题,但至少可以作为将来解决民生问题的基础。毫无准备地去解决民生问题是无济于事的,要先从教育入手,培养民众对实现民生主义所需要具备的一些知识技能及兴趣,为民生问题的解决奠定基础。但是要对民众实施民生教育,就要让他们对将要进行的这种教育政策及设施充分了解,要让他们认识到这些政策及设施的重要性,如此才能促进国民革命的成功。

因此,学生在社会上需要一个"民生运动"的组织,以唤起民众对民生的意义、民生问题的解决方法以及如何培养民生德性与感情的关注与了解,让他们明白民生教育与实际生活、生计的密切联系。在校内也要宣传民生运动,让同学们能够勤劳忍耐、刻苦努力,并且养成高尚的娱乐爱好,成为一个健全的国民,这样他日踏入社会的时候,于己能够独立自营,于社会能够改善互助,这样,社会上存在的民生问题就不难解决了。因此,姜琦下了一个结论,"要实现民生主义,必须先组织'民生运动',要组织'民生运动',尤必须赶快施行'民生教育'。"关于"民生教育"是什么的问题,姜琦给出了自己的见解:"'民生教育'就是广义的职业教育,它包括勤劳教育、科学教育、社会主义的教育、家事教育、美感教育等",并且他认为的广义的职业教育不仅是实现民生主义的基本构成要素,在整个"三民主义"中也是不可缺少的,要实现"三民主义",就应行动起来共同从事职业教育。

---

① 姜琦:《民生运动与民生教育》,《教育与职业》1928年第91期,第14页。

姜琦是中国民生教育学会的主干成员,也是对民生教育阐述比较早又比较完整的成员,这些想法自然会在中国民生教育学会建立后发挥一定影响。但事实上民生教育学会建立后的行为与活动并未严格遵循姜琦的设想。这一方面与这一设想的完善性、可操作性、概念界定的明确性不足相关,也与这一设想所依据的理论与实践具有局限性有关。

二、邰爽秋的民生本位教育思想

邰爽秋是中国民生教育学会的发起人和理事长,该学会建立前他提出的民生本位教育思想是民生教育学会建立的重要思想基础,了解这一背景才能更好地理解中国民生教育学会的创立及发展。

(一)邰爽秋民生本位教育思想的形成过程

邰爽秋(1897—1976),中国现代著名教育家,1897年出生于江苏省东台县时堰镇一户贫寒的农村私塾教师家庭,1903年进入专为贫民子弟设置的时化小学堂就读,少时的经历为他日后教育思想的形成打下了底色。1913年考入江苏扬州省立第五师范学校,毕业后于1918年考入南京高等师范学校。其间,他关心教育问题,积极发表文章表达自己的观点,支持创立义校,从事平民教育。1919年被推为南京高等师范学校学生自治会会长。1920年加入少年中国学会,先后发表充满激情的《国际劳工会议》《小学教员的生计》,显示对劳工生计问题的关注。1923年于东南大学毕业,后赴美留学,先获芝加哥大学教育硕士学位,后又获哥伦比亚大学教育博士学位。1926年专程赴德国考察社会主义教育。1927年学成回国。

邰爽秋虽然也从哥伦比亚大学获得教育学博士学位,与南京高等师范学校和东南大学有学缘关系,但他的思想与同样有这两重关系的郭秉文、陶行知则明显不同。郭、陶对教育与政治做了明确的区分,邰爽秋则将教育与政治的关系联系得比较紧密,与同样在哥伦比亚大学学习的蒋梦麟、胡适、张伯苓差别更大。他受杜威的影响不大,对美国社会的负面情绪明显,对苏联社会的认同较多,或许与他少年在苏北的社会生活体验相关,因而更倾向于社会主义。

1926年回国前,他专程赴德国考察社会主义教育。当时德国主张社会主义的是德国工人党,邰爽秋在考察期间与该党有过怎样的接触缺少史料证据。但从他后来的主张中倾向从国家主义和社会需求出发设计教育来看,他的思想受到了德国工人党的影响。现在无法得知他当时为何没有去更为典型的社会主义国家苏联,但是他在思想理念上是认同苏联的社会主义教育的,这与他认同孙中山又有直接的关联。

1927年秋,邰爽秋回国在南京中央大学执教,当时国共合作已经破裂,中央大学中显然国民党占主流,但他在讲解社会主义教育时依然引用孙中山的《社会主义之派别及方法》。邰爽秋在其《正义进化奋斗》一书中猛烈抨击当时中国教育的不公平及资产阶级教育的虚伪,指出既然全国人民都尽纳税义务兴办教育,那么享受教育的权利就不能为富人所垄断,资产阶级的工人教育只不过是在训练未来有效的生产工具,并不是真正为工人的发展着想。

1928年至1932年,邰爽秋逐渐形成了他的民生本位教育思想。1928年5月,他在国民政府大学院召开的第一次全国教育会议上指出了当时社会现状的不足,提出"例行公平教育税制,实施教育机会均等案"。指出当时的社会影响人民生计的因素有很多,北方的军人政客,不体恤人民疾苦,苛征暴敛,固然是一方面,但本以解决民生问题为口号的教育界,竟然因教育经费筹措反成了摧残民生的力量。后来他自称"民生教育此时已见端倪"。[1]

邰爽秋的民生本位教育思想还体现在其对婴儿学校及教师待遇的关注。在第一次全国教育会议上,他还提出了"请大学院提倡婴儿教养学校并请先在工业之大城市试办婴儿学校"和"设立婴儿教养学校代替慈善性质之教育机关"二案。1928年秋,邰爽秋在赴桂讲学时编著了《婴儿教养学校运动》。1928年冬,他于广州中山大学任职教授时,拒绝在富人区设立教养学校,认为教养学校应该为贫民子弟服务。他主张通过教育为劳苦大众生活谋利益,他倡导的民生本位教育具有明显的阶级性和情感特征。邰爽秋所重视的民生也包括教师的生计。基于"改良教师待遇,保障教师地位,增进教师修养"的目的,他于1931

---

[1] 邰爽秋:《教育经费问题》,教育编译馆,1935,第63页。

年6月6日在南京中央大学发表了《教师节宣言》,提议设立教师节,关心教师的生计问题。

1932年1月,日军入侵上海,邰爽秋转移到河南大学任教。他调查附近开封城郊农村的生活状况,目睹民众多衣不蔽体、食不果腹,生活在极度的贫穷之中,悲悯之情油然而生,深感"救国先救民,教民先教富。……农民的经济问题一天不解决,一切教育都是白费心血"。①于是提出以国民生计为中心的"民生本位教育"的主张。

1933年秋,他以民生本位教育思想为指导,在上海西郊开展了"念二运动"。"念二运动"的教育实验丰富了其民生本位教育的思想。1935年,邰爽秋发表《民生教育刍议》一文,比较全面地阐释了民生教育的基本主张,并论及其对解决民生问题的主张以及民生教育对于民生问题解决的作用。1937年发表《民生本位教育发端》,阐述民生本位教育产生的背景,通过与其他教育思想的辨别,论述了民生本位教育的内涵、意义及其使命,对民生本位教育思想进行了更加全面深入的阐释,其民生本位教育思想基本形成。

此后邰爽秋积极投入到民生本位教育的实践中,其办公室常年悬挂的对联"欲凭只手救民生,剩有丹心报祖国",显示出其对民生教育的执着以及浓郁的爱国之情。

(二)邰爽秋民生本位教育思想的主要内容

1.邰爽秋的民生观

邰爽秋民生本位的教育,以民生为中心,因此,欲了解其民生本位的教育思想,先要明了他的民生观。

首先,民生并非仅涉及生产,还涉及分配,民生问题并非单纯的贫穷问题。邰爽秋认为,如果只是贫穷问题,那么只要增加生产,减少开支即可解决。但这虽能增加国家富力,却不能解决民生问题。因为增加的富力被城市所消耗。在邰爽秋看来,城市"是消费享受的中心,奢华浪费的处所,洋货推销的市场,农村

---

① 杨肃:《陶行知、邰爽秋二先生农村教育主张之不同》,《中华教育界》1935年第22卷第10期,第29页。

寄生虫的聚集地"。①它吮吸农民的血液,是造成农村经济破产的主要承担者。因此解决中国民生问题不能只考虑乡村而忽略城市,应该统筹全局,"化寄生虫为生产者,使城乡经济问题同时解决"。②

其次,民生问题的解决在注重生产的同时还要注意节约,节约与生产并重。只提倡生产,不提倡节约,民生问题仍是徒劳。因为人的欲望是无穷的,如果不加以节制,再多的生产也不能满足,而且不加节制的欲望会造成种种丧心病狂之事,导致社会动荡不安。对于生活不甚困苦之人,在这民穷财尽、金融枯竭的中国,要厉行社会节约。所谓社会节约,指的是"不为个人而省俭,而为帮助民众发展社会事业——尤其是社会生产事业——而省俭"③,从而使社会金融得以流通,社会生产事业费的来源得以充足顺畅。

再次,民生的生产不仅仅是农业生产,更包括农村工艺。邰爽秋认为,中国是农业国家,发展农业生产固然重要,不过由于土地生产力有限,加之人均耕地面积小,即使改良农业生产,也不能救济民生,因此他提出"以工裕农"。这里的"工"指的是民族固有的手工艺,并不是新式的机器大工业。因为在邰爽秋看来,在民生主义没有实现、分配问题没有解决之前,机器生产只能使少数人发财,机器生产越发达,失业人数越多,民生只会越加严重;再者,中国新式工业能容纳的人不到全国人口的2%,大多数人还要靠手工生产维持生活;同时,政府没有大量的资本发展机器大工业,民众更无力自筹资本,与其束手待毙,不如仍利用已有的手工生产。因此,邰爽秋主张在这青黄不接的过渡时代,要注重手工生产,并改良手工生产。当然手工生产只是一种权宜之策,以后还是要发展机器工业,但这种工业不同于欧美资本主义国家的大规模城市工业,而是民有、民治、民享,并具有合作性质或公众经营的小规模的农村工业,这也是他提出工业下乡的原因。

手工生产既然是当下最合适的选择,那么如何维持手工生产的持续发展就成为关键的问题。在邰爽秋看来,政府免税,银行投资固然重要,但最重要的是农村生产出来的土货能有销路。邰爽秋以土布为例,假设全国三亿农民在五

---

①邰爽秋:《民生教育刍议》,《教育杂志》1935年第25卷第6期,第90页。
②邰爽秋:《民生教育刍议》,《教育杂志》1935年第25卷第6期,第91页。
③邰爽秋:《民生教育刍议》,《教育杂志》1935年第25卷第6期,第91页。

个月农闲时间都有工作可做,按每日赚2分钱计算,每年共计可得九亿元的收入,数量相当可观。于是他"提倡土货""提倡乡下人自用土货,提倡城里人购用土货",希望"土货上城",而不是"国货下乡"。①

2.邰爽秋的教育观

邰爽秋的民生观已如上所述,我们还需要了解其教育观,才能真正理解民生教育。

邰爽秋认为,癸卯学制颁行以来的中国教育,是抄袭模仿西方的教育,是消费的、书本的和治术的教育。消费的教育追求消费程度的提高,造成青年学生耽于消费享受,成为西方物质文明的享受者;书本的教育追求书本知识,使青年学生和生产实际相脱离;治术的教育追求治术人才的培养,养成青年学生升官发财的功利心理。因此近代教育从兴办伊始就不适合中国国民经济的发展状况,三十多年来,这种不适合造成的弊端越来越明显。于是教育改革的声浪洋洋盈耳:有的认为过去的教育忽略了中国的民族危机,于是提倡民族教育;有的认为过去的教育太重城市,于是提倡乡村教育;有的认为过去的教育是少数人的专利,于是提倡民众教育;有人认为过去的教育只能养成士大夫,于是提倡生产教育。在众说纷纭、莫衷一是之际,邰爽秋认为要想找到中国教育的出路,必须有一个标准,这个标准在他看来就是"今日中国最大多数民众最急迫的需要"②。

邰爽秋深信教育是一种工具,其主要功用就是适应最大多数民众最急迫的需要。因此当下中国的教育就应当以此为标准,中国教育的基础也应当建筑在这种需要之上。而当下最急迫的需要就是民生,因此"民族教育应以民生为基础,乡村教育应以民生为脊干,民众教育应以民生为灵魂,生产教育应以民生为归宿"③,任何教育若离开了民生,就不是今日中国所需要的教育。以这个标准反观当时的教育,邰爽秋发现,由于忽视了民生这一根本需要,导致民族教育的基础落空,乡村教育之没有脊干,民众教育之缺少灵魂,生产教育之忽略分配,因此他从民生的观点出发,提倡民生本位的教育。

---

① 邰爽秋:《民生教育刍议》,《教育杂志》1935年第25卷第6期,第93页。
② 邰爽秋:《民生教育刍议》,《教育杂志》1935年第25卷第6期,第85页。
③ 邰爽秋:《民生教育刍议》,《教育杂志》1935年第25卷第6期,第86页。

3.民生本位教育的内涵、目标及使命

邰爽秋认为,他所提倡的民生本位的教育,不同于当时流行的各种教育。

民生本位教育和劳作教育不同。劳作教育希望通过劳动使儿童具有良好的品格,成为良好的公民,其基础是唯心的,重视的是劳动的训练价值。而民生本位的教育从民生出发,基础是唯物的,目的是增加社会生产,注重民生的福利,重视生产的价值。

民生本位的教育和生产教育不同。首先,虽然民生本位的教育重视生产,但并不以生产为目的,其目的是发展民生,生产只是手段,民生才是目的;其次,生产教育所提倡的生产不全然是社会生产,所以其对社会所造成的影响利弊兼有;再者,生产固然重要,但民生需要除了生产,还涉及消费、分配、交换等诸多方面,解决了生产问题,并不必然解决其他方面的问题,而未解决的问题依然会导致民生的不安定。

民生本位的教育与职业教育不同。职业教育产生于资本主义社会,目的在于培养适合资本主义大工业生产所需的训练良好的工人,并不是为解决民生问题,因此与民生本位教育旨趣大异;而且职业教育从其客观培养结果上看,只是为个人谋出路,但个人的出路并不都有助于民生的发展,而民生本位教育注重的是整个民生问题的解决,不局限于单个个体。

民生本位教育与生活教育不同。生活教育的提出是基于教育与生活的隔离,因此主张生活和教育要打成一片,寓教育与生活之中,而民生本位教育的提出是基于现代的教育与民生背道而驰的判断,主张把教育和民生打成一片,寓一切教育于民生经济活动之中;在教育内容上,生活教育内容宽泛,各种生活教育没有轻重缓急之分,而民生本位教育聚焦于经济生活,并且把经济生活作为一切活动的出发点。

民生本位教育与民生主义教育不同。民生本位教育常被人们误解为三民主义教育的一部分——民生主义教育,但二者实则不同。民生本位教育包括民族、民权、民生教育的所有方面,是以民生为基础或本位的三民主义教育,范围要远大于民生主义教育。

基于上述认识,邰爽秋认为,"民生本位的教育,就是以发展人民生计的经

济活动的脊干,来改进民众生活,扶植社会生存,保障群众生命而达到民族复兴的教育。"[①]简而言之为"民生教育"。

所谓发展人民生计,对民生教育而言指的是发展民众的经济生活,使每个人都能衣暖食饱。邰爽秋认为,读书识字固然重要,但不应该离开穿衣吃饭,衣单食缺的民众没有读书的条件,即使勉强读书也会发生危险。

所谓改进民众生活,对民生教育而言,不仅指发展民众的经济生活,使其衣暖食饱,而且还指在发展民众经济生活的过程中,改进民众其他生活(如文字生活),从而使其拥有美满的人生。

所谓扶植社会生存,对民生教育而言,指的是民生教育不仅要使每个个体都能衣暖食饱、生活改善,还要使全体民众集合而成为一个有机的生命单元,即活动的社会,让这个社会不断进步,因此民生教育也可以说是创造社会新生命的教育。

所谓保障群众生命,对民生教育而言,指的是民生教育不仅保障个人的生活满足、社会的不断进步,还要让全民族的群众生命得以保障和延续。在这个意义上,民生教育也可以说是以民族复兴为远大目标的教育。

综上所述可以看出,民生本位的教育有四个目标:发展人民生计、改进民众生活、扶植社会生存和保障群众生命。但这四个目标并不是齐头并进、不分先后。其中发展人民生计最为基本,其他三个目标必须贯穿在发展人民生计的活动当中,才能最终实现民族的复兴。

民生本位的教育在实现上述目标的过程中,肩负着诸多使命,具体而言包括:

社会方面的使命:矫正士大夫鄙薄劳动、厌恶劳动的观念;培养优良的民生技术人才;改良及创造生产技术;建设合理的包括生产、消费、交换、分配诸环节的经济生活。

教育方面的使命:改变国家教育政策;变更各级学校的教育设施;改订课程内容;培养民生教育人员;创造新的教育方法。

[①] 邰爽秋:《民生教育刍议》,《教育杂志》1935年第25卷第6期,第86页。

4.民生教育的实施主张

由于教育以发展民生为基础为脊干,而民生的出路又在于社会节约、手工生产的维持以及土货的畅销,因此民生教育的实施就是围绕这几方面来展开。

民生教育在实施时要遵循以下原则:

第一,民生本位教育要顾及人们的生活、国民的生计、社会的生存以及群众的生命这四个要素。这也是民生本位教育的目标,任何与目标相背离的活动都是不允许的。通过不正当手段获取财富的行为是民生本位教育所不能容纳的。

第二,要兼顾生产和分配。一切有利于改善民众衣食住行等方面的经济活动,都要生产与分配同时进行。生产教育虽然能够解决经济建设的问题,但是它不能够完全地解决民生问题。虽然经济建设离不开生产,毕竟它是实现民生的一种手段,然而,民生问题中除了生产问题,还有与生产问题同样重要的分配问题。在解决民生问题的过程中,如果只顾生产不顾分配,那么就会产生两级分化问题,富者越富,穷者越穷。而民生本位教育的目的是增加生产,然后使所得利益能够让每个人都能享受,从而实现每个人都能丰衣足食的目标。

第三,兼顾精神和物质。在进行满足衣食住行等经济活动的同时,也要施行礼义廉耻的教育,使人们不仅在衣食住行上感到满足,对于礼义廉耻的知识也能够掌握,并且将其落实到生活中。民生本位教育的目标之一是改进民众生活,改进的不止是人们有关衣食住行的经济生活,还包括公民的精神生活,从而建设一个物质文明与精神文明共同发展的社会。

第四,兼顾个人生计与社会生存。虽然民生本位教育强调的是以人民生计为脊干,但是这只是最基本的问题,绝不能停留于此。在进行衣食住行等经济活动解决大众物质生活问题的同时,也要做一名仁人志士,为国事奔走,并且要有舍己为人、舍生取义的心胸和行动。只有每个人都把眼光放远一些,每个人都为社会的进步而奉献自己时,社会才有保障。

第五,统筹整个民生需要。在衣食住行等经济活动中,顾及整个民生的需要,对于个性的发展,在必要时加以限制。邰爽秋提出此项原则,并不是否定个性的发展,而是为个性的发展提供一个更好的环境平台。如果一个国家连温饱问题都解决不了,那么社会发展将失去物质基础,个人发展也将无法谈起。因此要在解决整体民生需要的基础上再发展个性。

第六,贯穿民族、民权、民生三种主义,在衣食住行等民生经济活动中,同时施行民族、民权、民生三种主义的教育,使"三民主义"的理想同时实现。

邰爽秋对民生教育的实施进行了设计,以便于开展时有所遵循。具体如下:

教育的对象是有能力参加民生经济活动的全体民众;组织方式是经济分团,就是按照不同的经济活动,把民众分为不同的经济合作团体,如"种植合作团""工艺合作团"等,不拘于年龄、性别等,只按参与经济活动能力的程度;课程不是传统的学科课程,而是发展民生经济的活动课程,在发展经济活动过程中,开展文字、公民、卫生、休闲、自卫、救国等多种教育,按照邰爽秋的说法是:"寓一切教育于民生建设之中。以发展民生的经济活动为经,以文字、公民、卫生、休闲、自卫、救国种种的教育为纬"①;民生教育开展的空间场所不是学校,而是经济活动的场所,从而打破了学校、社会和家庭的分立;教育开展的时间是全天候,没有开学、放学、学期、学年、毕业之说,不论是农闲还是农忙,不论是工作期间还是工作之余,都可以开展民生教育;教学方面,在民生经济活动上教,在民生经济活动上学,民众之间还可以互教互学;教育开展的设备无需铺张,只要适合一般国民经济状况即可;设施方面,以有助于民生的为先,不提高民众的消费欲望,不直接或间接推销洋货,不把民众培养成新的士大夫;经费利用社会上没有正当用途的资材,不增加民众的负担,并在增加民众经济力的过程中逐步实现教育经费自给;学制方面,推翻以学科为基础、以造就学者为目标的传统教育制度,取而代之的是根据民生经济活动以造就民生事业专家为目标的新教育制度;民生教育的普及者,应有农业生产、工艺生产、畜牧生产等方面的生产技能,指导合作、指导教学等方面的指导技能,还要有献身民生教育事业的伟大精神。

随着民生本位教育实践的开展,邰爽秋的民生本位的教育思想越加清晰、完整,后来在《中国民生建设实验院创立旨趣》中,邰爽秋对其民生教育思想进一步概括为:"以民生经济活动为重心为脊干,来发展人民生计、改造人民生活、扶植社会生存、保障群众生命,兼顾现在未来、生产分配、物质精神,并具有伦理、社会、国防、整个、统制及大同等特性之教育。"②

①邰爽秋:《民生教育刍议》,《教育杂志》1935年第25卷第6期,第87—88页。
②邰爽秋:《中国民生建设实验院创立旨趣》,中国民生建设实验院筹备处印,1940,第5页。

(三)邰爽秋民生本位教育思想的特点

通过对邰爽秋民生教育思想的介绍可以发现,他的民生本位教育思想与其他教育家的教育思想相比较具有以下特点:

首先,确立的中心与常态教育偏离。教育是适应人的生活需要与社会发展的需要而产生,又对人的生活目标的实现和社会的发展发挥作用。人的需要与社会的需要都是多样态的、变化的,教育自产生之日起,其发展、变化就取决于人类社会的发展、变化,社会发展水平和人的发展水平不同,对教育的需求也不同。民生只可能是诸多诉求中的一方面,用民生来限定整个教育显然具有特定性或局限性。

邰爽秋试图用"民生"作为教育的出发点和中心,在特定社会里有一定合理性。而事实上,无论从纵向的人类历史发展,还是从横向的各国教育状况看,民生只有在特定条件下才能成为特定人群的教育的出发点和中心。即便对当时的中国国情而言,这种观点也难以适用所有国民。这决定了民生本位的教育适用的范围必定是有限的,对这一定位的任何过度渲染都会脱离教育而走向教育之外,甚至会背离原本的教育。

其次,试图无所不包而缺乏深刻与内在关联。邰爽秋试图以民生为出发点和中心,将文字、卫生、公民、体育、救国等诸育融合其中,实现生产和分配、个人和社会、物质和精神等多个教育目标的达成。但在具体的落实中,重视的只能是民生经济活动这一项,其他目标基本落空。同时,他试图全面充分地将民生教育的面貌呈现出来,思想涉及方方面面,如民生本位的内涵、目标、使命、原则、实施标准和步骤、组织、对象、课程、教学、经费、设施,内容广泛,无所不包。但由于聚焦程度不够,所采取的措施难以具有针对性,对教育的内在规律揭示不够。虽然能为后来民生本位教育思想的发展提供参考,能指导此后将要展开的中国民生教育学会的实践活动,更为中国民生教育学会的成立打下理论基础,却由于过于强调整体而疏于分析各具特性的个体,并在客观上忽视个性,颠倒了个性充分发展才是整个社会富足的根源的基本逻辑。

尽管由于中国民众千百年来主动参与意识一直淡薄,推广民生教育具有积极作用,可以让民众广泛参与到经济变革中来。但同时应注意到,民生教育的推广必定会阻力重重,需要政府、学校、教育当事人与农民大众之间达到良性互动,才能有效开展。对这一因素认识不充分,将导致民生教育运动劳而无功、收效甚微,甚而在某节点中道而止。简言之,要在社会底层推动民生本位教育事业发展,就必须清楚教育的特征和功能,教育周期长、见效慢,所有用急于求成的短期运动的方法企图从根本上改变落后面貌的做法,都将不会也不可能有良好的成效。

再者,邰爽秋过于看重民生对于教育的重要性,却低估了政治对教育的影响力。"政治对教育不但有着直接的制约作用,而且,这种制约作用波及教育的一切方面。从教育的领导权到教育的享受权,从教育事业发展的规模到速度,从教育的总目标到各级各类学校教育的具体目标,从国家教育制度到学校管理制度,从教育内容到教育方法,从学校教育到非学校教育,无不承载、反映、渗透着政治对教育的作用。"[1]邰爽秋对这些深层关系的理解显得不足。根据马克思的辩证唯物主义很容易发现,中国的农村经济在20世纪上半叶世界范围的市场冲击下处于崩溃境地,有着多重的社会矛盾,且温饱问题尚未解决,即邰爽秋多次强调的民生问题还没有得到妥善解决之时,是先改进政治、发展市场经济,还是先办教育,或通过办民生本位的教育来解决这些问题,哪个着手点更有效,是显而易见的。政治的变革才是教育变革的前提和基础。

另一方面他又试图依赖政治理念、口号和关系推进他的民生教育。邰爽秋把发展经济、提高居民生活水平,甚至改善整个社会都寄希望于民生教育,又把推进和实现民生教育寄托于政府的支持和协助,而非在政治、制度、社会层面进行根本变革。这种教育改良的路径终将被历史证明行不通。

邰爽秋的民生教育思想植根于民生凋敝、国力衰微的社会现实,直指经济发展这一国力发展的关键,直抵乡村这一当时经济发展的重要地域,因此能在当时产生轰轰烈烈的影响。但由于其指导思想的局限性,也限制了他的发展。其思想具有的这些特征,对建立在此基础上的中国民生教育学会及其活动产生了较大的影响。

---

[1] 叶澜:《教育概论》,人民教育出版社,2006,第143页。

中国民生教育学会成立

第二章

中国民生教育学会是在中国现代教育社团发展已经较为成熟的阶段建立起来的,在社团的组织形态、结构、运行等方面相对于此前发展得比较好的中华职业教育社、中华教育改进社、中华平民教育促进会而言没有新创,规模和效率也未达到新的状态。由于中国民生教育学会的一些成员此前参加过其他教育社团的组建和活动,对组织规则和运行程序有所了解甚至比较熟悉,使中国民生教育学会组建的条件更为成熟,组织与运行更为简便。

中国民生教育学会的独特性在于它以民生本位的教育理念组建自己的组织,并开展实验、实践活动,建立分会,创办期刊。基于对20世纪30年代中国民生凋敝的社会现实的强烈感受,一些在中国1915年至1930年教育思潮的激荡中参与过此前新教育运动的人,对新教育运动的偏颇与缺失做出回应与改进,试图以更为实用的民生思想开展教育,解决社会的民生问题,在此基础上组建了中国民生教育学会。

第一节 中国民生教育学会的组织基础——念二社

中国民生教育学会的建立起步于上海郊区的念二教育运动,在这一运动中组建、分布于上海周边地区的念二社成为后来建立的中国民生教育学会在基层的组织基础。1935年春建立的念二运动促进会,则是中国民生教育学会与基层念二社的组织中介,它们都是中国民生教育学会成立前的实体,是中国民生教育学会成立过程中不可忽视、不能缺失的组成部分。

与其他教育社团的建立不同,中国民生教育学会发起人邰爽秋在学会建立前的教育实验,与该学会有理念、人员、组织上的直接关联。客观上,正是邰爽秋在上海郊区的教育实验促使他感受到组建学会的需求,也让他在运动中结识了大夏大学有相同志趣的人员,其中此前就热衷于组建社团,并参与过多个教育社团组建的钮永建、欧元怀等人,后来成为中国民生教育学会建立的关键成员,再加上接触到社会底层的民众,这些为中国民生教育学会的组建准备了组织条件。

一、发起念二运动

史料表明,邰爽秋在上海郊区的念二教育实验直接受到陶行知创办工学团的影响。1931年春,陶行知从日本秘密回国,带领他的学生在上海创办山海工学团。工学团是一种新的教学生产组织,是一个小工场,一个小学校,一个小社会,"工是工作,学是科学,团是团体",实现"工以养生,学以明生,团以保生"。由于邰爽秋主张"教育与生产不应分离而应结合",他借鉴陶行知的工学团建立"经济分团制"教学组织形式,主张"凡是经济活动相同之民众,不分男女老幼,只要程度相同,便可在一团或一团内某组中一同受教""'团'既是合作生产组织,又是教育组织。通过'团'组织,教育与生产合而为一"。[1]经济分团制的具体做法就是按照个人所从事的经济活动,将民众分成若干个经济合作团体进行分团教学,如种植合作团、畜牧合作团、工艺合作团、贩卖合作团等。

念二运动发起于1933年秋天,因这年是民国二十二年(廿二年),加之"廿""念"同音,从而使用"念二"这一名称。取名念二,同时含有纪念和警惕之意。它是邰爽秋和念二同人在沪西郊区农村发起的以"提倡土货,实行社会节约,努力社会生产,发展国民经济,改进民众生活,协谋中华民族之复兴"[2]为目的的运

---

[1]《爽秋自传诗》,手稿本,第43—44页注。转引自熊明安、周洪宇主编《中国近现代教育实验史》,山东教育出版社,2001年,第536页。

[2] 念二运动促进会:《念二运动》,教育编译馆,1933,第1页。

动。主要活动内容是提倡土货,在村民中开展民生本位的教育。

念二运动的大背景是日本侵占中国东三省,成立了伪满洲国,中国政治与经济面临严重危机,部分民众已经觉醒,自下而上地发起了经济振兴和救亡运动,抵抗日本侵略。当时在广州有抵制日本文具侵略的运动,在山西有提倡使用晋绥土货的运动,在上海有国货运动和土布运动。人们认为这一年值得纪念,"念二年"的称谓在当年很流行。

念二运动是邰爽秋以大夏大学教育学院院长身份,于1933年起在民生本位教育思想指导下开展的教育实验运动,得到了上海市社会局和大夏大学及念二运动促进会的积极支持与帮助。虽然这一运动实质上是乡村教育和民众教育,但是主办者对此前的乡村教育和民众教育主办者却持批判态度:一是认为当时民众教育和乡村教育是提高民众消费的教育,邰爽秋主张"一方面提高国民生产的数量,他方面降低国民消费的程度"[1],认为这种将生产和消费割裂开来符合小农经商意识,却违背经济学原理;二是认为当时民众教育和乡村教育是推销外国货的教育,认为"智识分子这样下乡,不是提倡乡村运动,简直是替帝国主义者去做推销货物的推销员了!";[2]三是认为当时民众教育和乡村教育是养成新士大夫的教育,"实际上!还是那班旧人来唱新戏!"。[3]

或许正因为邰爽秋如此激进的批判,以至陶行知、梁漱溟、晏阳初等民众教育和乡村教育的著名教育家都未参与念二运动以及此后他所主导的中国民生教育学会的活动。

为了实现理想,邰爽秋及其同人创办了具有教育性质的服务团体"念二社",通过这一具体组织来实现从经济的立场提倡土货、协助复兴民族和改造社会的目标。念二运动大致分为两个阶段:

第一阶段为1933年至1935年。在金家巷组织开展念二社民生教育实验,并在梵王渡普及教育试验区。具体活动内容是组织大夏大学的学生们到上海西郊的农村推行民生本位的教育。

1933年冬,大夏大学师生三十余人,在上海梵王渡中山路侧创立沪西念二

---

[1] 邰爽秋:《死路上的民众教育和乡村教育》,《教育学期刊》1934年第2卷第1期。
[2] 邰爽秋:《死路上的民众教育和乡村教育》,《教育学期刊》1934年第2卷第1期。
[3] 邰爽秋:《死路上的民众教育和乡村教育》,《教育学期刊》1934年第2卷第1期。

社,其事业除土货介绍所、纺织训练所、工艺训练所外,还有中山村教育实验。由于该区范围狭小,农户极少,不易贯彻念二运动的理念,此时正逢大夏大学民众教育实验区成立,于是将原区域扩至梵王渡西北部,并注意教育普及,于是有了梵王渡普及教育实验区。①梵王渡普及教育实验区位于上海中山路旁,西邻大夏大学,东南邻苏州河,包括中山村、林家港及其他零星农户,约七百人,面积约四百亩,土地种棉麦蔬菜均宜。区内民众,务农者较多,经商者为数较少;成人百分之八十以上为文盲,儿童入学校者非常少。梵王渡普及教育实验区实验要旨为:试行民生本位的教育,以救死救亡为脊干,提倡服用土货,推行社会节约,努力社会生产,发展农村经济,改进区民生活,协谋中华民族之复兴。②

1934年春天,大夏大学的副校长欧元怀、文学院院长吴泽霖和教育学院院长邰爽秋等人会商,决定设立"大夏民众教育实验区",在该区范围内的念家巷村创办金家巷村念二社。

第二阶段为1935—1937年,主要活动是建立沪西民生教育试验区。

1935年秋天,为了进一步扩大民生教育实验,邰爽秋等人将之前成立的大夏民众教育实验区和梵王渡普及教育实验区合并,改为"沪西民生教育实验区"。唐茂槐是该实验区的区主任。为了贯彻民生本位的教育思想,民生教育的实验者们将这个区域分为东西两个部分,由东向西将几个村或者一个村的人组成数个念二社,组织与经济相关的活动。

创办沪西教育实验基地的理念是:"教育不应与生产分离而应结合,应把教育普及到民众面前。"为此,邰爽秋创制了普及教育担、普及教育箱、普及教育车,便于山区教育之用。当时国民政府教育部通令全国采用此车,制定实施巡回教学方法的法令,于是各地争相购买。

1936年后念二运动在中国民生教育学会和念二运动促进会共同指导下开展,该实验一直延续到1937年,因日本军占领上海,邰爽秋等人随大夏大学西迁而停止。念二运动适应并在一定程度上满足了当时底层民众现实生活的需求,得到了广泛的响应,活动效果良好。其中金家巷和沪西两个念二社成效最为显著。

---

① 念二运动促进会:《念二年度沪西念二社概况》,教育编译馆,1934年,第36页。
② 念二运动促进会:《念二年度沪西念二社概况》,教育编译馆,1934年,第38页。

1936年,发明制作"普及教育车"是念二运动给人留下深刻印象的举动,一出现便受到了人们的普遍欢迎,轰动一时。这种与民众生活相联系的教育方法受到了民众的极大欢迎。它将教育具象化为一辆车,其特征如下表:①

表2-1　普及教育车的概况

功能	特点	类型
代用会场 流动书库 合作商店 临时医院 民众报社 平民书案 简便工场 露天茶园 娱乐场所 巡回展览 游行教坛 农业指导	坚固:钢骨铁架,橡皮轮,坚固耐久。 轻便:备有轻便奇巧的铁棍,应用力学原理,减轻车重,并且可以提高车身的任意一端。 复杂:车内各个部分都可以拆开活用,变化复杂。 美观	寅型:具有本车基本设施,共33件。 丑型:比寅型多铁制的篷架和篷帐。 子型:有全部的用具和用品,还有教育箱6只和大小用品200多件。

普及教育车内部有文字教育、工艺教育、休闲教育、卫生教育和农业展览等箱子,都可以单独携带。邰爽秋带头,让老师脱下西装革履,改穿土布衣,推车走村串巷,宣传教育和推广科技。邰爽秋宣称推行民生本位教育就是要把"教育送到民众面前",普及教育车就是向民众宣传、普及知识和生产技能的最好方法和手段。这种车既是流动书库,又是流动讲坛,是"综合民生本位教育而产生的,因为社会经济活动,不能整个搬到学校,办教育须要在社会里头"②。

1937年,蔡元培先生闻讯后大加赞赏,在上海《新闻报》撰文介绍普及教育车:它"包含流动书库,游行教坛十二种设备(按其他十种为民众报社、巡回展览、代用会场、农业指导、娱乐场所、平民书案、临时医院、合作商店、简便工场及露天茶园),以一人推挽、装置及讲说之劳,而使各地民众均有领受常识之机会,以不及法币一百元之开办费,教员一人之生活费,而可以充小学及民众教育馆

---

①熊明安、周洪宇主编《中国近现代教育实验史》,山东教育出版社,2001,第551页。
②邰爽秋讲,陆吾身记:《民生本位教育》,《乡村改造》1937年第6卷第3期,第8页。

之代用,用力少而成功多"①。一时各种媒体纷纷报道,《申报》就曾登载有邰爽秋推着车下乡教农民学习珠算的照片。美国纽约大学教育学院教授梅·戈登(A Gordon Meluin)曾为此专程来华考察民生教育活动,并拍成电影,回国后他还著文《普及教育车与中国新教育》刊登于美国《生活》杂志,文中盛赞"普及教育车的结构是值得惊异的",民生教育"与中国人民生活及社会有紧密联系",还说穿布衣的邰爽秋就是"中国的甘地"。

1936年,国民政府根据邰爽秋总结的《巡回教育实施》一书制定《实施巡回教学办法》令,通令全国采用普及教育车:"普及教育车,构造精巧,内藏教具,物品甚多,均能变换活动,携带亦甚便利,洵为普及义务教育、推广民众教育之利器。自可通令酌量采用。"②此后,全国各地购买了580多辆普及教育车。江苏教育厅也特地专门发文通令各县采用,一星期内就销售了数千台。巡回教育采用了普及教育车,推动了民生教育实验的发展。

念二运动本质上属于乡村教育和乡村建设运动,与此前陶行知、晏阳初、梁漱溟开展的乡村建设运动有一定的联系。但邰爽秋与他们所持的关键点不尽相同,前面几位教育家是以由乡村问题的点到整个乡村社会建设的面的思维方式解决问题;邰爽秋的思维方式则是由整体教育的面到民生教育的点的思维方式,这促使他开展实施自己主张的念二运动,将教育聚焦到民生。有研究者认为,如果说晏阳初偏重"教育",梁漱溟偏重"文化",那么可以说邰爽秋偏重"民生"③。陶行知则不能认同将具有多面性的生活教育压缩到仅仅关注民生,邰爽秋影响不及前三家,其理论深度与完善性也存在距离。

念二运动在开展的过程中由于当事人过于理想,对社会现实认识不够深刻,遇到了理论不够系统深刻、人才难、经费难、对象难等诸多难点,产生的效果有限。

---

① 董宝良、周洪宇:《中国近现代教育思潮与流派》,人民教育出版社,1997年,第499—500页。
② 《爽秋普及教育车说明书》,上海教育编译馆,1935,第4页。
③ 万薇:《念二运动研究——以1931—1937年的上海为中心》,硕士学位论文,中山大学,2010,第38—39页。

二、念二社

1933年冬,在开展念二运动过程中,为了提高运动的组织能力,依据邰爽秋提出的提倡土货、协助民族复兴的具体方案,创立了"念二社"这一组织形式。因为这一年恰好是民国二十二年,遂取名叫"念二社"。自此以后,念二社成为民生本位教育实验的组织载体。

现有各种资料仅记述该社曾于1933年冬在上海梵王渡中山路侧开成立大会,创建沪西念二社,未见具体日期,会员共数十人,选举执行委员七人,负责进行一切事宜。《沪西念二社社章》共10条,涉及念二社的名称、宗旨、规约、社员、组织、社务、会期、社费、住址、附则等。各有如下表述[①]:

第一条 定名:本社定名为沪西念二社

第二条 宗旨:本社以提倡土货,实行社会节约,努力社会生产,发展国民经济,改进民众生活,协谋中华民族之复兴为宗旨

第三条 规约:本社社友须遵守下列之规约

一、不吸纸烟

二、不穿西装

三、不敷脂粉

四、不穿高跟鞋

五、服用土货

六、实行节约

七、不吃贵重海货

八、随时随地组织念二社或宣传念二社之宗旨

从这些规约看念二社与所处地上海的都市环境相对而言是一个相对保守、节俭,乃至有些封闭的团体。

[①] 邰爽秋:《念二运动》,《乡村教育之理论与实际》,教育编译馆,1935,第54、56页。

第六条 社务：本社社务计划如下

（一）宣传念二社之宗旨和使命

（二）调查土货的种类

（三）研究改良土货的方法

（四）举办土货陈列馆

（五）举行土货展览会

（六）举行土货运动周

（七）创办土货生产合作

（八）创办土货贩卖合作

（九）创办土货介绍所

（十）创办合作银行

（十一）创办纺织训练所

（十二）开设农村小手工艺训练所

（十三）举行社会节约周

（十四）举行与念二社宗旨中各项有关系之演讲

（十五）办理与改进民众生活有关之各种事业

……

第八条 社费：每人年纳社费小洋六角

1934年春在金家巷村也创立了念二社，后来陆续有更多的念二社建立，沿用沪西念二社章程。1935年春成立念二运动促进会后，念二社成了组织民生本位教育的基层组织，几个村或一个村就组成一个念二社。1936年中国民生教育学会建立后，中国民生教育学会与念二运动促进会共同指导民生教育实验。基层的活动组织依然称为念二社。

沪西念二社成立的初期成员是大夏大学师生，由数十名发展到数百名，设立了生产合作所、公益训练所、纺织训练所、土货介绍所，设立秘书处，唐茂槐任总干事。1934年，金家巷农村念二社是实施民生教育实验的中心，由徐国屏等人主持。

凡是加入念二社的人，需要遵循以下程序：①赞成该社的宗旨，遵守社规，有两个以上的社员介绍入社，经社执行委员会通过即可入社；②入社后需要履行宣誓手续。其宣誓内容是："①本社社友必须参加生产；②本社社产必须自给自足；③本社福利必须平均分配。"[①]此外，还有呼喊口号："①生产权利公有；②教育机会共享。奠定'实干基础'去'组织民众'，完成'团结治生'之使命。"[②]

念二社所面对的教育对象是实际参加或者是能够参加民生经济活动的男女老幼。其教育组织形式是"经济分团制""团既是生产组织，又是教育组织"[③]，男女老幼只要程度相同就可以分到同一个团中受教。念二社的教育原则如下[④]：

①在民生经济活动上教，在民生经济活动上学；
②在民生经济活动场所内教，在民生经济活动场所内学；
③在民生经济活动关系上教，在民生经济活动关系上学。

念二社的教学方式主要是巡回教学、其具体方式为：教学、开会、谈话、展览。教学中更多使用文字或者是数书算教育；开会主要用于公民教育；谈话主要用于解决个别难题；展览主要用于农事和卫生等教育。

念二社的组织结构如图2-1所示：[⑤]

[①]唐茂槐：《实验的民生教育》，《民生教育》1937年第1卷第2、3期，转引自熊明安、周洪宇主编《中国近现代教育实验史》，山东教育出版社，2001，第536页。

[②]唐茂槐：《实验的民生教育》，《民生教育》1937年第1卷第2、3期，转引自熊明安、周洪宇主编《中国近现代教育实验史》，山东教育出版社，2001，第536页。

[③]《爽秋自传诗》，手稿本，第43、44页注。

[④]《爽秋自传诗》，手稿本，第46页注、53页注。

[⑤]念二运动促进会：《念二年度沪西念二社概况》，教育编译馆，1934，第21页。

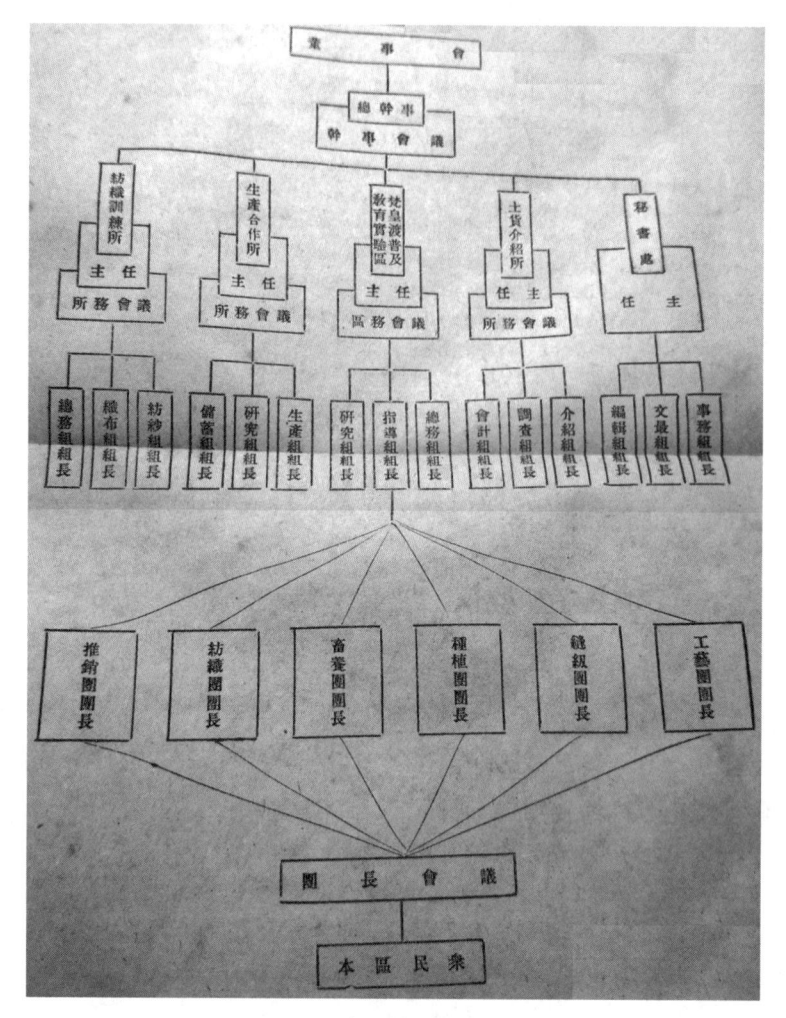

图 2-1 念二社的组织系统

通过上述介绍可以看出,念二社是开展民生教育实验的具体执行组织,以发展人民生计的经济活动为中心,在开展经济活动的同时开展教育活动,教育对象是实际参加或能够参加民生经济活动的所有人,以经济分团为组织形式,以巡回教学为主要方式。具有经济性、教育性和社会性。概而言之,是从经济的立场出发,提倡土货、协助复兴民族和改造社会的一种具有教育性质之服务团体[①]。

---

① 徐国屏、胡义文、王勉素、皇甫均:《金家巷农村念二社实验报告》,《中华教育界》1934年第22卷第4期,第131页。

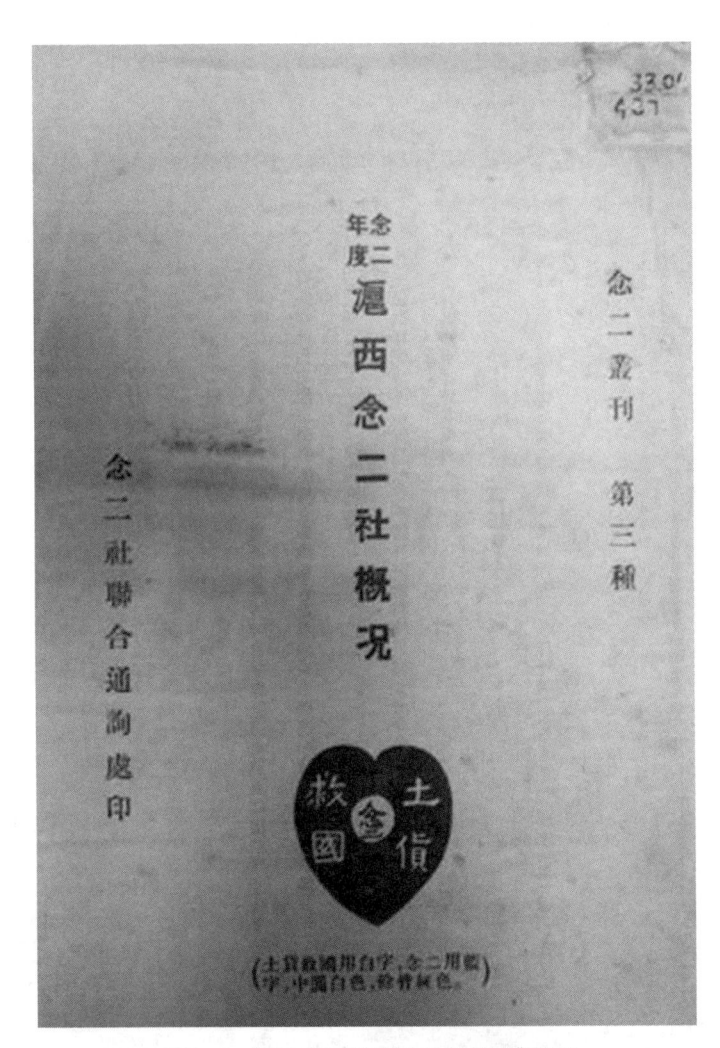

图 2-2 《念二年度沪西念二社概况》封面

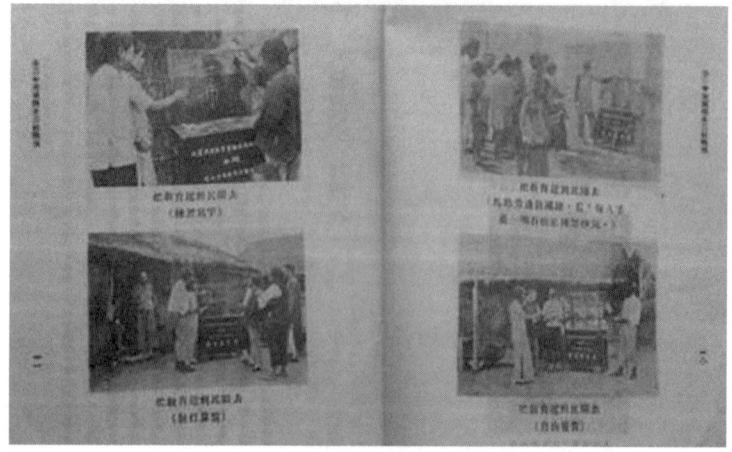

图2-3 《念二年度沪西念二社概况》插图

三、念二运动促进会

念二社作为开展民生教育实验的基层单位,在邵爽秋的主持和指导下,引起了社会上极大的注意,产生了很大的社会反响。于是各地学着这种方式组建念二社的逐渐增多。1935年春天,为了联络、指导各地念二社的民生教育实验,成立念二运动促进会,邵爽秋任促进会的干事长。

念二运动促进会是沪西以外的各地念二社发展起来、数量增加后产生的协调联络需求推动下产生的组织,念二运动促进会建立后成为各个念二社的指导机构。在念二运动中,邵爽秋写下了《念二运动》《中国的念二运动——解决中国问题的新方法》,对各地念二社加以指导。念二运动促进会的重要职能就是进一步扩大民生教育实验区,避免做重复的工作,同时考虑到经费等问题。因为当时通过各种途径包括向政府及其他机构筹集的经费没有一个接收的实体,念二运动促进会的成立自然成为接受各种经费的实体。邵爽秋等人将1934年春创设的大夏民众教育实验区和1933年冬创设的上海梵王渡普及教育实验区合并,于1935年8月正式改为"沪西民生教育实验区"。

"沪西民生教育实验区"由上海市教育局、念二运动促进会及大夏大学三方机构合办。《沪西民生教育实验区组织大纲》第一条提到了沪西民生教育实验区的上级机关:"本区由上海市教育局、大夏大学及念二运动促进会三机关合办,以念二运动促进会为负责主办之机关。"[①]事实上,上海市教育局仅仅是行政领导机关,挂名只有象征意义,大夏大学众多人员参与,实验区业务上的事务和决策由念二运动促进会负责,其组织结构如下图:

[①]《念二社立案及念二运动促进会呈请备案》,上海市档案馆藏,Q235-2-1873,第24—26页。

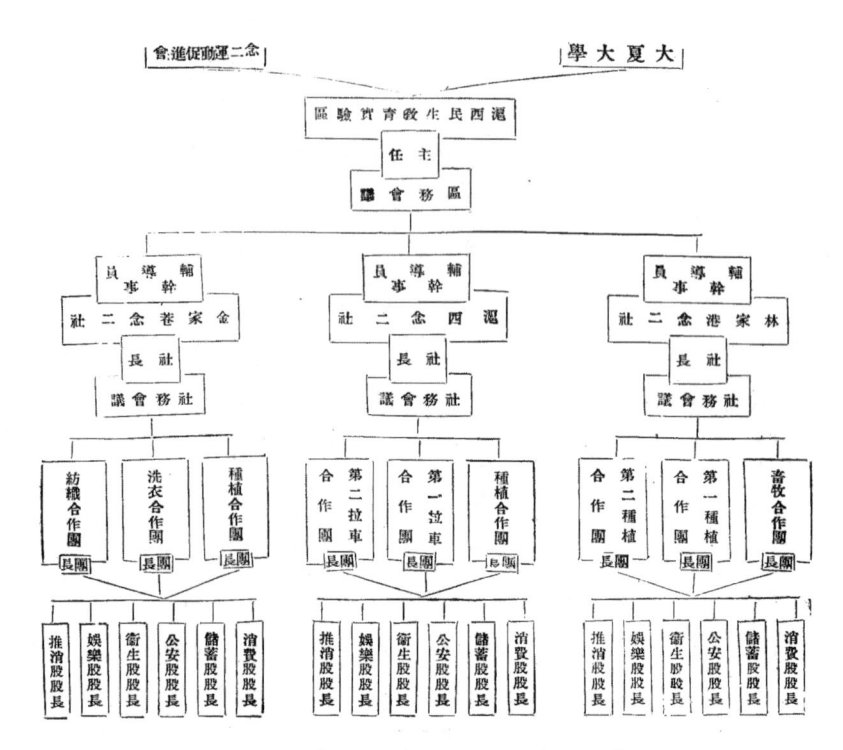

图 2-4　沪西民生教育实验区组织关系①

1935年11月，念二运动促进会干事长邰爽秋将沪西民生教育实验区组织大纲呈报上海市教育局局长潘公展，在备案中称："窃属会根据沪西民生教育实验区主任唐茂槐呈称窃属区自八月份开始筹备，迄今各种组织规章、区域人员已先后筹备就绪，兹将属区组织大纲订定九条呈请备案。"②

由大夏大学及念二运动促进会合设的沪西民生教育实验区，设立主任一人，总理本区的一切事务，以下设立沪西、金家巷、林家巷三个念二社。每社各设立一名辅导员和一名社长，承担主任的命令，办理社里的各种事情，每个社按照当地的经济活动设立各种合作团，每个团按照实际需要再分成若干股。所以各社所设立的合作团是不尽相同的。

念二运动促进会的组织及活动资料很少，根据档案，邰爽秋也曾试图将念二运动促进会呈请备案，可以肯定的是它不是一个正式组织，也没有章程之类的规范文本。

---

① 乔志恂：《沪西民生教育实验区一日见闻记》，《山东民众教育》1936年第7卷第1期，第102页。
② 《念二社立案及念二运动促进会呈请备案》，上海市档案馆藏，Q235-2-1873，第24—26页。

1936年夏，中国民生教育学会成立，念二运动和民生教育实验就在两个机构共同指导下开展，客观上念二运动促进会的外部组织环境及其自身的功能也相应发生变化，它成为中国民生教育学会与念二运动的组织中介。由于日本发动全面侵华战争，1938年上海沦陷，上海设立的念二运动促进会的会务也因此而暂停，其总部转移到贵阳南通路一五八号。[1]事实上，沪西念二教育实验被迫停止，其他地方的念二运动也相继停止，邰爽秋去了重庆，念二教育促进会的工作也随之中止。

第二节　民生教育实验需要新的组织形态

民生教育实验是中国民生教育学会产生的基础，它顺应社会动荡、民不聊生的社会中人们对民生改善的需求，由点到面逐渐开展起来。

一、民生教育实验的初衷与组织实施

邰爽秋等人怀着一种教育救国的理想，却遇到民众连温饱这样最起码的民生问题都不能解决的社会情境，没有多少人顾得上享受更高层级需求的教育。对于广大民众，在民生问题没有着落的情况下，教育救国只是一句空谈。基于这样的现实，倡导民生的教育家们提出了基于"民生本位"教育思想。邰爽秋认为，民生本位的教育就是发展人民生计，以经济活动为脊干，来改进民众生活，扶植社会生存，保障群众生命而达到民族复兴的教育。杨卫玉认为一切教育都与民生有关，教育离不开民生。"如果教育离开了民生，或不能解决民生问题，便不是最好的教育。"[2]民生本位的教育需要行动，邰爽秋等人就此开展了民生教育实验。

---

[1]《念二运动促进会报告会务状况》，中国第二历史档案馆藏，社会部档，全宗号：十一，案卷号：5813，第66页。

[2]杨卫玉：《中国之民生与教育》，《中华教育界》1931年第19卷第3期，第49页。

邰爽秋在介绍自己开展民生教育实验的《民生本位教育发端》一文中谈到:[1]

> 1.矫正传统的士大夫观念。我国社会陷于士大夫传统的深渊中,对于劳动生产教育向极鄙视。从事生产的人也存着厌恶的心理。这种观念须藉民生本位教育的力量,加以矫正。
>
> 2.培养优良的技术人才。民生本位教育,在发展人民生计。要达到这个目的,须有大量的技术人才,以分配于生产的各部门。民生本位教育的重要使命之一,就是在培养这批的技术人才,以应需要。
>
> 3.改良及创造生产技术。我国生产技术落后,民生凋敝,这也是一个原因。民生本位教育,一方面在改良我国固有之生产技术,同时还要创造发展生产之新技术。
>
> 4.建设合理的经济生活。民生的改善,除了生产的增加外,一切消费分配交换等制度,在与民众的经济生活有关,欲使其合理化,亦有待于民生本位教育的努力。

这种实验究竟以什么形态展开呢?可以让各种性质的学校,比如国民学校、国民师范学校、国民中学校等参与,在这些学校里实验民生本位的教育。民生教育倡导者也曾拟定各种具体的实施方法、制度,但因推进中遇到各种问题而搁置。受当时其他教育家所开展的乡村教育运动的启发,民生教育倡导者最终将目光聚焦到以民生本位教育为理念的实验上,主要活动是创立民生教育实验区。

实施民生本位的教育实验,需要遵循一定的规定和原则。中国民生教育学会骨干会员唐茂槐在《实验的民生教育》一文中总结了这些要求[2]:

树立"三种精神",即苦干、实干、快干的精神。以"苦干精神"去"训练民众",期达了解"互教乐生"的信念;以"实干精神"去"组织民众",完成"团结治生"的使命;以"快干精神"去"唤起民众",达到"合作养生"的目的。

---

[1] 邰爽秋:《民生本位教育发端》,《民生教育》1937年第1卷第1期,第10—11页。
[2] 唐茂槐:《实验的民生教育》,《民生教育》1937年第1卷第2、3期,第124页。

遵循十项原则：(1)人才——逐渐就地培养；(2)经费——不增民众负担；(3)设施——不带洋货下乡；(4)设备——不事无谓铺张；(5)教学——指导互教互学；(6)时间——不论忙闲季节；(7)场所——利用社会空间；(8)活动——从事民生经济；(9)组织——成立合作团体；(10)对象——不分男女老幼。

完成五大目标：发展人民生计、改进民众生活、扶植社会生存、保障群众生命、协谋中华民族之复兴。

民生教育实验的实践，以民生经济活动为中心，教育与生产紧密结合。具体包括以下内容：

第一，教育对象主要包括实际参加生产和能够生产的男女老幼。是一种混合式的教育，并没有将年龄、性别等作区分。邰爽秋说是："教育对象是农工，生产参加定学籍，知识技能同时学，教育生产两不佚。"[①]

第二，教育组织形式是经济分团制。就是将参与实验的民众分成若干个团体，团体的分类标准是程度相同即可，不分年龄与性别。团体主要以从事生产活动为主，并且共同接受教育。这些团体有"畜牧合作团""种植合作团"等。

第三，教育活动打破传统的分科目制度，融合一切生产活动，也就是将教育融入生产活动之中。

第四，教育场所蕴含于经济场所之中。在农田里生产，农田就是教育场所；在街道做工，街道就是教育场所。打破传统的仅仅以学校、班级或者家庭为教育场所的制度。

第五，教育时间与传统的学年、星期等不同。民生教育的教育时间贯穿于生产的各个阶段。

第六，实施教育的设备要尽量节俭，适合普通国民经济状况。不能利用这些教育设施直接或者间接地推销外国货物。比如要求在教育实验区不准穿皮鞋、吸纸烟、穿高跟鞋等等。这一点也能看出民生教育实验对从教人员也有着很高的要求，最起码要有刻苦奋斗、勤劳朴素的品质。

第七，农村教育与城市教育共同关注，做到统筹全局。

[①] 邰爽秋：《爽秋自传诗》，手稿本，第43页诗句。转引自熊明安、周洪宇主编《中国近现代教育实验史》，山东教育出版社，2001，第676页。

第八，节约和生产并重。生产是发展国民经济、解决人民生计问题的重要方式。但是只生产而不节约，那么民生问题并不能彻底解决。即使是生活富足的人，也应当节约。民生教育倡导社会节约。

第九，提倡手工生产，提倡土货。同时也要不断改进生产方式，逐渐赶上机器工业生产。

民生教育实验适应了当时中国社会的发展需要，也宣扬了一种济世救民、教育救国的思想，吸引不少淳朴的民众参与，民生教育的实验活动在上海以念二社为起步逐渐发展起来。

二、念二社的民生教育实验

1934年早春，邰爽秋倡导开展的民生教育实验在上海开展起来。大夏大学社会教育系为了学生的实习，在大夏大学附近乡村创设了民生教育实验区，即金家巷念二社，也用于推进民生教育。大夏大学副校长欧元怀与教育学院院长邰爽秋、前社会教育系主任马宗荣等人会商，指定金家巷农村念二社为实施民生教育之中心试验地，由大夏大学教育学院院长邰爽秋主持。这一实验区的主要工作包括举行造林运动，开儿童幸福展览会与农产品展览会，举行筑路运动、拔除黑穗病运动和卫生运动等。[①]

1934年春天，金家巷念二社正式成立。实验区位于大夏大学西北，中山路与真如镇之间，东倚中山路，北近真如镇，南望苏州河，包括梅园、金家巷、季家库、杜家宅、桂巷、界洪、徐家宅、季家弄、杨家宅等地方。大夏民众教育实验区面积约四百亩，总人口约一千七百人，人口中百分之九十者务农，百分之九十者为文盲。大夏民众教育实验区设立宗旨为：实验各种方式的教育，以谋增进民众知能，充实人民生活，辅导地方自治，助成训政工作，培植国民力量，复兴中华民族；供大夏大学学生实习办理民众教育之方法。[②]实验区由大夏大学教育学院徐国屏等人主持开展民生教育实验，将教育活动蕴藏于经济活动之中，关于

[①] 许公鉴、罗次卿：《念二年度大夏民众教育实验区四大活动之轨迹》，大夏民众教育实验区，1934年，第1-76页。

[②] 《大夏大学附设大夏民众教育实验区计划大纲》，《大夏》1934年第1卷第1期，第152页。

实验内容,当时的实验者报告如下①:

(一)实验宗旨:

试行民生本位的教育,提倡土货,推行社会节约,发展农村经济,改进村民生活。协谋中华民族之复兴。

(二)实验目标:

1.个人方面:①知识方面——常识丰富,会读书、作文、写信、看报、算账。②行为方面——整洁朴素,服用土货,品行端正,无恶劣嗜好。③技能方面——有一种生产技能,能自立,不依赖他人。

2.社会方面:村容整齐,自治完成,手工副业发达,新式农具普及,各家皆堪温饱。

(三)实验原则:

1.以全村为整个教育场所,取消学校(形)式,并打破家庭、学校、社会三种教育分立的制度。

2.以民众为教育之对象,施以混合式之教育,打破儿童教育与成人教育分立的传统观念。

3.寓一切教育于经济建设之中,就社会实际需要,随时随地施行有形或无形之教育,所有按时上课、下课、寒假、暑假及学期学年等办法,一概废除。

4.以本区社会上直接或间接的经济活动为基础,制为大单元的设计,贯穿各种教育。文字教学,仅居辅助地位。所有班级制度、科目制度,一概废除。

5.指导民众互教互学,无所谓先生,亦无所谓学生。

6.经费逐渐由本区民众负担。

7.设施务以有裨于民生者为先,并力求适合一般国民的经济状况。

8.以民众为活动之主体。随时随地培植人才、担负本地方之改进事业。

(四)实验步骤:

1.调查民众需要。举行社会访问,与农民或工人座谈,发现大多数民众生活上之急迫需要。

---

① 徐国屏、胡义文、王勉素、皇甫均:《金家巷农村念二社实验报告》,《中华教育界》1934年第22卷第4期,第132—133页。

2.提倡经济活动。根据大多数民众生活上之急迫需要,提倡适合本地方情形并且最宜收效之生产的或消费的经济活动。

3.组织民众团体。以各种经济活动为中心,组织各种经济活动的民众团体。

4.推动各种教育。各种教育由此类民众团体推动。

金家巷念二社与村民组织通过辅导部耦合在一起发挥作用。村民大会是金家巷念二社的最高权力机关,其社长、团长皆是村民推举出来的。辅导部除了助理员之外,全部是大夏大学教育学院的学生,他们每天都用一个小时的时间来金家巷念二社进行指导,按照之前制订好的要求,每个人都不施粉黛,身着土布衣裳,并且不领薪水,免费为社员服务。金家巷念二社组织结构如下图所示:①

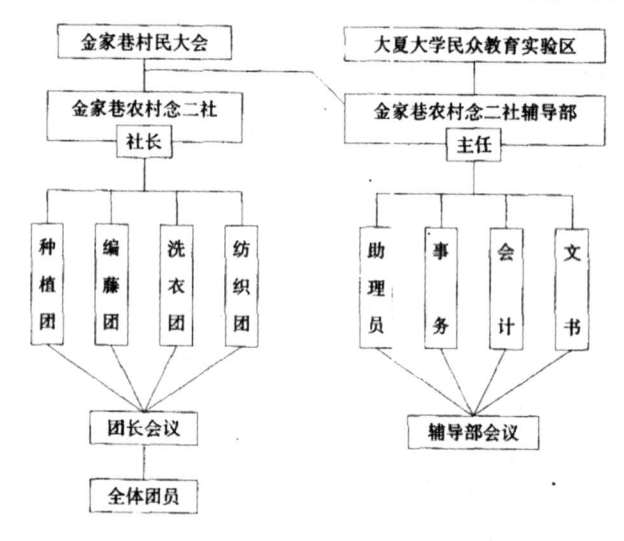

图2-5 金家巷民生实验区组织结构图

实验进行教育的课程和教材由念二社编制,试验教材是按照活动单元的设计来安排课程,如邰爽秋所说:"以发展民生的经济活动为经,以文字、公民、休闲、自卫、救国种种教育为纬,制为大单元设计,取消了传统的科目制度和通常把各种教育和生计教育并列,不分轻重先后,拆开训练的办法。"②

---

①徐国屏、胡义文、王勉素、皇甫均:《金家巷农村念二社实验报告》,《中华教育界》1934年第22卷第4期,第133页。

②邰爽秋:《民生教育刍议》,《教育杂志》1935年第25卷第6期,第87-88页。

具体的方法是,辅导部将教材分为三级,不识字的社员读初级,认识300字以上的社员读中级,认识600字以上的社员读高级。预计高级读完就可以认识上千字。每一集教材都用活页,方便组装和拆分。为了方便学习,初级和中级的教材多用韵文。初级教材每课的生字不超过5个,全课文字最多为30个,中级为80个,高级为150个。初级教材除了侧重于普通常识的共同教材之外,还编订了特殊教材,与劳动者从事的工作息息相关,体现了在生产中学习、教育的理念。[1]

以下为各级教材举例。[2]

普通初级教材

土货牢好巧
土货牢,
土货好,
土货巧。

正做衣又裤
土布,土布,
真正牢固。
又好做衣,
又好做裤。

特殊初级教材

洗 衣 团

洗衣裳我
洗衣裳,
我洗衣裳。

天少只那
晒衣又折衣,
天天洗衣裳。
只嫌衣裳少,
那嫌洗衣忙。

纺 织 团

纺棉纱我
纺棉纱,
我纺棉纱。

弹搓脚踏车
弹棉花,搓棉花,
脚踏纺车纺棉花。

---

[1] 熊明安、周洪宇主编《中国近现代教育实验史》,山东教育出版社,2001,第542页。
[2] 转引自熊明安、周洪宇主编《中国近现代教育实验史》,山东教育出版社,2001,第543-545页。

种植团

种田我也你　　　　　　　是人大家都

种田,种田,　　　　　　　我是种田人,

我也种田,　　　　　　　你也是种田人,

你也种田。　　　　　　　大家都是种田人。

编藤团

是工大家　　　　　　　　穿藤椅我

我是藤啊,　　　　　　　穿藤椅,

你是藤工,　　　　　　　我穿藤椅。

大家是藤啊。

中级教材

寄亲农里读远

子寄父家信

父亲:

我现在金家巷村农村念二社里,一面做工,一面读书,很是快活,我的身体如常,请不必远念。

男 小毛 四月八日

高级教材

销贩彷徨录

土货

制造土货的工厂,没有销路,只好停闭;贩卖土货的商店,没有生意,也只好关门了!

眼看得我们整千整万的失业同胞,彷徨在十字街头,叫苦连天,这是谁的缘故?只怪我们不用土货,不穿土布。

金家巷念二社教育基本方式基于广大民众可接受性[①],坚持:①与民众实际生活结合。注意各种教材都与民众实际生活结合。②以民众切身的关系为出发点。③把教育送到民众的面前。念二社坚持自愿入社,自愿学习,自愿接受

[①] 熊明安、周洪宇主编《中国近现代教育实验史》,山东教育出版社,2001,第540页。

教育,不强迫。坚持教育和生产活动相适应、相结合。④民众在家自修,团长巡回指导。念二社坚持生产与教育结合,教育为经济服务。辅导部办公室只是教育的出发地,为了节省经费,利用民众在家里自修,团长巡回指导。

巡回教育是上海金家巷念二社非常重要的方式。邰爽秋觉得农村村落分布比较散,人口少,交通也多有不便。巡回教育具体的操作有教学、开会、谈话、展览等四种。在进行巡回教育时,教师要带上使用的材料和工具,去事先定好的地点,社员自行前往,备好小凳集合,教学过程中自行组织,再选举一人作为教师助手,帮助教学。邰爽秋等人为此还发明了"巡回讲坛"[①]:

> 形如木箱,长高各约2尺,宽约1尺,若将盖板掀起,用铁杆撑住,可作黑板,内分数小格,可置教育用品及卫生用品。……每逢星期三、六下午4点钟,出动1次,无论在居民家门口,或在田间,凡是有人的地方,就举行常识演讲和识字教学。

这种巡回讲坛共出动了2次。后来沪西民生教育试验区又将其改为"普及教育车"。

金家巷念二社的教育实验吸引了社会极大的关注,也吸引了众多前来参观、学习的人,受到民众的赞誉。作家陈伯吹就谈到参观金家巷实验区之后的感想:[②]

> 我们能在无意的闲玩中,发现了这个含有重大意义的教育活动,真使我们喜出望外。同时也替民族前途欢喜。参观后得到下列诸点的感想。
> ①大学生能以身作则,穿着老布短装,真正地要行下乡工作。我觉得,在充满着金迷华奢的大学区里,是值得敬佩的。
> ②在衣食问题没有办法之前,要想普及教育是梦想。他们将来的成功,或许就是看清了这一点。
> ③"苦干"两字。确在他们的事业上表现出来。我们穷国要想造起洋房来普及大众的教育,是可能的吗?除了穷国穷干之外,还有什么办法呢?

[①] 上海《新闻报》1936年4月8日,转引自熊明安、周洪宇主编:《中国近现代教育实验史》,山东教育出版社,2001,第541页。

[②] 李景文、马小泉主编《民国教育史科丛刊 1073 成人教育》,大象出版社,2015,第253页。

金家巷教育实验也受到许多报刊关注。1936年美国《生活》杂志上刊登过纽约大学教育学教授梅·戈登的报道,指出念二社中教师大多数是大夏大学的学生,这是一群当时中国最有希望而富于爱国心的学生。[①]中国教育学会生产教育委员会组织编写的《中国生产教育问题》中,认为"生产教育"是"民生教育"的一部分,今后生产教育的发展也要向民生教育趋同。[②]此外邰爽秋所著的《巡回教育实施法》为当时国民政府所重视,特地邀请他到各地演讲宣传巡回教育,后来制定了《实施巡回教育办法》,让各地实施巡回教育。

念二运动将教育融入经济,融入生产,将普通大众调动起来,符合当时实施教育的需要,也适应了发展生产的需要。同时,打破学科中心的课程、班级授课的制度,也方便了广大人民学习和生产。它所阐释的教育基本命题,如教育与社会经济发展的关系、教育与生产劳动的结合、教育的普及化等为教育理论展示了新的视角。

三、沪西民生教育实验遇到的新问题

民生教育实验在一定程度上实现了民生教育倡导者的设想,但它实施的范围有限,可复制性不强,能够获取的经费及其他资源有限,尤其是组织形态并不有效,组织效能不如人意。这些使得民生教育理念的实现必须建立新的组织,才能更好实现开辟一条济世救民出路的目标。

1933年国民党中央政府规定该年度是国货年。举国上下各个省县都积极行动,山西实行了经济统治,提倡服用晋绥土货;广东发起了抵制文具侵略的运动;上海开展国货运动和土布运动。由于这些做法与民生教育的思想倡导者们一致,也让他们受到激励发起了念二运动,以提倡土货,实行经济节约,努力进行社会生产,发展国民经济,改进民众的生活,共同实现中华民族的复兴。他们在上海创立民生教育实验区念二社推动这种运动。

念二社解决了基层实验组织的问题,当念二社难以实现民生教育发起者的愿望之时,又建立念二运动促进会,试图依赖它建起更多民生教育实验区。到

[①] 丁锦均:《邰爽秋与民生教育》,《华东师范大学学报》(教育科学版)1988年第1期,第58—59页。
[②] 中国教育学会生产教育委员会:《中国生产教育问题》,商务印书馆,1935,第117页。

1935年秋天,为了进一步扩大民生教育实验区,避免做重复的工作,同时考虑到经费等问题,邰爽秋等人将1934年春创设的民众教育实验区和1933年冬创设的上海梵王渡普及教育实验区合并,改为"沪西民生教育实验区"。

沪西民生教育实验区由上海市教育局、念二运动促进会及大夏大学三方合办。虽然在《沪西民生教育实验区组织大纲》中规定:"念二运动促进会为负责主办之机关",[①]但由于三方的机构性质不同,体量大小不同,运行的规则不同,参与合作的诉求不同,责权边界不明晰,教育局是个行政机构,大学是个教育实体,念二运动促进会显得相对弱小,合作各方的力量不平衡,具体的实验工作还需要念二运动促进会负责,在合作中它需要听命或有求于前两个机构。

虽然沪西民生教育实验区在规模上较金家巷民生教育实验区更大,但其辐射范围在全国来看依然有限。如何将民生教育实验提供的经验、秉持的教育理念在全国范围内推广,让全国其他几个具有较大影响的教育实验区也能"排除思辨的形而上学的武断态度,基于客观的事项,用严密的科学方法,欲以树立确固的教育或教法之理法"[②],成为亟待解决的事项。这仅仅靠设想是难以实现的,需要更广大更包容的、能够面向全国开展活动的组织才能承担这样的职能。

与此同时,民生教育实验区的成功引发外界对其强烈的关注,越来越多的人有了与其联络的要求。正如萧莫寒在其《生产教育与民生本位教育之新思潮》一文中介绍沪西民生教育实验区时提到:施行民生本位教育计划,"差不多已成为沪西个个老百姓的乐园了。东依中山路,北近真如镇,南至苏州河,包括季家库、金家巷、梅园、杜家宅、桂巷、界洪、徐家宅、季家弄、杨家宅共九村,约一千七百人都知道农村念二社是切实协助他们解决生活问题的教育机关"。[③]沪西民生教育实验区的实践促进了教育实验的蓬勃兴起,激发了人们的研究兴趣与热情。沪西民生教育实验区的开展是对民生本位思想的运用与实践,它用实践实现了一个教育的乌托邦,外界社会也产生了与之联络以建立自己身边的乌托邦的兴致,如何让全国各地有类似想法的人与这个乌托邦建立联系,同样产生了建立更大的在全国范围随时可触及的教育社团的需求。

[①]《念二社立案及念二运动促进会呈请备案》,上海市档案馆藏,Q235-2-1873,第24-26页。
[②]雷通群:《西洋教育通史》,商务印书馆,1934,第411页.
[③]萧莫寒:《生产教育与民生本位教育之新思潮》,《时代知识》1936年第1卷第6期,第271页。

沪西民生教育实验区虽然取得了一定的成效,得到了社会的肯定和认同,但其在进行过程中仍存在诸多的困难。中国民生建设实验院也谈到了沪西民生教育实验区在实验民生教育时的困难[①]:一是人才难。从事民生教育的人,要深入民间做普及民生教育的工作,要"苦干"和"实干",具备这样要求的人才难得。二是对象难。民众是民生教育的工作对象,揽不住民众,就谈不到工作。揽住民众,要看民生教育工作者用什么办法去辅导、去吸引对象,做到适当是很难的。三是经费难,沪西民生教育实验区的经费既少且来源不是很稳定,开展民生教育实验的经费压力较大。

简而言之,发展民生教育事业,无论是沪西民生教育实验区当事人的内部与外部需求,还是当时社会上想学习民生教育实验的其他人,都产生了建立更大更强更有组织性的全国性教育社团的需求,以便进一步运用民生教育思想进行积极有益的尝试,在更大范围实验和发展民生教育。

第三节　中国民生教育学会的成立

前有1915年后众多教育社团的实践作为参考,后有念二社的组织作为基础,加之当时上海是中国各种思潮汇聚之地,这些都为中国民生教育学会的成立准备了充分的社会环境、人员、观念等条件。1936年中国民生教育学会宣布成立时可谓水到渠成。

一、中国民生教育学会成立的基础

由于此前中国教育社团已经较多,不少人都参与过其他的社团活动,对社团的组织规则、运作程序以及活动方式有所了解,中国民生教育学会创立本身

[①]《中国民生建设实验院关于沪西民生教育实验区概况》,上海市档案馆藏,Q30-1-150-9.第132页。

没有什么组织障碍,也无组织上的创新,反倒是比1910年代创建的教育社团有更好的基础。

上海为民生教育学会创建提供了必备的环境,当时这里是中国教育现代化水平较高的地区,学术思想比较活跃,有较高层次的学者,也有急需受教育的劳工、农民,不同居民间的民生水平差距较大,发展民生需求较为迫切,这些为民生教育学会的组建提供了必备的土壤。

大夏大学则为民生教育学会的成立提供了文化和组织基础、人力和物力基础。早在1930年秋,大夏大学教育学院就增设社会教育系,重视民众学校的开办。1932年9月成立大夏大学附设大夏公社,实施民众社会教育,同时也为师生提供实验和实习机会。大夏公社的民众教育以民众的实际生活为根据,以民众的兴趣为教育方法选择的出发点,取得了一定的成效。在大夏公社创办过程中,实施者们对民众教育的认识更加深刻,认为民众教育定位应该更加具体,一般不识字或识字而缺乏公民常识、国家观念、社会观念的人,与不能解决自身生计问题的人的教育,才是民众教育的关注点。①

1933年秋,邰爽秋担任大夏大学教育学院院长后,带领师生积极创办民生教育实验区,推行民生本位的教育理念。1933年冬,大夏大学与念二社联合创办梵王渡普及教育实验区,同一时期大夏公社更名为"大夏民众教育实验区",后来两实验区又合并为沪西民生教育实验区。这些实验区均开展民生教育,将民众教育与生产生活紧密联系在一起。邰爽秋的民生本位教育思想也在大夏大学创办实验区的过程中逐渐完善。

大夏大学一直关注民生教育实验区的发展,并将其视作大夏教育的重心。随着民生教育实验的开展,新的、更大规模的组织的出现成为现实需要,于是大夏大学的师生又积极参与到中国民生教育学会的创办中来。

---

① 许公鉴:《民众教育之意义与范围问题》,《教育与民众》1933年第5卷第1期,第102页。

表2-2　中国民生教育学会筹备会主要筹备员情况表[①]

姓名	生卒年	籍贯	学历	职业与职位
邰爽秋	1897—1976	江苏东台	美国哥伦比亚大学博士	曾任国立中央大学、暨南大学及河南大学教育学教授,时任大夏大学教育学院院长、中国民生建设实验院院长等职。
钮永建	1870—1965	上海	举人、日本士官学校毕业	中国同盟会会员,曾任南京临时政府参谋次长、武汉国民政府委员、南京国民政府委员、立法院立法委员、代理内政部长、铨叙部部长等职,时任代理考试院长,后任总统府资政等职。
欧元怀	1893—1978	福建莆田	美国哥伦比亚大学硕士,西南大学博士	曾任厦门大学教育主任兼总务长,时任大夏大学副校长,后任大夏大学校长、贵州省政府委员兼教育厅厅长等职。
吴浩然	1899—卒年不详	江苏吴县	美国麻省理工大学	曾任上海炼钢厂筹备处技师,时任大夏大学事务主任,后任大夏大学校董兼总务长。
蒋建白	1901—1971	江苏淮安	不详	曾任中国公学政经系主任,时任上海市社会局教育科科长,后任教育部专员等职。
唐茂槐	1906—卒年不详	浙江兰溪	大夏大学毕业	曾任江苏句容乡校长,时任沪西民生教育实验区主任,后任大夏大学讲师等。

从该会的主要筹备人员的情况看,钮永建最年长,社会阅历也最为丰富,其他人年龄集中在30岁上下,正是精力充沛之时;他们出生在江苏的最多,其次是浙江,大多有留学美国、日本的经历,在当时属于学历最高层次的人群;主要从事学校教育或行政工作,有比较广泛的社会交往。

中国民生教育学会中的关键人物是邰爽秋和钮永建,可以说是邰爽秋的理论与钮永建的组织结合的产物。钮永建是个善于交际的人,1902年在日本组织拒俄义勇队即军国民教育会,它是中国最早有教育特征的社团,后参加革命和军事活动。60岁后倾心教育,1931年与俞庆棠等人创建了中国社会教育社,他还参加了中国卫生教育社。

中国民生教育学会成立时的其他骨干成员都参加了此前建立的诸多社团,邰爽秋参加了中国教育学会、中国社会教育社;潘公展参加了中国卫生教育社;

[①] 本表资料来源:《中国民生教育学会立案》,上海市档案馆藏,Q235-2-1884,第8—12页;《大夏大学一览:职员名录》,上海市档案馆藏,Y8-1-222-46,第24—31页。转引自雷志松:《中国民生教育学会研究(1936—1949)》,博士学位论文,四川大学,2009,第35—36页。

吴南轩参加了中国教育学会和中国心理卫生协会；钟道赞参加了中国教育学会；陈礼江参加了中国教育学会和中国社会教育社；王正廷参加了中国教育学会和中华图书馆协会，是国际奥委会委员、远东运动会会长、中华全国体育协进会理事长，对国际国内的社团及其运作都十分熟悉。他们在前述社团工作的经验是中国民生教育学会成立的重要组织资源。

二、中国民生教育学会成立的过程

中国民生教育学会的发起人之一邰爽秋在成立大会上回忆道："系在去夏，由本人与钮永建先生谈话中，感觉有此需要，后于钮先生在大夏教育学院演讲后，即开始向全国征求意见，得各地教育家之赞成。"[1]这表明钮永建与邰爽秋1935年夏季开始讨论组建中国民生教育学会。

遵照当时民众团体组织程序，邰爽秋呈请上海特别市党部执行委员会申请许可，并呈上海市教育局备案。1935年11月，邰爽秋等人开始实质性的筹备工作。11月22日，邰爽秋等人召开筹备会。1935年12月，筹备主任邰爽秋在给上海市教育局局长潘公展的呈文中道[2]：

> 窃爽秋等鉴于我国现行教育制度不合于国民经济状况，乃积极提倡民生本位教育，并联合同志发起组织中国民生教育学会，以为研究及推进之机关，业已遵照民众团体组织程序，备具理由书，呈请上海特别市党部执行委员会申请许可，领得执字第481号许可证书，准予筹备在案。爽秋等爰于1935年11月22日假中山路大夏大学群贤堂召集发起人组织筹备会，推举钮永建、邰爽秋、欧元怀、吴浩然、蒋建白、唐茂槐、姚祖治、金正述、常文俊、徐国屏、蒋照祖十一人为筹备员，旋即召开第一次筹备会，推举邰爽秋为筹备主任，负责进行并刊刻图记一颗，文曰："中国民生教育学会筹备图记"，即日启用，分呈上海市党部和上海市教育局备案。

---

[1]《中国民生教育学会宣告成立》，《民众教育通讯》1936年第6卷第4、5期，第172页。
[2]《中国民生教育学会立案》，上海市档案馆藏，0235-2-1884，第2页。

从上述呈文看,立案程序进展比较顺利。1936年3月出版的《教育季刊》及大体相同时期的其他媒体刊发报道称《中国民生教育学会下月初举行成立大会》或《钮永建等发起中国民生教育学会》,文字内容大同小异,显然是筹备人员有意散发以求相同兴趣的人加入共襄,在此选录其一①:

政教界闻人钮永建、邰爽秋、欧元怀、吴浩然、许恪士、朱经农等,鉴于我国现行教育制度,不合于国民经济状况,乃积极提倡民生本位教育,发起民生教育学会,以为研究及推进之机关。教育界人士加入发起者,已二百余人,并已向上海市党部,申请许可,准予筹备在案,现该发起人等已开会公推钮永建、邰爽秋、欧元怀、蒋建白等为筹备员,组织筹备会,进行一切,闻将举行成立大会云。

1936年4月29日,钮永建、邰爽秋等就召开成立大会请求派员指导一事分别致函国民党中央社会部和上海市教育局局长潘公展。在给中央党部的函中道②:

谨呈者:窃永健等有鉴于我国现行教育制度,不合于国民经济状况,乃积极提倡民生本位教育,并联合同志,发起组织中国民生教育学会,以为研究及推广之机关。曾于民国二十四年九月,遵照民众团体组织程序,备具理由书,呈请上海特别市党部执行委员会申请许可,领得执字第481号许可证书,由发起人大会选举钮永建等为筹备委员,积极推行筹备手续。旋于二十五年三月,将属会筹备经过暨会章草案、会员名册,具文呈报上海特别市党部执行委员会,请予审核备案。当奉该会执字4105号批答内开:呈件均悉,准予备案。兹谨定于五月三日(星期日)下午二时假上海八仙桥青年会开成立大会,用敢具文呈请钧会,赐予派员莅会致训,俾资遵循,无任企盼之至。

---

①《钮永建等发起中国民生教育学会》,《教育季刊》1936年第12卷第1期,第79页。
②《中国民生教育学会报送会务活动概览呈及国民党中央社会部指令》,中国第二历史档案馆,社会部档,全宗号:十一,案卷号:3136,第1页。

第二章　中国民生教育学会成立

在致潘公展的函中道①：

> 窃爽秋等组织中国民生教育学会筹备会，拟订会章草案，业蒙上海市党部执行委员会批令核准在案，谨择于五月三日下午二时假上海市法租界八仙桥青年会九楼召开成立大会，请派员莅会指导。

上述两函依呈送部门不同表述略有差异，落款人分别为钮永建与邰爽秋，显示出对应层级差别。经过邰爽秋和钮永建等筹备人员的努力，在不到半年的时间里完成各种准备，1936年5月3日下午，中国民生教育学会在上海八仙桥召开成立大会。议程依次为：推定钮永建、邰爽秋、唐茂槐、张仲寰、徐则骧五人组成大会主席团；由钮永建致开幕辞；由邰爽秋报告学会筹备经过；上海特别市党部代表王龙章致训词；来宾中华职业教育社负责人江问渔演讲；选举理事②。大会选举了理事十五人，候补理事五人。大会通过了《会章草案》和《本会成立大会宣言》，对学会名称、宗旨、区域及会址、会员、组织、选举、会议、经费、事业等项都做出了明确规定。

图2-6　中国民生教育学会成立大会摄影纪念

---

①《中国民生教育学会立案》，上海市档案馆藏，0235-2-1884，第18页。
②《中国民生教育学会成立》，《申报》1936年5月4日第4张。

关于中国民生教育学会成立大会的具体细节，《民众教育通讯》第六卷第四、五期记载道[①]：

> 中国民生教育学会，系邰爽秋、钮永建等所发起，经数月之筹备，教育界之响应，于三日下午二时，在八仙桥青年会九楼开成立大会，计到会员一百零九人，来宾中华职业教育社江问渔，暨大试验区刘植之，新运视察团王璧，高桥改进区王揆生，市党部王龙章等四十余人，主席团为钮永建、邰爽秋、唐茂槐、欧元怀、蒋建白（欧蒋二君缺席）五人。行礼如仪后，由钮永建报告，大意为中国教育，宜有自己目标，以适合自身之要求，民生主义教育，为目前中国教育所要求之目标，本会宗旨，即在集合力量，以求实现云云。
>
> 继由邰爽秋氏报告，略谓发起本会之动机……继为由江问渔先生提出对于补习教育、职业教育、青年教育三问题之意见，及应用民生主义目标从事解决之办法，并主张采用活的方法，不拘束于法令规章，认清目标解决问题云云。识见超越，全场鼓掌。继由市党部代表王龙章氏致辞，称大会为适合中国时间空间之教育集团，希望能照民生目标，发展前途云。
>
> 至此，改由唐茂槐氏主席。因主席团人数不足，由会员提议加推张仲寰、徐则骧二人为主席，经会场一致通过，继即讨论会章。因节省时间起见，主席团申明，会章业经党政机关审核修正，在法律点上，似可减轻注意，对于理事名额及会费数目，宜共同决定，当经一致通过此项缩小讨论范围之提议。先后讨论结果，理事数额定位十五人，名誉理事四人，则由理事会成立后选聘，会费除普通会员，维持会章规定年纳会费一元外，永久会员原定年纳二十元者，改定为年纳十元以上，以示不加限制，继即举行。因外埠会员，未及全体出席，故选举方法，分即席投票与通信选举两种，闻其未果，须后通讯选举完竣后，始克一并发表云。

[①]《中国民生教育学会宣告成立》，《民众教育通讯》1936年第6卷第4、5期，第171—172页。

第二章　中国民生教育学会成立

中国民生教育学会建立后,邰爽秋兴致盎然,策划举行其他社团较少进行的理事宣誓就职典礼。这一设计的动机可能是成立大会上海市教育局未派员到会,原本推为主席团成员的欧元怀、蒋建白也未到会,主办方觉得不够圆满;或觉得教育局与中国民生教育学会的关联密切,必须保持密切联系。5月29日,邰爽秋就举行理事宣誓就职典礼一事致函上海市教育局局长潘公展,请求派员莅会指导[①]:

窃爽秋等前联合通知发起组织中国民生教育学会,曾将发起组织及筹备会经过情形具文呈请钧局鉴核。当奉钧局教字39576号批准予备案,旋即遵照民众团体组织方案及上海市监督文化团体规则规定程序继续筹备,拟定会章呈送上海特别市党部执行委员会核准各在案,爰于1936年5月3日下午假八仙桥青年会召开成立大会,出席会员102名,共钮永建、邰爽秋、唐茂槐、徐则骧、张仲寰为大会主席团,即讨论修正通过会章并选举钮永建、邰爽秋、欧元怀、潘公展、陈友松、高芝生、蒋建白、钟道赞、彭百川、程其保、张仲寰、李宗黄、徐则骧、周佛海等十五人为理事,罗廷光、周乐山、钮长耀、姜琦、吴南轩等五人为候补理事。兹定于5月30日上午九时假上海八仙桥青年会九楼举行宣誓就职典礼,请钧长莅会监宣以昭郑重。

1936年5月30日,中国民生教育学会举行理事宣誓就职典礼,上海市党部代表童行白、上海市教育局局长潘公展的代表聂海帆出席了当天的就职典礼。1936年6月1日,上海市教育局监宣代表聂海帆在报告出席中国民生教育学会理事就职宣誓情形时道[②]:

上海市党部代表童行白及上海市教育局局长潘公展派聂海帆出席监宣。邰爽秋、钮永建、蒋建白、张仲寰、陈友松、高芝生、彭百川、徐则骧等十余人,当推蒋建白为主席,领导宣誓就职事。

[①]《中国民生教育学会立案》,上海市档案馆藏,0235-2-1884,第20—22页。
[②]《中国民生教育学会立案》,上海市档案馆藏,0235-2-1884,第23页。

值得留意的是,欧元怀和其他若干理事依然没有参加理事宣誓典礼。显示出当时新建的中国民生教育学会内部不同人的参与状态不均衡的基本状况。至此,中国民生教育学会经历了发起组织筹备会、申请筹备许可证书、召开成立大会、理事宣誓就职等过程,正式宣告成立。会所设于上海,"总办事处设上海极司非而路718号,电话为21573"①。直到"八一三"事变后迁往重庆。

---

① 《中国民生教育学会一览》(1937年3月),重庆市档案馆藏,0093-8-75,第62页。

中国民生教育学会的宗旨与组织结构

第二章

中国民生教育学会一开始成立就定位为全国性而非区域性教育社团,尽管它的社员分布并不广泛,主要集中在东南地区。能够体现中国民生教育学会宗旨的有在该会成立前后发出的一系列文本,其中成立大会宣言和章程体现得最为集中。

第一节　成立大会宣言中体现的宗旨

1936年5月3日,中国民生教育学会成立大会在通过《中国民生教育学会会章》的同时通过了《本会成立大会宣言》,表明民生教育学会及其追随者以研究和推行民生本位教育为宗旨的想法。他们将理论运用于实践之中,开展民生教育实践活动,试图在创办沪西民生教育试验区,在以"提倡土货、厉行节约、社会生产、发展城乡经济、改进民众生活"为宗旨的念二社运动基础上继续前行。

在中国民生教育学会成立大会的宣言中,中国民生教育学会明确指出了新教育中国化运动开展过程中存在的问题[①]:

[①]中国民生教育学会:《本会成立大会宣言》,《民生教育》1937年第1卷第1期,第3-4页。

我国抄袭西方教育制度三十余年;办理一种不合国民经济状况的教育。现在这种教育的缺点,一天一天的暴露,虽职司教育者亦觉无可掩讳,热心教育的人士纷谋补救,改革教育的声浪,洋洋盈耳:有说过去的教育忽略了中国的现势,遂提倡民族教育;有说过去的教育太偏重了城市,遂提倡乡村教育;有说过去的教育是少数人的专利品,遂提倡民众教育;有说过去的教育只能养成士大夫,遂提倡生产教育。众说纷呈,各有至理。惟欲彻底矫正已往教育之缺陷,自非设立一个公同标准来决定前进之途径不可,这个标准就是:"今日中国最大多数民众最急迫的需要。"

我们认为教育是一种工具,他的主要功用,应当是适应最大多数民众最迫切的需要。中国教育的基础也应当建筑在这种需要之上。所谓最大多数民众最急迫的需要,就是:"民生的需要"。

我们深信任何教育不应离开民生。民族教育,应以民生为基础,乡村教育应以民生为脊干,民众教育应以民生为灵魂,生产教育应以民生为归宿,已往的教育,未能重视此点。所以我们显明的提出"民生本位的教育"之主张,以资补救。

民生本位的教育,就是以发展人民生计的经济活动为脊干,来改进民众生活,扶植社会生存,保障群众生命而达到民族复兴的教育。简言之为:"民生教育"。

……

我们要用这"民生教育"的锄头为我中华民族在教育上开辟一条新路!从民生的需要上,建设我国教育的新基础。

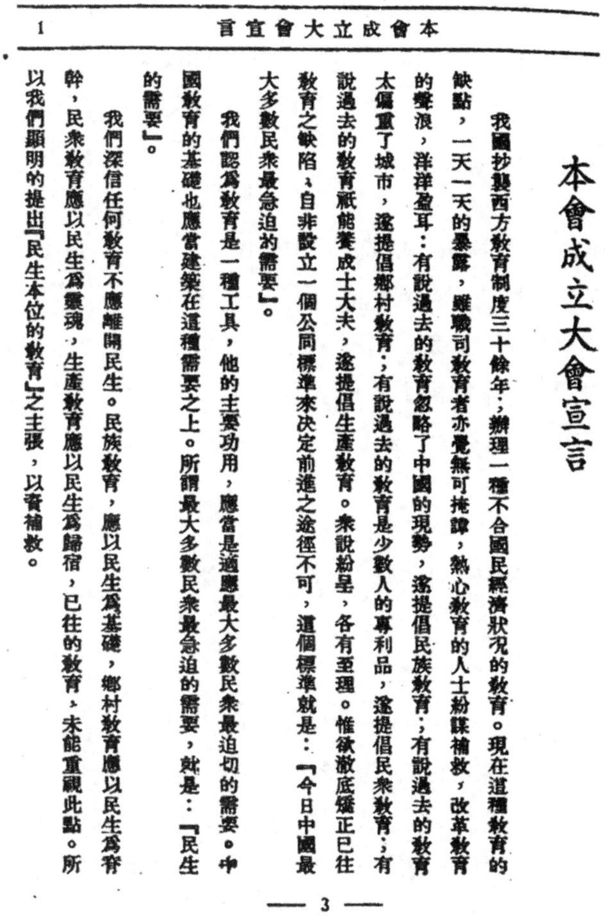

本會成立大會宣言

我國抄襲西方教育制度三十餘年，辦理一種不合國民經濟狀況的教育。現在這種教育的缺點，一天一天的暴露，雖職司教育者亦無可掩諱。有說過去教育忽略了中國的現勢，遂提倡民族教育；有說過去的教育太偏重了城市，遂提倡鄉村教育；有說過去的教育是少數人的專利品，遂提倡民眾教育；有說過去的教育祇能養成士大夫，遂提倡生產教育。眾說紛呈，各有至理。惟欲澈底矯正已往教育之缺陷，自非設立一個公同標準來決定前進之途徑不可，這個標準就是："今日中國最大多數民眾最急迫的需要"。

我們認為教育是一種工具，他的主要功用，應當是適應最大多數民眾最迫切的需要。中國教育的基礎也應當建築在這種需要之上。所謂最大多數民眾最急迫的需要，就是："民生的需要"。

我們深信任何教育不應離開民生。民族教育，應以民生為基礎，鄉村教育應以民生為骨幹，民眾教育應以民生為靈魂，生產教育應以民生為歸宿，已往的教育，未能重視此點。所以我們顯明的提出"民生本位的教育"之主張，以資補救。

——3——

图3-1 《民生教育》第1卷第1期所刊中国民生教育学会成立大会宣言

宣言在表述自身观点方面显然是鲜明的，但其中的一些判断明显过于偏激，以至在当时的一些人也难以认可。这种偏激一直延续着，1938年，邰爽秋发文称[①]：

> 民生是宇宙的中心，也是历史的中心。建设之首要在民生，教育建设之首要当然也在民生，这是不可怀疑的！
>
> 我国过去的教育一向就离开了民生，他抄袭西方教育制度的皮毛而忽视国民最大多数最急迫的需要：民生的需要！以致教育愈普及而民生愈感困惑！过去教育走了错路，已成无可掩讳的事实。

---

①邰爽秋：《发刊词》，《革命日报·教育与民生》1938年5月2日第4版。

为帮助民生经济的发展，为矫正传统教育的错误，京沪杭平汉等地教育界同志四百余人，曾于民国二十五年（1936）春季交换意见，假定民生本位教育的基本主张，并于该年夏季创立中国民生教育学会，以为研究并推行该项主张的机构。

以上不同语境的二次表达，都显示中国民生教育学会的主干成员将民生教育当成解决当时教育问题的良药，甚至是唯一的不可替代的良方，前人或其他社团的努力都是"皮毛""抄袭""错误"。为了研究和推行民生教育，建立一个全国性的教育学术团体，中国民生教育学会的成立已势在必行。建立在这样偏激意识基础上的中国民生教育学会无法避免后续推进中发生的各种阻碍与曲折。

第二节　中国民生教育学会会章显示的宗旨与结构

中国民生教育学会在1936年5月3日的成立大会上，通过了《中国民生教育学会会章草案》。会章草案对学会名称、宗旨、区域及会址、会员、组织、选举、经费、事业等关乎学会定位与未来运作发展的方面做出明确规定。"本会定名为中国民生教育学会"，规定区域以全国为范围，总会会址设于上海极司非而路二五七一号。

一、二重宗旨现象

中国民生教育学会会章中对宗旨的表达为："本会以研究及推行民生本位教育为宗旨"。显然，会章所表述的宗旨比成立大会宣言中的表述更为平和、理性、规范，与其他同类的社团的表述方式基本一致。由此出现了中国民生教育学会与当时其他教育社团在宗旨呈现上的不同。其他教育社团一般都以自己的会章表达该社团的宗旨，不会再有其他版本的表述。中国民生教育学会的宗旨既有会章温和、理性、规范的表达，又有成立大会宣言中激进、张扬的表达，而且两者至少名义上都是由成立大会通过的。

严格地说,这种设计本身是逻辑混乱的,也与现代社团的章法设置相违,而实际上不只是中国民生教育学会主干成员更多地强调成立大会宣言中的说法,社会各方面对中国民生教育学会宗旨的感知也主要来自成立大会宣言中的内容,反倒没有多少人对该学会会章中的宗旨进行认知。

二重宗旨现象对中国民生教育学会的发展利弊并存:一、张扬的宗旨表述可以吸引更多有激情的人加入中国民生教育学会,也会使得理性的人被边缘化或远离;二、会章中的宗旨被淡化会在会内造成人治氛围浓厚,会员对人的依恋多于对程序和规则的遵守的后果,导致发展中因人而兴替,难以持续。

中国民生教育学会的后续发展在一定程度上也显示出这样的特点。

二、会员类型

《中国民生教育学会会章》第四条中对会员种类及资格、会员的权利、入会、退会和除名都做出了具体详细的规定[①]:

（一）种类及资格

本会会员分普通、赞助、团体及永久四种,其资格如下:

（甲）普通会员 凡有正当职业或中等以上学校学生,赞成本会宗旨,年纳会费一元者,皆得为本会普通会员。

（乙）赞助会员 凡有正当职业或中等以上学校学生,赞成本会宗旨,年纳会费五元以上者,皆得为本会赞助会员。

（丙）团体会员 凡国内教育文化团体或机关,赞成本会宗旨,年纳会费十元者,皆得为本会团体会员。

（丁）永久会员 凡个人一次缴纳会费十元以上,或团体一次缴纳会费五十元以上者,皆得为本会永久会员。

（二）权利及义务

本会会员之权利义务规定如下:

[①] 中国民生教育学会:《中国民生教育学会会章(民国二十五年五月三日大会通过,同年五月三日首次理事会及十二月通函理事立法修正)》,《民生教育》1937年第1卷第1期,第101—102页。

（甲）凡为本会会员者，皆享有本会内之选举及被选举权。

（乙）凡本会会员皆有宣传本会宗旨，促进本会会务发展之义务。

（三）入会

凡志愿加入本会为会员者，须经本会会员二人之介绍及理事会之通过后，发给入会证，方得为正式会员。

（四）退会

会员得自动请求退会，但须经过理事会通过。

（五）除名

会员如有不正当行为，得由理事会议决除名。

会员是社团的主体，会员的状况决定着学会的发展，中国民生教育学会会章对会员资格的底线要求是“有正当职业或中等以上学校学生”，这个要求相对于当时其他全国性教育社团是较低的，可能主要考虑的是参与民生教育活动人群的实际。当然事实上有不少邰爽秋以各种方式拉进来的理事、名誉理事则是当时学界和政界的名流，但他们对会员成分的改变是有限的。

其中以会员缴费的额度对会员分类或许主要考虑的是筹集更多的经费，这一做法本身多少给人按交钱的多少定等级的感觉，有些欠妥。学会对入会的手续要求比较细致严谨，专门设计了会员登记表和入会书。

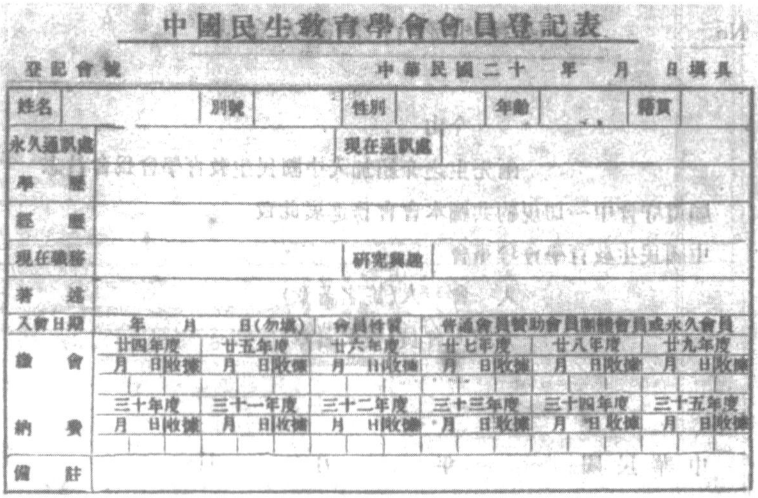
中國民生教育學會會員登記表

登記會號　　中華民國二十　年　月　日填具

姓名　別號　性別　年齡　籍貫

永久通訊處　現在通訊處

學歷

經歷

現在職務　研究興趣

著述

入會日期　年　月　日（勿填）　會員性質　普通會員贊助會員團體會員或永久會員

繳會納費

廿四年度　廿五年度　廿六年度　廿七年度　廿八年度　廿九年度

月　日收據　月　日收據　月　日收據　月　日收據　月　日收據　月　日收據

三十年度　三十一年度　三十二年度　三十三年度　三十四年度　三十五年度

月　日收據　月　日收據　月　日收據　月　日收據　月　日收據　月　日收據

備註

图3-2　中国民生教育学会会员登记表

图3-3 中国民生教育学会入会书

中国民生教育学会是在当时已有不少社团的情况下建立的,相关的表格都有成例可以参考。总体上看,中国民生教育学会选择了相对简化的方式办理入会手续。

三、组织结构及运行

中国民生教育学会的组织结构,会章中也做出规定[①]:

> 本会为推行便利起见,得设下列四种组织:
> (一)理事会
> (甲)本会理事会由会员公选十一人至十五人组织之,计划本会进行事宜,任期一年,连选得连任。
> (乙)本会为发展会务起见,得再由理事会加推理事八人、名誉理事九人以上、赞助理事若干人、候补理事九人。
> (二)常务理事会
> (甲)本会由理事互选常务理事七人组织之,并由常务理事公推一人为理事长,总理一切事宜。

---

① 中国民生教育学会:《中国民生教育学会会章(民国二十五年五月三日大会通过,同年五月三日首次理事会及十二月通函理事立法修正)》,《民生教育》1937年第1卷第1期,第102-103页。

(乙)本会为处理日常会务,增加工作效率计,得在常务理事会之下设干事长、副干事长各一人及干事若干人,常驻会办公,其办事细则另订之。

(三)各种委员会

本会为发展会务计,得设立各种委员会,其产生办法及办事细则另订之。

(四)分会

各省市有会员五人以上者,得组织分会,其办事细则另订之。

由此可见中国民生教育学会在组织上分为理事会、常务理事会、各种委员会以及分会四部分,总体上形成以理事长为顶尖的常务理事会—理事会—会员的纵向结构与各种专业委员会、地方分会组构的横向结构的结合。这种结构在会员人数不多的情况下显得层级过多、分隔过多,这可能是后来的会章修改中去掉了各种委员会和地方分会设置的原因。据史料记载,中国民生教育学会曾为发展业务起见加推中央农业改进所所长谢家声、四川省立教育学院院长高咏修为学会指导委员。[①]

依据会章,中国民生教育学会的运行主要依托两种会:一是每年举行一次的"会员大会"。后来修改的会章还规定"本会理事于年会开会时由全体会员选举之"。具体操作的方式是先由理事会议议决公推若干名理事为提名委员,再由提名委员依照学会理事名额加倍提出候选人名单,印成选票,在会员大会上发给会员进行投票选举。收回选票统计后,依据得票多少确定当选理事和候补理事。后来由于开会员大会难以实现,这一规定事实上未能严格实行。

二是每年举行两次的理事会。"由理事长召集之,遇必要时,得由理事五人以上之提议,交请理事长召集临时会议"。理事会的议程通常有:主席报告事项,讨论并议决事项。讨论的事项通常有财务状况、本会预算、理事选举、学会教育事业、学会与其他机构关系的处理等内容。

后来的事实证明上述两种会都未能依章准时召开,尽管理事会为推进各项工作做出积极努力,但总是难以实现成立之初发起人确立的宏伟蓝图,政治、经

[①] 中国民生教育学会:《中国民生教育学会会务纪要》,《民生教育》1939年第1卷第4期,第34-38页。

济、社会以及战争等各种因素从各自不同的角度消磨着中国民生教育学会,使它的结构显得脆弱,运行显得迟缓。

经费是运行的保障,会章将经费来源分为会费、纪念金、特别捐、投资利息四种。此外,会章列举了本会规定的计划、研究、推行、辅导、改良、编辑等"关于民生教育事项"的六项事业。会章另有三项附则。

中国民生教育学会还制定了分会组织办法,1936年5月3日成立大会通过的《中国民生教育学会分会组织办法》规定:各省市有5人以上即可"照章组织分会",明确了组织分会的条件;明确了分会与总会的关系,"以总会宗旨为宗旨""分会会费以百分之五十解交总会,以百分之五十充作分会内办公经费""分会应参考总会会章,自定简章,并报告总会""会务应每年报告总会""分会会员登记表须填写二份,一交总会,一存分会""分会之组织须由各分会另行呈报当地主管党政机关核准备案"。①

第三节　中国民生教育学会理事会

《中国民生教育学会会章》中设置有理事和常务理事,他们共同组成理事会。理事会客观上是该会组织上的中枢,也是思想和行动的引领者。从该会1936年建立到1949年结束,虽然依据会章每年一选有所变化,但其核心成员没有太大的变化,所以理事会一直是中国民生教育学会组织结构的重要组成。

正因为此,在中国民生教育学会于1936年在上海召开成立大会后,邰爽秋积极动员各种社会资源以名誉理事、赞助理事等方式充实组织。会上通过的会章对组织理事会和常务理事做出规定:"本会理事会由会员公选十一人至十五人组织之,计划本会进行事宜,任期一年,连选得连任"。成立大会上选举产生了钮永建、邰爽秋、欧元怀、潘公展、陈友松、高芝生、蒋建白、钟道赞、彭百川、程其保、张仲寰、李宗黄、徐则骧、周佛海等人为理事,罗廷光、周乐山、钮长耀、姜琦、吴南轩等五人为候补理事。成立会后加推理事八人,名誉理事九人,赞助理

---

①《中国民生教育学会一览》(1937年3月),重庆市档案馆藏,0093-8-75,第22页。

事若干人以及候补理事九人;规定常务理事由理事会推举选出,并由常务理事公推一人作为理事长,常务理事之下设干事长副干事长各一人及干事若干人。比较开会后的报道,理事姓名比报道出来的15人少一人,可能因为会上有一人未确定;1937年3月印制的《中国民生教育学会一览》内的《中国民生教育学会全体理事与职员录》的姓名与人数与加推理事八人、名誉理事九人、候补理事九人也对不上号,说明即便是中国民生教育学会中枢的理事会也具有不稳定性。

表3-1 1937年中国民生教育学会全体理事及职员录①

理事提名			
姓名	职位	姓名	职位
王正廷	赞助理事	彭百川	
石瑛	名誉理事	程其保	
李宗黄		程柏庐	
李组绅	赞助理事	邹秉文	
何思源		蒋建白	常务理事
吴稚晖	名誉理事	欧元怀	常务理事
吴蕴初	赞助理事	潘公展	常务理事
吴南轩	候补理事	钱新之	赞助理事
周乐山	候补理事	钟道赞	
姜琦	候补理事	高芝生	
徐则骧	常务理事	张仲寰	常务理事
唐茂槐		钮永建	名誉理事
陈友松	常务理事	钮长耀	候补理事

干事提名	
姓名	职位
蒋建白	干事长
唐茂槐	副干事长
常文浚	干事

① 资料来源:《中国民生教育学会一览》(1937年3月),重庆市档案馆藏,0093-8-75,第25页。

将1937年中国民生教育学会的理事及职员录与1936年5月成立大会上的选举结果做对比,便可知邰爽秋及其他成员在其中所做的工作和遇到的困难,也可看出会章在组织活动中的真实约束力,还显示出中国民生教育学会这条小船在当时社会中的能量大小,它能否实现组建者寄托的宏大期望,只有历史才能回答。

中国民生教育学会相对稳定的理事成员是其结构的深层内涵所在,他们将自己的社会资源聚集到中国民生教育学会,成就了中国民生教育学会,不妨对他们做出简要分析:

表3-2 中国民生教育学会理事参与学会活动情况[①]

姓名	籍贯	生卒年	主要社会经历	参与中国民生教育学会情况
石瑛	湖北阳新	1878—1943	英国伯明翰大学硕士,在英国创立中国科学社,加入中国同盟会,历任武昌高师校长、国民党中央执行委员、南京市市长等职。	长期担任学会名誉理事,给予学会精神等方面的支持。
吴稚晖	江苏武进	1865—1953	中国同盟会员,曾任国民党中常委、中央政治会议委员、总统府资政等职,教育家、翻译家。	长期担任学会名誉理事,给予学会精神与财力等方面的支持。
邰爽秋	江苏东台	1897—1976	美国哥伦比亚大学博士,历任中央大学及河南大学教育学教授、大夏大学教育学院院长、念二促进会会长等职。	学会筹备员之一,成立大会主席团成员,《民生教育》编辑主任之一,长期担任学会理事、常务理事兼理事长,学会主干成员。
钮永建	上海	1870—1965	日本士官学校毕业,军国民教育会发起者之一,加入中国同盟会,国民党元老,曾任内政部长、考试院代理院长、国民政府委员兼公务惩戒委员会委员长、总统府资政等职。	学会筹备员之一,成立大会主席团成员,曾任学会理事、名誉理事、名誉理事长,学会主干成员。

[①] 本表主要资料来源:《中国民生教育学会立案》,上海市档案馆藏,Q235-2-1884,第8-9页;《中国民生教育学会一览》(1937年3月),重庆市档案馆藏,0093-8-75,第25页;《中国民生教育学会概况》(1938年12月),中国第二历史档案馆藏,社会部档,全宗号:十一,案卷号:3122,第1-2页;《社会部直辖中国民生教育学会第二届职员资历表》,重庆市档案馆藏,重庆市社会局档,0016-10-60,第3-4页;教育部教育年鉴编纂委员会:《第二次中国教育年鉴》,商务印书馆,1948,第848页。参照雷志松:《中国民生教育学会研究(1936—1949)》,博士学位论文,四川大学,2009,第48-53页。

续表

姓名	籍贯	生卒年	主要社会经历	参与中国民生教育学会情况
潘公展	浙江吴兴	1894—1975	上海圣约翰大学毕业,曾任上海教育局局长兼社会局长、国民党中央执行委员,曾在上海创办《晨报》并自任社长,后任国民党中央宣传部副部长兼《中央日报》总主笔、中央执行委员会常务委员和《申报》董事长等职。	长期担任学会理事、常务理事,学会主干成员。
欧元怀	福建莆田	1893—1978	美国哥伦比亚大学硕士,美国西南大学博士,曾任厦门大学教育科主任、国民参政会参政员、贵州省政府教育厅厅长、立法院立法委员、大夏大学副校长及校长等职。	学会筹备员之一,长期担任学会理事、常务理事,学会主干成员。
陈友松	湖北京山	1899—1992	美国哥伦比亚大学教育学博士,曾任大夏大学社会教育系主任、厦门大学实验教育主任、西南联大教育学系教授及教育系主任、中国电影教育理论电影检查委员会委员等职,创办中国电影教育用品公司,出版《电化教育》周刊,民国时期著名电影教育家。	《民生教育》特约撰述之一,曾任理事、常务理事、候补理事。
蒋建白	江苏淮安	1901—1971	曾任中国公学政经系主任、上海市社会局教育科长、教育部专员等职。	学会筹备员之一,《民生教育》编辑主任之一,长期担任学会理事、常务理事、候补理事、干事长,学会专职人员。
高芝生	湖南溆浦	不详	大夏大学高师科毕业,曾任河南第一师范教务长、大夏大学文书等职。	曾任多届学会理事。
周佛海	湖南沅陵	1897—1948	曾任国民党中央宣传部部长、汪伪中央政治委员会秘书长等职。	曾任学会理事。
钟道赞	浙江浦江	1892—1993	美国哥伦比亚大学教育学博士,曾任教育部督学等职,著名职业教育家、翻译家。	曾任多届学会理事。
李宗黄	云南鹤庆	1887—1978	早年加入中国同盟会,曾任国民党陆军中将、国民党中央执行委员和常务委员等职。	曾任学会理事、候补理事。

续表

姓名	籍贯	生卒年	主要社会经历	参与中国民生教育学会情况
程其保	江西南昌	1895—1975	美国哥伦比亚大学教育学博士,曾任中央政治学院教授、东南大学执行秘书兼教育系教授、湖北及西康等省教育厅厅长,教育部教育研究委员会委员等职。	长期担任学会理事,曾任常务理事,学会主干成员。
彭百川	江西宁冈	1896—1953	先入美国斯坦福大学教育系获硕士学位,后就读美国哥伦比亚大学语言学院获博士学位,曾任山东省教育厅科长并参与创办山东大学,教育部主任秘书、科长、督学以及中央大学教授兼师范学院附中校长等职,教育活动家。	曾任多届学会理事、常务理事。
罗廷光	江西吉安	1896—1993	美国哥伦比亚大学硕士,曾任河南大学教务长、西南联合大学教育系教授、南京师范大学教授等职。教育学、外国教育史专家。	《民生教育》特约撰述之一,曾任学会候补理事、常务理事,学会主干成员。
张仲寰	江苏海门	不详	曾任汪伪中央政治会议秘书、汪伪江苏省教育厅厅长、清乡委员会下设地方行政研究委员会主任委员等职。	学会成立大学主席团成员之一,曾任学会理事、常务理事。
周乐山	江苏南京	不详	民国时期著名作家。	曾任学会候补理事。
钮长耀	上海	1920—1993	上海法学院及日本大学毕业,曾任中央社会部处长、上海市立敬业中学校长等职。	曾任学会候补理事。
姜琦	浙江永嘉	1885—1951	美国哥伦比亚大学硕士,曾任大夏大学教育学系主任、湖北省立教育学院院长、西南联大教务长、暨南大学校长等职,著名教育哲学与教育史专家。	曾任学会候补理事、理事、常务理事,学会主干成员。
吴南轩	江苏仪征	1893—1980	美国加利福尼亚大学教育学博士,曾任清华大学校长、复旦大学校长、国民党中央监察委员等职,教育心理学家。	曾任学会候补理事、理事、常务理事。
何思源	山东菏泽	1896—1982	曾任中山大学教授、山东省教育厅厅长、山东省政府主席、国民党中央监察委员、北平特别市市长等职。	《民生教育》特约撰述之一,曾任学会理事。

续表

姓名	籍贯	生卒年	主要社会经历	参与中国民生教育学会情况
程时煃	江西新建	1890—1940	日本东京高等师范学院、美国哥伦比亚大学毕业,1919年至1920任北平高等师范学校教务主任、图书馆长、附中校长,曾任中央大学教育行政院普通教育处处长、福建和江西教育厅厅长、教育部国民教育司司长等职。	曾任学会理事和候补理事。
邹秉文	江苏苏州	1893—1985	美国康奈尔大学毕业,曾任中央大学农学院院长、中华农学会理事长等职。	曾任多届学会理事。
唐茂槐	浙江兰溪	1906—卒年不详	大夏大学毕业,曾任江苏句容乡师校长、沪西民生教育实验区主任、大夏大学教育学院讲师等职。	学会筹备员之一,成立大会主席团成员,曾任学会理事、副干事长,学会专职人员。
徐则骧	安徽盱眙	不详	大夏大学毕业,曾任上海市民众教育馆馆长、中央宣传部专门委员、市北中学校长等职。	学会成立大会主席团成员之一,曾任学会理事、常务理事。
常文俊	江苏江浦	1911—卒年不详	南京大学毕业,曾任沪西民生教育实验区研究部主任等职。	学会筹备员之一,曾任学会干事。
胡叔潜	四川广安	不详	曾经营华西兴业公司等,著名工商实业家。	曾任多届学会理事。
张廷休	贵州安顺	1898—1961	曾任贵州大学校长,民国时期教育家与历史学家。	曾任多届学会理事。
乔一凡	江苏宝应	1896—1994	东南大学毕业,曾任南京钟南中学校长、国民党中央研究院院长等职。	长期担任学会理事,学会主干成员。
聂荣藻	四川江津	不详	南京大学外文系毕业,曾任四川省立川东师范学校校长等职。	曾任多届学会理事。
陆殿扬	江苏吴县	1891—1972	曾任东南大学教授、浙江大学教授、江苏省立第一中学与杭州中学校长、国立编辑馆教科书组主任等职。	曾任学会理事、常务理事,学会主干成员。
曹书田	不详	不详	不详。	曾任学会候补理事。
相菊潭	江苏宝应	1889—1966	日本东京帝国大学毕业,曾任教育部督学、参事,立法院立法委员,教育社会学专家。	曾任学会候补理事。

第三章　中国民生教育学会的宗旨与组织结构

续表

姓名	籍贯	生卒年	主要社会经历	参与中国民生教育学会情况
缪剑霜	上海	1888—1966	曾任四川盐务局局长、盐务总局总办等职。	曾任学会理事。
吴俊升	江苏如皋	1901—2000	法国巴黎大学博士,曾任北京大学教育系主任,教育部高等教育司司长、教育部次长等职,著名教育哲学家。	长期担任学会理事,曾任常务理事,学会主干成员。
陶桂林	江苏南通	1891—1992	曾在上海创办馥记营造厂等,工商业实业家。	曾担任学会赞助理事,给予学会财力等方面的支持。
浦心雅	不详	不详	曾任交通银行协理等职。	曾担任学会赞助理事,给予学会财力等方面的支持。
宋述樵	贵州龙里	1900—卒年不详	东南大学毕业,曾任交通部秘书及国营招商局秘书长、立法院立法委员、国民党中央监察委员等职,1949年去台湾。	曾担任学会赞助理事,给予学会财力等方面的支持。
钱新之	浙江吴兴	1885—1958	曾留学日本,曾任上海银行公会会长、财政部次长、交通银行董事长、国大代表、复旦大学校长等职。	长期担任学会赞助理事,给予学会财力等方面的支持。
吴蕴初	上海	1891—1953	1930年代建成天字号化工企业集团,曾任国民参政会参政员、全国工业协会理事长,民国时期化工实业家。	长期担任学会赞助理事,给予学会财力等方面的支持。
李组坤	浙江宁波	不详	工商业实业家	长期担任学会赞助理事,给予学会财力等方面的支持。
王正廷	浙江奉化	1882—1961	美国耶鲁大学毕业,曾任北洋政府外交总长、国民政府外交部长兼中央政治会议外交委员会主任等职。	长期担任学会赞助理事,给予学会财力等方面的支持。

续表

姓名	籍贯	生卒年	主要社会经历	参与中国民生教育学会情况
王伯群	贵州兴义	1885—1944	1905年兴义笔山书院毕业后公费派往日本留学,与孙中山相遇,加入中国同盟会,回国后任广州军政府交通部长等职。1924年在上海创办大夏大学,曾任董事长、校长,逐渐淡出政坛转向"教育救国"。1928年,蔡元培提议王伯群兼任交通大学校长,成为继叶恭绰之后管辖交通部兼掌交通大学的校长。1928年秋倡导恢复吴淞商船学校,1929年9月1日该校正式复校,定名为"交通部吴淞商船专科学校",王伯群为学校题写校训,并兼任该校首任校长。1937年,上海"八一三"事变后,大夏大学内迁贵州,王伯群带领大夏大学三次迁校。1944年冬,王伯群在领导迁校过程中积劳成疾,12月20日病逝于重庆陆军医院,著有《交通事业改革方案》《电政设施三年计划》《航政建设纲要》《伯群文集》等著作。	曾任学会赞助理事,以大夏大学校长的身份在上海和贵州给予中国民生教育学会鼎力支持。

从上表可以看出,中国民生教育学会理事均为对民生教育认同的人士,主要包括:一是从政人员,从中央到地方都有,从政府部门在政治上给予学会支持;二是学者或教育行政管理人员,研究、实行或推进民生教育;三是工商业界人士,给予民生教育学会经费支持。他们虽来自各省市,却以江苏、浙江为主,在学缘关系上以留学美国特别是哥伦比亚大学为主。名誉理事主要给予学会精神和社会声誉的支持,赞助理事主要给予经费支持,这两种理事都不参与学会的日常活动,也不在《会章》要求的改选之列,所以属于长期性的。理事会以多样性主体参与合作的方式驱动着整个民生教育学会前行。

短暂的勃兴(1936年5月—1938年10月)

第四章

1936年5月3日,中国民生教育学会于上海正式成立。其后出现一段短暂勃兴时期,入会会员人数快速增长,更多人聚集讨论民生教育问题,在南昌、贵阳、安庆、遵义、昆明、重庆等地设立分会,原本已经开展的民生教育活动此时也进一步充实拓展。但成立之初便决定在次年(即1937年夏)召开学会的第一次年会未能如期举行。随着1937年上海"八一三"事变的爆发,中国民生教育学会被迫由上海西迁重庆,原本定好的第一次年会最终未能开成,勃兴难以维持。

第一节 对民生教育更加深入广泛的讨论

中国民生教育学会建立后的第一个效应就是原来分散的民生教育讨论更加紧密、集中起来,中国民生教育学会1937年创办的《民生教育》提供了讨论的平台,参与讨论的人数,发表的观点、文章一度大大增多。邰爽秋1930年到河南等地农村考察,感受到"农民生活困窘、居住简陋、孩子受教育艰难",于是,提倡民生教育,到1937年时形成一个高潮,直接效果是民生教育理论更加丰富。

一、什么是民生教育

(一)民生教育的概念

对于民生教育的概念,中国民生教育学会曾进行过专门的探讨。1936年5月3日中国民生教育学会成立大会通过《本会成立大会宣言》,对"民生教育"进行了明确的界定[①]:

> 民生本位的教育,就是以发展人民生计的经济活动为脊干,来改进民众生活,扶植社会生存,保障群众生命而达到民族复兴的教育。简言之为:"民生教育"。
>
> (一)就发展人民生计来说,民生本位的教育,是发展民众的经济生活,使各个人皆能丰衣足食的教育。衣单食缺的民众,读书识字的教育也无法可施,勉强施进去,有时会发生很大的危险。
>
> (二)就改进民众生活来说,民生本位的教育不仅发展民众的经济生活,使各个人皆能丰衣足食,还要在发展经济生活的过程中,改进民众其他各种生活,(文字生活在内)达到美满人生的目的。
>
> (三)就扶植社会生存来说,民生本位教育,不仅使各个人皆能丰衣足食,生活改善而已,他还使全社会的民众集合而成为一种有机的生命单元——活动的进步——永远的生存,不断的进步。我们可以说:民生本位的教育,就是一种创造社会新生命的教育。
>
> (四)就保障群众生命来说,民生本位的教育,不仅使各个人皆能丰及足食,生活满足;不仅使一个社会永远的生存,不断的进步,还要使全社会、全民族里的群众生命,得着安全的保障,使民族的生命得以延续。我们可以说:民生本位的教育,就是以民族复兴为远大目标的教育。

从民生教育学会成立宣言中可以明确看出,民生本位的教育是民族本位的,以民族复兴为终极目标。但民族复兴目标的实现不以牺牲个人的幸福为代

[①] 中国民生教育学会:《本会成立大会宣言》,《民生教育》1937年第1卷第1期,第4页。

价,相反要建立在个人丰衣足食、人生美满的基础之上。通过发展民生的经济活动,实现个人物质和精神生活的改善,从而使民族得以延续发展。因此发展民生是民生本位教育的基础和核心,没有民生的发展,其他目标无从实现。

中国民生教育学会会员对民生教育发表了一些个性化的解读。

罗廷光依据孙中山对"民生"的解释,指出"民生"乃"人民的生活,社会的生存,国民的生计,民族的生命",含义很广,但"当以'人民的生活'为中心;其他不过人民生活的扩张和充实罢了"。"所谓民生教育,便是关于人民生活的教育。"人民的生活,不只一端,举凡公民生活、康乐生活、经济生活等都包含在内;而此处所指,乃最基本的国民经济的生活。"故所谓民生教育,实重在发展国民经济生活的教育。"①

中国民生教育学会会员潘公展认为,民生教育不仅包括物质生产,还有精神的条件,"即国民了解政权的运用与民族意识的浓厚"。他认为民生有广义和狭义的区分。在中国历史上,"民生"指的是人民的生活与国民生计,如《左传》中有"民生在勤,勤则不匮"的记载,《书经》有"惟民生厚",因为生活是人类生存的原动力,人类需要生存,所以必需找寻生活,这是对民生的狭义理解。孙中山在中国传统的对民生理解的基础上,扩大了民生的含义,把民生解释为"人民的生活,社会的生存,群众的生命"。基于对民生的这种理解,所以民生教育,不独是解决一切人类生活问题的教育,并且是研究一切人类的生存,如何使之不灭,一切人类的生命,如何可以使之滋长繁殖,一切人类的生计,如何可以使之发展向上。②

叶青认为,民生的"生"是"生计"的"生"、"生活"的"生"、"生存"的"生",都是建筑在穿衣吃饭上面的。从中国民生教育学会的宣言来看,中国民生教育学会虽然提到了生命,但叶青认为,从"保障群众生命"一句话看来,民生教育也是看中穿衣吃饭的,所以民生的生不含自然的意味,它是就社会方面而言的。"民生"的民,排除了贵族和一切特权者,指的是"人民",并且不以个人为本位,是集体的,所以"民生"的意思指的是"民众、群众乃至社会"。这样的民生,当然不是生物学的意味,乃完全就社会方面而言。因此,叶青认为,基于这种理解的"民生",只能理解为"经济生活",因为只有经济生活,才能改进民众生活,保障群众生命,扶植社会生存。相应地,"民生本位底教育就是经济生活本位底教育了"。③

---

① 罗廷光:《教育与民生》,《我中华》1948年复6第7期,第33页。
② 潘公展:《民生本位教育的政治基础》,《民生教育》1937年第1卷第1期,第24页。
③ 叶青:《民生本位教育底哲学基础》,《民生教育》1937年第1卷第1期,第14页。

(二)民生教育与其他几种教育的区别

为了进一步厘清民生教育的内涵,更好地指导实践,中国民生教育学会理事长邰爽秋对民生教育和当时流行的几种教育进行了比较。在邰爽秋看来,民生本位教育与劳作教育不同。"劳作教育的要义,是要使儿童从劳动中养成一个良好公民或一种良好品格。"按照对劳作教育的这种认识,邰爽秋认为民生本位教育和劳作教育至少有三点区别[①]:

> 第一,劳作教育以唯心论为基础,民生本位教育却是从民生的观点出发,有计划的增加社会生产;第二,劳作教育,重在养成良好的公民品格,而民生本位教育却注重民生的福利;第三,劳作教育重视训练的价值,而民生本位教育则重视生产的价值。

民生本位教育与生产教育不同。生产虽然是民生本位教育不可缺少的要素,但是民生本位教育却与生产教育不同,具体表现为[②]:

> 第一,生产教育以生产为目的,民生本位教育则以发展民生为目的;照我们看来,生产只为手段,民生才是目的。第二,生产教育所提倡的生产未必是社会的生产,他对于民生的影响如何不得而知。第三,教育的内容,固应以生产劳动为主。但民生需要,不应仅以生产劳动之结果为满足。因为民生的活动除了生产外,至少还有消费、分配、交换诸问题,单单解决了生产问题,而不解决其他问题,民生仍不得安定。

他还做过其他的比较:

民生本位教育与职业教育不同。职业教育产生于资本主义社会,其目的是训练资本主义大工业生产所需要的合格工人,客观上为个人生存谋出路,但个人的出路并不总是有助于民族生存的出路。而民生教育是以民族复兴为终极

[①] 邰爽秋:《民生本位教育发端》,《民生教育》1937年第1卷第1期,第9页。
[②] 邰爽秋:《民生本位教育发端》,《民生教育》1937年第1卷第1期,第9页。

目标,虽然是从个人生计问题的解决入手,但最终目标却是民族。因此二者在兴趣上是不同的。

民生本位教育与生活教育不同。二者对教育的问题关切和解决方案不同。生活教育是基于教育与生活的隔离而提出的,因此解决方案是寓教育于生活之中,从而使教育与生活紧密相连。而民生本位教育认为现行教育的问题是教育与民生背道而驰,教育不仅对民生于事无补,甚至有时会妨碍民生,因此主张教育应寓于民生经济活动之中。此外在民生教育中,教育是基于经济活动开展的,而生活教育是寓于各种生活的,所谓"过什么生活就要受什么教育",如此一来导致教育没有轻重缓急之分。

由于民生教育以三民主义作为政治基础,而且三民主义虽然包括民族、民权和民生三部分,但其核心是民生,因此有人认为民生教育就是民生主义的教育。邰爽秋对此观点并不认同,在他看来,民生教育以民生为中心、为基点全面体现三民主义的诉求,实现民族的复兴,因此比民生主义教育要广泛得多。事实上民生教育包括民生主义的教育。

(三)民生教育的使命

邰爽秋把民生教育的使命分为社会与教育两方面。在社会方面,民生教育所负的使命大致有以下几点[①]:

> 1.矫正传统的士大夫观念。我国社会陷于士大夫传统的深渊中,对于劳动生产教育向极鄙视。从事生产的人也都存着厌恶的心理。这种观念须藉民生本位教育的力量,加以矫正。
>
> 2.培养优良的技术人才。民生本位教育在发展人民生计,要达到这个目的,须有大量的技术人才,以分配于生产的各部门。民生本位教育的重要使命之一,就是在培养这批的技术人才,以应需要。
>
> 3.改良及创造生产技术。我国生产技术落后,民生凋敝……民生本位教育,一方面在改良我国固有之生产技术,同时还要创造发展生产之新技术。

---

① 邰爽秋:《民生本位教育发端》,《民生教育》1937年第1卷第1期,第10—11页。

4.建设合理的经济生活。民生的改善,除了生产的增加外,一切消费分配交换等制度,在与民众的经济生活有关,欲使其合理化,亦有待于民生本位教育的努力。

在教育方面民生本位教育所负的使命,是改革现行的教育制度和设施,约是下列各端①:

1.整个教育国策的改造;
2.各级学校教育设施的变更;
3.课程内容的改订;
4.教育人员的培养;
5.新教育方法的创造。

民生教育学会会员张少微认为新式教育在中国已经有几十年的历史,但它的成绩却不尽如人意:"在社会方面,紊乱的程度有增无减。在文化方面,一切依然落后,莫敢与人对比。在人心方面,甚至还须要提倡新生活,以资补救。在民生方面,十室九空,凋敝万分,竟使一般人有今不如古之叹。"②造成这种局面的原因,是介绍西方教育的人没有能够顾及中国的社会需要,全盘抄袭。教育应该具有适应性,适应社会教育发展过程,满足当前社会最迫切的需求。中国当时的问题是民生问题,其他的问题都没有它来得迫切而基本。

显然,这种把一切归因为教育或新式教育的观点比较片面。

二、为什么要提倡民生教育

对于为什么要提倡民生教育,民生教育学会的会员从社会、哲学、政治、经济、心理、历史、科学和地理等方面进行了探讨。

---

①邰爽秋:《民生本位教育发端》,《民生教育》1937年第1卷第1期,第11页。
②张少微:《民生本位教育之社会基础》,《民生教育》1937年第1卷第1期,第38页。

(一)社会基础

民生教育学会会员认为,民众的需求是提倡民生教育的社会基础。

对于"民众"的概念,不同的学者有不同的观点。陈振鹭认为"今日之'人民'皆将变为生产之份子,渐入于'劳工'意义之中,是以将来之'国民',只有劳工之一观念,仅以'劳工'之意义充实之"。①所谓的劳工,实指工人和农民。而张少微则把民众的概念放宽,不只限于工农,而是囊括了社会最大多数的人群中。他认为社会建设如果没有群众势力的资助与后援,收效必然很微。中国近年来社会建设之所以少有成绩,症结就在于忽略了一般民众。②

虽然学者们对"民众"的概念理解有所差别,但他们都认同教育应当致力于解决当前民众最迫切的需求上,这需求便是"民生"。从民众个人和家庭来说,民生是指民众的生计。纵观当时中国社会的现状,农村经济因工业化加上天灾、匪祸、苛捐杂税等的压迫,已趋于破产,农民生活苦不堪言。工商业也因为外部冲击或者是内部发展动力不足而趋于崩溃,城市居民民不聊生。求得个人生命的保全和生计的维持成为民众的迫切需要。③从整个社会与国家来说,日本的侵略日益加剧,而国内匪祸横生,战争不断,求得整个社会的生存和全民族的复兴亦是当前亟待解决的问题。

民生本位教育就在这样的形势和需求的基础上产生的。它不再是阶级性的和消费性的,只专门满足少数人的需求,而是致力于为大众服务。它以发展民众生计的经济活动为脊干,通过民生教育实验区等方式,致力于改善民众的生存状况,提高民众的生产效率,谋求民众生活的改善和物质的富裕,并最终造就完满的人生。

它认识到要想求得国家的生存和发展,需要发挥一般民众的作用,启迪他们,使其健全负责而胜任。"民生本位的教育是一种深入民间,以发展人民生计之经济活动的教育,实系健强社会份子的利器。"④它的前提和宗旨是社会的福利和整个民族的复兴与发展。

---

① 陈振鹭:《民生本位教育之社会基础》,《民生教育》1937年第1卷第1期,第31页。
② 张少微:《民生本位教育之社会基础》,《民生教育》1937年第1卷第1期,第40页。
③ 邰爽秋:《民生本位教育之发端》,《民生教育》1937年第1卷第1期,第7-8页。
④ 张少微:《民生本位教育之社会基础》,《民生教育》1937年第1卷第1期,第41页。

(二)哲学基础

民生教育学会会员叶青认为民生教育的哲学基础是社会经济论。

首先,民生教育的哲学是社会性的。一方面,"民生"的生是"生计"的生、"生活"的生、"生存"的生,而它们都是建筑在穿衣吃饭这些社会事务上的;[1]另一方面,"民生"的民是人民,它把贵族和一切特权阶层排除,并倡导集体本位,反对个人本位,囊括社会上数量最大的劳苦大众。

其次,民生教育的哲学是经济决定论。只有以"发展人民生计的经济活动"作为基础,通过它形成政治、法律、军事、教育、宗教、艺术等观念,再以观念来引导行为,才能达成"发展人民生计、改进民众生活、保障群众生命、扶植社会生存"的目的。

而经济是人类社会的物质基础,不但生产工具和生产品是物质的,就是生产关系也不外乎是生产物质、分配物质、交换物质的方式而已。所以社会经济论又叫社会物质论。

之后,他又从整个世界的物质观入手,认为自然物质是整个世界的根源,它先于人工物质、社会物质和人而存在,人的体力和智力及社会物质,都是自然物质所产生的。如果没有自然物质,人类就无法从事生产,发展经济,人类通过"认识自然物质来决定目的并予体力以指导"[2]。

虽然当时的贵族和特权阶层确实不存在民生问题,把他们排除在外不妨碍他们的生活;而从哲学上将一部分人排除在民生教育之外自然使得这种哲学自身带上局限性,因为在社会中谁又能将普通民众的生活与贵族和特权阶层的生活绝然分离呢?

(三)政治基础

民生教育的政治基础是以民生为中心的"三民主义"。"三民主义"又以孙中山的理论为宗,它是适应那个国危民贫时代的需要的,并且随时代发展而不断完善。它虽然包含民族主义、民权主义和民生主义,但民生教育倡导者理解它

---

[1] 叶青:《民生本位教育底哲学基础》,《民生教育》1937年第1卷第1期,第13页。
[2] 叶青:《民生本位教育底哲学基础》,《民生教育》1937年第1卷第1期,第16页。

的中心是民生主义。"民族主义,在求民族之独立自由,就是求民族之生存。假使一个民族,而为他民族所征服,虽有自然富源的供给,结果也不能享受,终至于人口减少,而不能继续其民族的生存……民权主义,在求政治上的平等,就是求个人的独立自由,而不为特殊阶级所压迫。在从前专制的淫威之下,人民的思想行动,固不能自由,而生命也时常受到威胁……民生主义,在求经济上的平等,大家皆享受'人'的生活,不要使富者太富,贫者太贫,社会上现出杌陧不宁的状态。"①所以总括起来,"三民主义"的中心思想仍然是民生。

孙中山在1924年手书的《建国大纲》开篇中便提及,"建国之首要在民生"。他在《三民主义》中所阐释的"民生"指的是"人民的生活,社会的生存,群众的生命"②。"民生本位的教育,就是以发展人民生计的经济活动为脊干,来改进民众生活,扶植社会生存,保障群众生命而达到民族复兴的教育。简言之为:'民生教育'"。③这正是基于孙中山对民生的表述提出的。

教育具有适应性,它应随着时代发展和地域的不同而有所改变。"民生教育,是以实现三民主义为最高目标,三民主义也就是民生教育的基础,没有民生教育,三民主义无由实现,没有三民主义,民生教育无所依据,中国现在不独是社会经济情形凋敝,尤其是民族生存,受了很大的威胁。"④民生教育者不仅看到了狭义的民生——民众的生活,而且致力于谋取整个民族的生存和中华民族的复兴。

正如邰爽秋先生所说,"民生本位的教育,以民生为中心,作基点,三民主义中以民生为中心,所以民生本位的教育,可以全部表现三民主义。"⑤

(四)经济基础

民生教育的提倡有其现实经济基础。民生教育学会会员林保持认为,就民生教育而言,民生教育应该以"促进生产事业"为基础和目标。因为就社会现状

---

①潘公展:《民生本位教育的政治基础》,《民生教育》1937年第1卷第1期,第25页。
②潘公展:《民生本位教育的政治基础》,《民生教育》1937年第1卷第1期,第24页。
③中国民生教育学会:《本会成立大会宣言》,《民生教育》1937年第1卷第1期,第3页。
④潘公展:《民生本位教育的政治基础》,《民生教育》1937年第1卷第1期,第25—26页。
⑤邰爽秋讲,陆吾身记:《民生本位教育》,《乡村改造》1937年第6卷第3期,第8页。

来说,"外受资本帝国主义者政治、经济的侵略,内感封建残余势力的土豪、劣绅、贪官、污吏等之剥削"。①且天灾频发,农村经济崩溃,城市工商业破产。无论是教育家还是社会大众都认为应该着重经济方面的教育,与社会实际生活相适应,特别注意生产劳动习惯和生产技术的养成。民生教育学会会员萧莫寒认为,就以往教育所生产的结果论,它只是"减少生产力增加消费力,替国家资本帝国主义作开路的先锋,替家庭社会国家作破产的前驱……读书者专读书,做工者专做工,用脑者不用手,用手者不用脑的教育是中国教育失败的最大结症。所以中国的学生不要说无救国的力量,实在连救自己的力量也没有。故今日欲言改造教育,最重要者莫过于应如何使学生有生产能力的问题。果使学生能解决自己的生活问题,则救国的力量必随之而雄厚"。②民生教育的主旨,便在改进人民的经济生活,中心是在生产,通过分团制、普及教育车等教育形式,对广大民众进行生产知识、技能的教育,以此增加社会生产,挽救国家危机和民众困窘的处境。

民生教育对经济的发展和民生改善有着重要意义。民生教育可以通过开民智,解除经济发展过程中迷信观念和靠天吃饭说,大力提升生产率;民生教育可以收集团训练之利益。以往的教育虽致力于农业知识传授,但往往力量不集中,属个人劝导。而民生教育能深入民间,使民众受集团训练,获益颇多;民生教育重视技术的传授,反对轻视、排斥科学技术的传统,通过向广大民众传授生产知识和技术,促进社会经济发展。③

此外,民生教育承认教育应以生产劳动为主,但不局限于生产劳动。"民生需要,不应仅以生产劳动之结果为满足。因为民生的活动除了生产外,至少还有消费、分配、交换诸问题,单单解决了生产问题,而不解决其他问题,民生仍不得安定。"④

---

① 林保持:《生产教育与民生主义》,《晨光周刊》(杭州)1937年第6卷第8期,第14页。
② 萧莫寒:《生产教育与民生本位教育之新思潮》,《时代知识》1936年第1卷第6期,第268页。
③ 唐庆增:《民生本位教育之经济基础》,《民生教育》1937年第1卷第1期,第28页。
④ 邰爽秋:《民生本位教育发端》,《民生教育》1937年第1卷第1期,第9页。

(五)心理基础

萧孝嵘对于民生教育的心理基础进行了论述。他抓住了民生教育最重要的因素"生产",对生产效率和生产者的幸福两方面的心理基础进行了阐释。

他把生产划分为个人生产和团体生产。个人生产的心理基础在于心理诊断的结果。"除开下级低能(idiots)以外,差不多一切的人,都具有多少生产能力,但是各人在同一职业上的生产能力,和每个人在各种职业上的生产能力,却有多种的程度。究竟每一个人在什么方面具有最高的生产能力,却有种种的程度。"[①]通过关于个性差异的心理诊断和测试,个人能找到最适合自己的工作,从而进行最高效率的生产。团体生产的心理基础则在于心理分析。社会上事业分类众多,如何为每一种事业找到一个最适宜的人,使团体中的生产效率达到最高的程度是民生教育关心的重点。但个人的能力高低程度不同,只有通过心理分析,知道某种工作需要什么能力,各种能力在重要性上如何分配,同时又通过分析,确定每个人的能力与此种工作需要的能力是否相符,相符到何种程度,才能使工作效率达到最大的程度。

同时,他从心理学的视角,阐述了生产者幸福的心理基础,即顾及生产者的兴趣。他认为"我们一方面要顾到生产的效率,而又一方面要顾到个人的幸福。为顾及后一方面起见,我们必须考虑生产者的能量、兴趣及机会,而不可有所偏颇。……一个人在某种工作上具有最高的能量,但是他未必对于此种工作便有最高的兴趣。反过来说,一个人对于某种工作有最高的兴趣,但是他不一定在此种工作上就有最高的能量"。[②]

(六)历史基础

从历史背景来说,20世纪二三十年代的中国是动荡不安、充斥矛盾的。具体表现在:国际上,西方经历1929—1933年的资本主义经济危机,为寻求出路,加紧对中国进行政治和经济侵略,中国的国际地位日益低微,国家的土地一天比一天缩小,洋货泛滥,人民生活穷困;国内战乱不断,兵匪猖獗,农村破产,工商业凋敝,失业者不断增多,社会生产滞后。发展经济,促进生产,保障民生,复

[①]萧孝嵘:《民生本位教育的心理基础》,《民生教育》1937年5月第1卷第1期,第69页。
[②]萧孝嵘:《民生本位教育的心理基础》,《民生教育》1937年5月第1卷第1期,第71页。

兴民族成为当时社会各界一致的呼声。为此,各种教育思潮不断涌现,生产教育、职业教育、乡村教育、生活教育、民众教育等重要思潮共领20世纪二十年代中期以后中国教育思想界的风骚。民生教育正是对这种历史现状的回应,它是一种新兴的教育运动和思潮。它不但重视生产,强调民众的重要性,强调教育与经济和社会生活的重要联系,而且把它们融会贯通,最终使教育达到国民生存发展和民族复兴的目的。

从以往教育的弊端来说,此前因救亡图存而引入的欧美新教育非但不能建国,反倒落得家破国亡的境地。于是,教育界对新教育展开了批判,《教育杂志》《再生》《东方杂志》等刊文或者出专号对新教育展开批判并探讨中国教育新的出路。民生教育学者也对以往教育展开了批判,认为过去的教育走了错路:它是消费的教育,只教人如何消费,却不教人如何生产,以提高消费享受的程度为能事,使青年一入学即成为西方的物质文明享受者;它是书本的教育,与社会实际和生活相隔离,教人死读书、读死书,"结果把学生训练成四体不勤、五谷不分、文弱不堪、目光如豆的废物"[①];它是治术的教育,使学生一入学校就养成升官发财的心理。新式学校"设立已经多年,制造出来的各色人才,真是车载斗量,但是都无所用,他们既不能有所发明,也未曾开发了社会事业,同时社会上没有多少事业,供他们发挥所长,结果仍然只有做官。无论工业大学或农业专业毕业的,仍然只以做县长做科员为唯一出路。即使曾经极为人所希望的'遣送留洋学生',博士硕士也一批一批的回来,不能说毫无成绩,但是回来以后也不过正好做部长、次长、司长、科长,还是官,要不就是大批的失业。"[②]民生教育就是在这样的教育现实背景下产生的,它提倡以经济建设为中心,以促进生产事业为目标。

(七)科学基础和地理基础

中国民生教育学会一建立就有人从科学基础角度论证民生教育。陈苠民认为"无论哪一种思想,要得人们坚固的信仰,必须要有科学的基础"。[③]一方

[①] 徐锡衍:《劳动生产教育》,文化供应社,1948,第2页。
[②] 梁园东:《民生本位教育的历史基础》,《民生教育》1937年第1卷第1期,第47页。
[③] 陈苠民:《民生本位教育的科学基础》,《民生教育》1937年第1卷第1期,第19页。

面,民生本位教育本就建立在科学的方法论基础上。纵观整个人类社会,就是一部求生存的历史,整个社会问题,就是一个民生问题。尽管教育的形式多样,但无非是把不同的历史事实运用归纳法,并结合社会情形而产生,都是民生教育。另一方面,实施民生教育,也要以自然科学为基础。"民生教育的第一目标,就是发展人民的生计,使每个人都有衣可穿,有粮食可吃,有屋可住,有快捷平坦的路可行……要人人有整洁的衣可穿……就要培植丝、麻、棉、毛等原料,要培植这些原料,就非有植物学、动物学、物理学、化学等自然科学做基础不可。再说粮食来源,也不出乎动物和植物,要增加动植物的生产,就不可不懂:肥料、选种、防灾、除害,——等知识不可。再说住和行,虽然不一定要洋房汽车,但是最低的需要,也要自然科学做基础。"[1]

葛绥成就民生教育的地理基础发表观点,认为人们的生活受环境的影响很大,一方面受环境的限制而被环境支配,这环境包括自然和人文两方面,另一方面却要认识环境,适应环境,通过运用智能去利用环境,不致为环境所束缚。当然这环境,"不仅在山川方位,地势高低而已,应推究人事变迁,得知人类文明进化之原由,应推究住民生活状况,得知自然对于人生之结果,如是则地理上所得到的知识,是活的,不是死的;是生动的,不是固定的,小可以使自己明了环境,而求适应环境的方法;大可以社会的生活状态设法改良,以增进人民的福利,于人于己,都有莫大的益处"。[2]

综上所述,中国民生教育学会成员将他们所提倡的民生教育,建立在对传统教育和随着新文化运动而引进的新教育的双重批判上,以及对孙中山三民主义信赖的基础上,这样做在当时可以获得政治正确的保障,却也存在着批判中注重形式,逻辑与实质不足以及不够全面深刻的风险。

三、如何实施民生教育

在具体实施的各个方面,民生教育也有其不同于以往教育之处。中国民生教育学会成员们提出了民生教育实施的一些要求:

---

[1] 陈荩民:《民生本位教育的科学基础》,《民生教育》1937年第1卷第1期,第21—22页。
[2] 葛绥成:《民生本位教育的地理基础理论》,《民生教育》1937年第1卷第1期,第59页。

在制度方面,民生本位的教育没有时间和空间的限制。邰爽秋认为,由于传统的制度没有顾及民生的需要,把学校制度等同于教育制度,而且学校与生活隔离,导致教育与民生发生冲突——受教育即不能谋生活,谋生活即不能受教育,因此这种制度是不能采用的。民生本位的教育制度遵循教育与民生合一的原则,因此接受教育与谋生不但不冲突,而且能兼顾。

在教育对象上,男女老幼都是民生教育的对象。没有入学限制,从不选择,人人均可受教,均应受教。

在编制上,传统教育是以年龄为编级的标准;新教育是以智龄学龄为编级的标准;民生本位的教育,是以经济活动来做分团的标准。如黄包车夫可以编为一组,纺织工可以编为一组。邰爽秋认为以年龄来编,所教的东西往往都不适宜。

在作业上,民生本位教育的作业是以民生经济活动、民生经济建设为中心,作业内容是养教卫管,按其重要程度制订课程的次序。传统教育所有课程都是以文字教育来做一切教育的工具。邰爽秋认为,这样极不合理。因为文字只不过是教育工具的一种,其他如音乐、图画、电影等都是很好的教育工具。民生本位的教育打破了以文字教育包办教育工具的传统做法,尽量利用一切教育工具,铲除课外作业与课内作业、校内作业与社会服务的界限。

在教法上,传统教育教学是注入式的方法,儿童本位教育注重设计教学法。民生本位教育的教法,是在民生经济活动上去教,在民生经济活动上去学。在民生经济活动过程中教,在民生经济活动过程中学。在民生经济活动关系上去教,在民生经济活动关系上去学。邰爽秋认为,民众兴趣,离不开自己的经验生活,以此去教,自易引起学者的注意与需要。

在师资上,教师除具备文字上的死知识外,必须具备民生经济活动丰富的经验与技能,尤其必须以此为主要的修养。

四、民生教育的特点

民生教育从最初的酝酿,到民生教育实验和教育运动的开展,再到民生教育学会的创立,参与者都对民生教育的特点开展了讨论,中国民生教育学会的建立使得民生教育得以以组织的形式开展教育实验和研究并发行教育刊物,会员们也对自身的特点作了进一步讨论。

(一)教育对象"大众化"

民生教育学者把教育对象界定为"实际参加或力能参加民生经济活动的男女老幼民众"。他们认为过去的教育"贵族化"倾向严重,一方面"多为少数人设想,变为少数人的专利或装饰,无形中将受教育者造成特殊阶级,殊不知特殊阶级之需要,根本上与大众的需要不同。特殊阶级需要奢侈、逸乐、排场面,而大众则需要节省、劳动与朴实;特殊阶级需要如何去找醇酒美人,以过狂欢之夜,而大众需要如何去找工作以赡养室家"。①

另一方面,教育沿袭以往的传统,"以养成治术人才为能事,使青年一入学就养成升官发财的心理……他非但和民生没有关系,简直和民生背道而驰。以致学校多一毕业的学生,社会上即增一失业的份子,家庭即少一有用的子弟"。②教育应当摆脱过去"贵族化"的倾向,而适应当前教育最主要的功用以满足最大多数民众最迫切的民生需要。为此,他们把全体工农民众纳入教育对象,不以年龄为分界线,而是按照程度的高低分入不同的经济团体进行施教。同时,修业年限并不固定,只要是从事民生经济的个体,并且有接受民生教育的意愿,便可以享受终身教育,这打破了以往学校固定的形式和特定的法令规章,适应了当时中国经济、文化、教育状况和发展需要,效果显著。

此外,民生教育学者不仅仅为民众提供机会均等的教育,同时也关注教育实施的效果。每个人的天资禀赋都不同,教育要使每个人都能获得适合自身的发展。受教育者应当按照自身职业和兴趣需要编入不同的团体,如农民可以组成"种植合作团""畜牧合作团",工人可以组成"工艺合作团",商人可以组成"贩卖合作团",学习适合自身需要的生产知识和技能,获得充分的发展,从而增加社会生产,改善生计条件,达到复兴民族的目的。

---

①陈振鹭:《民生本位教育之社会基础》,《民生教育》1937年第1卷第1期,第32页。
②邰爽秋:《民生本位教育产生的背景与意义》,《革命日报》1938年5月2日第4版。

(二)教育内容"生产化"

民生教育学会的会员中有国民政府官员、留学归国人员、大学教授等,他们都认识到"生产能力建设"的重要性。时任上海市教育局局长的潘公展认为:"以今日之社会物质上之生产能力,既未臻于充分之发展,故目前之不能不出于奖励生产之一途。"[1]民生教育学会会员萧莫寒更是指出:"中国国家社会及家庭所急需的是生产能率的增加,是利用此生产能率去抵抗国际资本主义的侵略,是利用此生产能率去改良家庭生活,发展社会产业,增加国家富力,以谋自存。"[2]

民生教育把关系民众衣食住行的经济活动作为教育内容,认为"擒贼先擒王,治病先治根,救国先救穷"。当时中国社会洋货充斥,生产萧条,无论是农村还是城市都面临经济破产的危机,而教育依然教人如何消费,却不事生产。为此,他们提出教育的内容要突出生产性,"寓一切教育于民生建设之中,以发展民生的经济活动为经,以文字、公民、卫生、休闲、自卫、救国种种的教育为纬"[3],从而达到发展人民生计、改进民众生活的目的。

(三)教育目标全面化

邰爽秋在《民生教育刍议》一文中明确指出:"民生本位的教育,就是以发展人民生计的经济活动为脊干,来改进民众生活,扶植社会生存,保障群众生命而达到民族复兴的教育"。它的目标包含四个方面[4]:

一是就发展人民生计来说,民生本位的教育是发展民众的经济生活,使人人皆能衣暖食饱的教育,读书识字,虽说重要,但都不应离开穿衣吃饭。衣单食缺的民众,读书识字的教育也无法可施,勉强施进去,有时会发生很大的危险。

二是就改进民众生活来说,民生本位的教育不仅发展民众的经济生活,使各人皆能衣暖食饱,还要在发展经济生活的过程中,改进民众其他各种生活(文

---

[1] 潘公展:《谈民生教育》,《民生教育》1937年第1卷第1期,第2页。
[2] 萧莫寒:《生产教育与民生本位教育之新思潮》,《时代知识》1936年第1卷第6期,第268页。
[3] 邰爽秋:《民生教育刍议》,《教育杂志》1935年第25卷第6期,第87—88页。
[4] 邰爽秋:《民生教育刍议》,《教育杂志》1935年第25卷第6期,第86页。

字生活在内),达到美满人生的目的。

三是就扶植社会生存来说,民生本位的教育,不仅使各个人皆能衣暖食饱、生活改善,还要使全社会的民众集合而成为一种有机的生命单元——活动的社会,从而永远地生存、不断地进步。可以说民生本位的教育就是一种创建社会新生命的教育。

四是就保障群众生命来说,民生本位的教育,不仅使各个人皆能衣暖食饱,生活满足;不仅使一个社会永远生存、不断进步,还要使全社会全民族里的群众生命得到安全的保障,使民族的生命得以延续。至此,我们可以说,民生本位的教育,就是以民族复兴为远大目标的教育。

中国民生教育学会成立后对于民生教育的讨论,可以用邰爽秋的一段话来小结:各种教育之实施,务须以民生为首要、为基础、为中心、为标的;务须以民生需要为根据;务须顾及国民经济之能力;务须与生产场所及生活环境相配合;务须贯彻国民经济家统制之精神;务须融合中国固有文化之优点;务须尽量运用科学之方法与知识。[1]这次较为集中的讨论提升了关于民生教育的理论水平,为中国民生教育学会此后的活动打下了更为坚实的理论基础。讨论中也带有为民生而民生的现象,把民生拔得过高,从而与教育原本以及社会原本不相符。将教育与民生的关系强调得过重,在一定程度上不仅影响民生教育倡导者实现他们追求的社会目标,也使民生教育本身的推进难以健全。

五、进入战时的民生教育讨论

全面抗战爆发后,中国民生教育学会迁至重庆川东师范,中国民生教育学会大部分成员所供职的大夏大学也西迁至贵阳,于是在贵阳南通路一五八号设立中国民生教育学会贵阳办事处。贵阳大夏大学的民生教育学会会员组建了民生教育研究会,至1938年会员有50余人。[2]

西迁让中国民生教育学会的力量得以保存,并有新的发展,从而为开展民

---

[1] 邰爽秋:《我们的信仰和要求》,《民生教育》1939年第1卷第4期,第3页。
[2] 中国民生教育学会:《中国民生教育学会最近一年来的工作报告》,《建国教育》1938年第1卷第1期,第33—35页。

生教育讨论提供了可能。1938年春,中国民生教育学会为了在抗战中发挥作用,"希望社会各界,对于民生教育有获得更深一步认识的机会,以便对民生教育有更广泛的指正",①召开了战时教育座谈会,参会者有三十余人,一致主张推广民生教育。

在这次座谈会上,国民党元老吴稚晖从积极教育和消极教育的角度,对民生教育进行了分析和评价。吴稚晖认为民生教育是一种积极的教育,是人与物的教育,是一种好的教育。为什么呢?原来人与人的教育,往往使人死者多而生者少;而今人与物的教育,刚好相反,可以使人生者多而死者少。因为人与物的教育,是要教人去和物战争,也就是教人去和自然战争,都是为人类求共同的生存的利益的。这在无形中和人与人的教育,实在是大不相同的。他认为:"'民生与教育',或者说'教育与民生',具有一种紧密的不可分性,是一种积极方面的教育,是人与物的教育,也纯粹是种好教育。"②吴稚晖认为,在战时,尤其应该积极提倡开展民生教育,以增加人战胜物的知识,扩充人战胜物的学问。吴稚晖对民生教育的分析深化了民生教育的内涵。同时作为国民党元老,他对民生教育的提倡,扩大了民生教育的影响,势必会推动民生教育的开展。

第二节　会员迅速增加

中国民生教育学会一成立便把征集学会会员当作学会发展的一项重要工作。1936年中国民生教育学会成立时通过的《中国民生教育学会会章草案》把"会员"专列为一条,并把会员分为四种,分别是:普通会员、赞助会员、团体会员和永久会员。对于会员的资格获得也进行了明确规定:"(甲)普通会员:凡有正当职业或中等以上学校学生,赞成本会宗旨,年纳会费一元者,皆得为本会普通会员。(乙)赞助会员:凡有正当职业或中等以上学校学生,赞成本会宗旨,年纳

---

① 蒋舜年:《介绍吴稚晖先生的民生教育观》,《革命日报》1938年6月20日第4版。
② 蒋舜年:《介绍吴稚晖先生的民生教育观》,《革命日报》1938年6月20日第4版。

会费五元以上者,皆得为本会赞助会员。(丙)团体会员:凡国内教育文化团体或机关,赞成本会宗旨,年纳会费十元者,皆得为本会团体会员。(丁)永久会员:凡个人一次缴纳会费十元以上,或团体一次缴纳会费五十元以上者,皆得为本会永久会员。"[①]此外,对会员的权利和义务以及会员的入会、退会和除名等具体事务都有明确规定。1936年5月3日成立大会通过的会章草案,经过5月3日首次理事会及该年12月通函理事的修正而成为《中国民生教育学会会章》。

一、会员数量情况

现在留存的文献记录中国民生教育学会会员情况的主要有两种:一种是媒体报道;另一种是档案,如1937年3月印的《中国民生教育学会一览》,1938年12月印的《中国民生教育学会概况》。但各种资料所列数据及具体的会员信息相互之间很难吻合,极有可能为了扩大宣传影响而夸大人数,也有可能真实的统计工作没有做到位,当然也与普通会员开一次会交一元钱就失去联络,各年度情况变化较大直接相关。根据中国民生教育学会会费收入情况,1936年第一次收会费115元,1937年第二次收会费435元[②]推算,即便按《中国民生教育学会会章》将所有人当成普通会员交纳会费一元,1936年的会员数最多为115人,1937年的会员数最多为435人,这个数可能也比较接近实际。

总体上,中国民生教育学会是很重视自身会员发展的,多次以理事会名义通过各种渠道征集会员。1936年便通过《申报》发启事征求会员称:鉴于"工作颇见紧张,如扩大征求会员,以充实人才,发行民生教育月刊,宣传民生教育,筹备民生教育图书馆,分函中外收集各种教育刊物,以及各地成立分会,均在积极进行"[③]。

1938年第一次修改会章,把永久会员细分为甲、乙、丙三类。该会曾多次以学会理事会的名义向社会征集会员,又再次征集会员,下面是1938年底该会印制的会员征集启事[④]:

[①] 中国民生教育学会:《中国民生教育学会会章》,《民生教育》1937年第1卷第1期,第101-102页。
[②] 中国民生教育学会:《中国民生教育学会会务纪要》,《民生教育》1939年第1卷第4期,第41页。
[③] 《中国民生教育学会扩大征集会员》,《申报》1936年10月19日第3张。
[④] 《中国民生教育学会概况》(1938年12月),中国第二历史档案馆藏,社会部档,全宗号:十一,案卷号:3122,第1页。

敬启者，本会自成立以来，荷蒙社会赞助，各项事业赖以进展，兹者抗战发生，民生问题至关重要，本会同人深感使命之重大，爰拟广征社会人士加入本会，共谋发展，素仰台端社会硕彦望重士林，兹特函请加入为本会会员。

社会各界人士积极响应中国民生教育学会的征集，会员人数迅速增加。根据1938年12月发布的《中国民生教育学会概况》记载[①]：

会员计有852人，内中委5人，大学校长6人，教育厅长8人，实业界领袖12人，大学教授53人，中学校长18人，其余概为教育实业两界实际工作人员及大学中学学生。

到1939年，据《中国民生教育学会最近一年的工作报告》记载[②]：

本会会员数一年来增加甚速，现有会员一千零五十二人，内中委五人，大学校长六人，教育厅长八人，实业界领袖十一人，大学教授五十三人，中学校长十八人，其余概为教育实业两界实际工作人员及大学中学学生。

与上一次记载相比，中国民生教育学会会员在很短的时间内就增加了200人，由此可见增加速度较快。这些增加的人数，主要集中在教育实业两界实际工作人员及大学中学学生。

但是根据1936年3月《中国民生教育学会一览》中会员录里有姓名、性别、籍贯及通讯地址的会员人数就没有向外宣传的那么多，这个记载称有358名，实际仅有329人。[③]

[①]《中国民生教育学会概况》（1938年12月），中国第二历史档案馆藏，社会部档，全宗号：十一，案卷号：3122，第1—2页。
[②]《中国民生教育学会最近一年来工作报告》，《民生教育》1939年7月第1卷第4期，第29页。
[③]见附录五：中国民生教育学会会员录。

由于各种数据的差异较大,无法清楚得知中国民生教育学会会员增长情况,但在成立之后的两年内增长的事实是客观存在的。在这些数据中"内中委5人,大学校长6人,教育厅长8人,实业界领袖12人,大学教授53人"这些数字有具体的人可以对上号,相对比较实,而普通会员变化比较大,数据相对比较虚。

二、会员成分分析

中国民生教育学会成立之初会员就包括政界人士、大学教授、中学校长、学生等各种身份的人。这些人分属于普通、永久、赞助和团体等四类会员。成立之初,"会员地域上除宁夏、蒙古与东四省外,全国皆有分布,职务上上自现任中委、教厅局长、大学教授,以至各地从事实际教育工作与研究之同志皆有"。[1]

赞助会员并不是中国现代教育社团中都设置的一种社员,中国民生教育学会由于资金需求设置了这类会员。在1937年3月的《中国民生教育学会一览》和1938年12月的《中国民生教育学会概况》的记载中,中国民生教育学会的赞助会员有齐国屏、俞浩、张梦麟、郭叔熔、陈向轩、范日新、任孟闲、吴学信、方显廷等9人[2],他们多数为教育界人士。显然实际情况并不像预期那样,他们能给予的赞助与民生教育学会的经费需求存在较大差距,显示学会发展中遇到的困难比预期的要大。

1938年的后半年,中国民生教育学会增加的会员主要为教育界与实业界的实际工作人员和大学与中学学生,说明当时学会发展有这个需要,也显示民生教育理念在这些人群中获得一定的认可。

团体会员曾经是中华教育改进社迅速壮大的主要路径,但是世易时移,中国民生教育学会的团体会员发展得并不好。至1939年,中国民生教育学会的团体会员只有重庆青年会一个团体[3]。重庆青年会为基督教青年会在重庆的分支,其宗旨为:"辅导青年,使德智体群四育上养成完全人格,并发扬群性群力,

---

[1]《中国民生教育学会成立》,《民众教育通讯》1936年第6卷第4-5期,第171页。
[2]《中国民生教育学会一览》(1937年3月),重庆市档案馆藏,0093-8-75,第27-59页;《中国民生教育学会概况》(1938年12月),中国第二历史档案馆藏,全宗号:十一,案卷号:3122,第12-16页。
[3] 中国民生教育学会:《中国民生教育学会会务纪要——本会新加入会员名单》,《民生教育》1939年第1卷第4期,第39页。

服务人群,改良社会。"①其内部设有德育部、智育部、体育部、会员部、职工部、学生部、少年部、自强读书会、民众歌咏会和小团体协进会等组织。重庆青年会在抗战爆发前后,与中华职业教育社设立重庆职业指导所,开展职业咨询和指导工作,在教育界有一定影响。

永久会员是中国民生教育学会的中坚。在1937年3月《中国民生教育学会一览》和1938年12月《中国民生教育学会概况》的记载中,学会的永久会员有宋述樵、李宗黄、邰爽秋、王裕凯、王仲扬、李组才、李组绅、吴蕴初、何遂、何玉书、何廉、胡叔潜、韦以绂、陈一百、陈友松、陈惕庐、徐燕谋、张竞立、张默君、张志韩、钮永建、喻任声、梁园东、叶秀峰、蔡宾牟、董显光、蒋建白、潘公展、庐世鲁、钱新之、谢冠生、罗冠英等三十二人。其中邰爽秋、王裕凯、徐燕谋、王仲扬、韦以绂、陈一百、陈友松、喻任声、梁园东、蔡宾牟、蒋建白、庐世鲁、谢冠生、罗冠英等为教育界人士,宋述樵、李宗黄、何遂、何玉书、何廉、陈惕庐、张竞立、张默君、张志韩、钮永建、叶秀峰、潘公展、钱新之为政界人士,李组才、李组绅、吴蕴初为工商实业界人士,董显光为文化界人士,他们分别来自不同的职业界别,在各自的行业里均有较大影响②,他们的参与使中国民生教育学会具有了多样性,形成多元合作格局,维持中国民生教育学会发展的内在活力。

在中国民生教育学会的这些永久会员中,李宗黄、邰爽秋、陈友松、李组绅、吴蕴初、钮永建、蒋建白、潘公展、钱新之等人曾任中国民生教育学会理事,对学会付出更多。

第三节 分会的发展

分会是中国民生教育学会创立之初发展的一股强劲力量。分会发展的动力来自两个方面:一是分会所在地有赞同民生教育理念的人,他们想在民生教育运动中发挥作用;二是中国民生教育学会本身,因为这样可以迅速壮大学会的力量,在更大范围内推进民生教育事业。

---

① 《重庆青年会章程》,上海市档案馆藏,U120-0-108,第141页。
② 雷志松:《中国民生教育学会研究(1936—1949)》,博士学位论文,四川大学,2009,第46页。

第四章　短暂的勃兴(1936年5月—1938年10月)

1937年到1938年春,中国民生教育学会安庆分会①建立,接着黄麓、遵义、陕北三处分会成立②,继之在南昌、昆明、贵阳、独山、青岩、贵定、重庆、盘县、上海、大定、兰溪、乾县、铜仁、花溪、宁夏等处相继成立分会③。

一、首个成立的分会安庆分会

1937年春,安庆分会成立,它是成立最早的分会。由于时任安徽省教育厅厅长杨廉带头,所以进展顺利,参会的人也较多。

安庆分会的筹备应该在1936年。1936年出版的《学风》发表消息:安庆党政教各界发起组织安庆民生教育学会安庆分会,其中记载了关于安庆分会成立前的准备大会④:

> 本埠会员黄纶书等,于去年年底,邀请教界同情民生教育人士,共同发起组织中国民生教育学会安庆分会,假城口街小学举行发起人会议……当经推定孙闻园、黄纶书、余尊三、王秀春、马轶尘、葛洛天、黎庶邺、蒋心仪、吴颖吾九人为筹备委员,且推定黄纶书君召集。

据记载,1937年1月2日,中国民生教育学会安庆分会在省部大礼堂召开成立大会。当日到会的会员达九十四人,选聘名誉理事三个,选举理事十五人,其中由理事互推常务理事五人,总干事三人,其余均为副总干事。

同年3月7日,民生教育学会安庆分会在会址城口街小学举行第二次理事会议,出席理事达十人。会议由高正方主席,陶梦安记录。会议决议要案如下⑤:

---

①中国民生教育学会:《本会安庆分会近况》,《民生教育》1937年第1卷第2、3期,第177页。
②《中国民生教育学会概况》(1938年12月),中国第二历史档案馆藏,全宗号:十一,案卷号:3122,第2页。
③《中国民生教育学会最近一年来工作报告》,《民生教育》1939年第1卷第4期,第29-30页。
④《民生教育学会组织安庆分会》,《学风》1937年第7卷第1期,第7页。
⑤《民生教育学会安庆分会举行第二次理事会议》,《学风》1937年第7卷第3期,第4-5页。

一、实验股拟定实验计划书，原则通过，推佘尊三、黄纶书、高正方三位理事再行审查一次；二、普遍征求各学校意见，与本会合作，试验民生教育；三、目前特约城口街小学，板井巷小学，棕阳门小学，即日进行实验工作；四、本会以合作之方式来推动民生教育；五、筹措经费：（一）征收会费，（二）呈请政府予以津贴，（三）向社会热心教育人士及名誉理事募捐；六、择期邀请教育专家及热心教育人士举行民生教育座谈会；七、增聘名誉理事云云。

《学风》还记载了中国民生教育学会安庆分会拟定的研究计划大纲，大纲对研究的目的、范围、方法、人员、经费等方面做了详细的拟定与安排[①]：

（一）研究目的：本会研究之目的，在阐发民生教育之哲学基础，及研究民生教育之实施方法，以期民生本位教育，得以确切的普遍的推进。（二）研究范围：甲、民生教育之哲学基础；乙、民生教育在社会机能中所占的部位；丙、民生教育与其他事业之联系及合作；丁、民生教育之实施方法；戊、民生教育推行上之困难及其诊断与补救；己、其他。（三）研究方法：甲、讲演会；乙、座谈会；丙：刊物之发行，一、定期刊，二、不定期刊；丁、丛书出版；戊、其他。（四）研究人员：甲、全体会员；乙、必要时敦请名家指导；丙、为研究工作切实有效起见，本分会特设研究股，由理事中推定总干事一人，副总干事二人，另聘请干事若干人，襄助总干事进行研究事宜。（五）经费：研究经费由研究股根据事实之需要，厘定预算，提交理事核发。（六）附则：甲、本计划如有未尽事宜，得提交理事会议修正之；乙、本计划由中国民生教育学会安庆分会理事会通过施行。

安庆分会还结合当地实际，制订出可操作性比较强的《中国民生教育学会安庆分会实验计划》[②]：

[①]《民生教育学会安庆分会拟定研究计划大纲》，《学风》1937年第7卷第4期，第8-9页。
[②]《中国民生教育学会安庆分会实验计划》，《民生教育》1937年7月第1卷第2、3期，第169-173页。

一、实验旨趣

本会实验之旨趣,在研究民生知识之内容,传播民生知识之方法,以谋推进民生本位教育。

二、实验之原则

本会实验之原则如下:

(一)寓一切教育于经济建设之中,就社会实际之需要,随时随地施以有形或无形之教育。

(二)以划定区域之社会中直接或间接的经济活动为基础,其他一切文字教育居辅助地位。

(三)以划定区域为整个教育场所,将学校、家庭、社会三种教育打成一片,以资推行。

(四)以整个民众为教育之对象,施行混合式之教育。

(五)指导民众互教互学。

(六)各区活动所需之经费,先由本分会筹集,逐渐由该区域民众担负。

(七)以民众为活动之主体,临时就地培植人才,担任本地方改进事业。

三、实验步骤

(一)调查民众需要——举行社会访问,与农人或工人谈话,发现大多数民众生活之急迫需要。

(二)提倡经济活动——根据大多数民众生活上之急迫需要,提倡适合本地方情形并且最容易收效之生产的或消费的经济活动。

(三)组织民众团体——以各种经济活动为中心,组织各种经济活动之民众团体。(如合作社、洗衣团、纺织团等)

(四)推动各种教育——各种教育由此类民众团体推动。

四、实验人员

本分会划定各实验区域,由本会特约学校负责进行,除由本会供给实验工具外,各校工作人员不支薪金。

五、实验事业

本会于调查划定区域之民众需要后,拟先成立下列各种经济活动之团体:

(一)车夫合作社;(二)纺织合作社;(三)养鸡合作社;(四)养马合作社;(五)养鱼合作社;(六)养猪合作社;(七)种菜合作社;(八)搬夫团;(九)船夫团;(十)洗衣团;(十一)乞丐团;(十二)流浪儿童团。

以上各种团体由特约学校负责组织之,并以下列各种方法施行其教育。

1.巡回教育;2.电化教学;3.教生教学;4.通俗讲演

教学时应注意教材需切合民众实际生活,并以民众切身关系为出发点,并把教育送到民众的面前或门上去。

各团中送出知识的程度及能力较高者为团长,每团一人,加以训练担任下列各事:

1.管理本团民众经济方面的事务;2.把学得的技能和知识转教给本团的民众;3.指导本团民众改善其行为以节用厚生为原则;4.向团外民众讲演,或将所受的教育转教给他们;5.领导本团或联合他团民众做各种活动。

六、经费

实验经费由本会特约学校根据事业之需要筹措之。

七、附则

(一)特约学校每年终了时应将实验经过报告会,以资研究推广。

(二)本计划由中国民生教育学会安庆分会理事会通过施行。

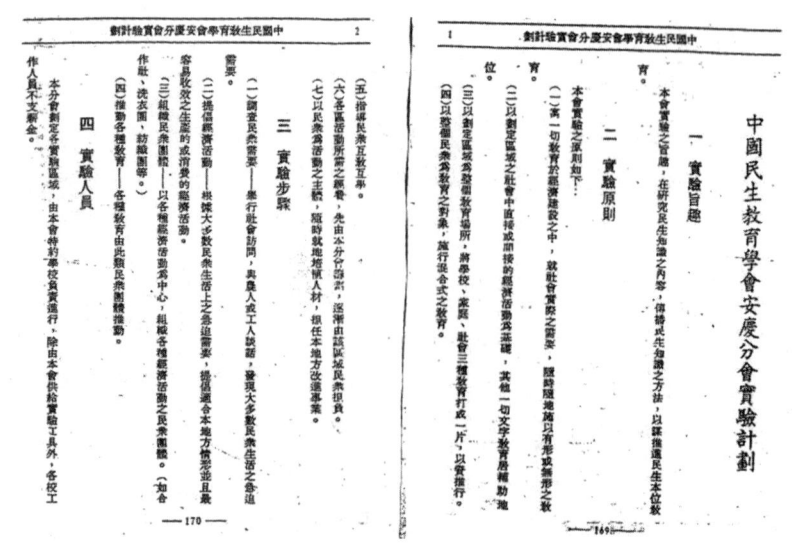

图4-1 《民生教育》刊发的《中国民生教育学会安庆分会实验计划》(节选)

安庆分会是第一个建立的分会,也属于发展比较健全的分会,为后续建立的分会提供了示范。1938年由于有人告发杨廉贪腐,他外逃到四川任教育厅厅长,加之日军入侵,安庆分会事实上不再继续存在。

二、其他分会简况

中国民生教育学会的其他分会情况各异,发展参差不齐,未能收集到完整的资料,仅能将各分会的负责人或筹备人情况以及可以查到的各分会开展活动的简况列表如下:

表4-1　中国民生教育学会分会负责人、筹备者及开展活动情况[①]

分会地点	分会负责人或担任分会筹备者			活动简况
	姓名	主要社会经历	与中国民生教育学会总会的关系	
安庆	杨廉	曾任安徽省教育厅厅长、四川省教育厅厅长等职。1939年6月22日被处决。	为学会总会永久会员。	1937年建立,会员百人左右,开展研究、实验,1938年停止活动
	黄纶书	黄纶书为安庆城街口小学校长。		
黄麓	杨效春	义乌人,南京高等师范学校毕业,少年中国学会会员,曾任南京晓庄学校指导员,安徽省立黄麓乡村简易师范学校校长等职。	为《民生教育》特约撰述、学会总会会员。	师生们以黄麓乡村简易师范学校为基础开展一些活动,1938年因杨效春被杀害而终止。
遵义	喻君宜	曾任遵义私立豫章中学校长、大夏大学教授等职。	为学会总会会员。	未见资料。
	熊少如	资料不详。		
陕北		陕北巡回教育师资训练班毕业生。		未见资料。
南昌	程时煃	留学日本东京高等师范学校、美国哥伦比亚大学,曾任中央大学教育行政院普通教育处处长、福建和江西教育厅厅长等职。	曾任学会理事和候补理事。	未见资料。

[①]本表主要资料来源:《中国民生教育学会概况》(1938年12月),中国第二历史档案馆藏,社会部档,全宗号:十一,案卷号:3122,第2页;《中国民生教育学会最近一年来工作报告》,《民生教育》1939年7月第1卷第4期,第29-30页;雷志松:《中国民生教育学会研究(1936—1949)》,博士学位论文,四川大学,2009,第55页。

续表

分会地点	姓名	主要社会经历	与中国民生教育学会总会的关系	活动简况
南昌	刘伍夫	曾任庐山图书馆馆长、景德镇师范学校校长等职。	为《民生教育》特约撰述、学会总会会员。	未见资料。
昆明	黄钰生	曾任南开大学秘书长、西南联合大学师范学院院长等职。	为学会总会会员。	未见黄钰生、邱椿直接参与活动，前者罗廷光因西南联大工作关系拉入，后者罗廷光以美国哥伦比亚大学的学缘关系拉入。罗廷光为分会的核心，传播民生教育理念，推进分会活动。
昆明	罗廷光	南京高等师范学校毕业，曾任河南大学教务长、西南联合大学教育系教授等职。	《民生教育》特约撰述，学会总会候补理事、常务理事，学会总会主要领导人之一。	
昆明	邱椿	美国哥伦比亚大学哲学博士，曾任北平师范大学教育系主任、江西省政府委员、北京大学教育系主任等职，发起成立中国教育学会。	为学会总会会员。	
贵阳	王伯群	曾任中国国民党中央政治局会议委员、国民政府交通部长、大夏大学校长等职。	为学会总会会员。	处理中国民生教育学会在西南时期的事务，以邰爽秋为主，利用欧元怀的教育厅厅长身份，王伯群的大夏大学业缘关系和贵州本地人缘关系以及国民党中央政治局会议委员身份，为民生教育学会开展活动提供了方便。
贵阳	欧元怀	曾任厦门大学教育科主任、国民参政会参政员、贵州省教育厅厅长、立法院立法委员、大夏大学副校长和校长等职。	曾任学会总会筹备员，长期担任学会总会理事、常务理事，学会总会主要领导人之一。	
贵阳	邰爽秋	曾任大夏大学教育学院院长、中国民生建设实验院院长等职。	曾任学会总会筹备员、成立大学主席团成员、《民生教育》编辑主任，长期担任学会总会理事长，学会总会主要领导人之一。	
独山	窦觉苍	曾任贵阳乐群学校校长、贵州省政府委员及高等法院院长等职。	为学会总会会员。	受贵阳分会影响，未见详尽资料。
青岩	胡嘉椿	在遵义团溪办乡村学校。		受贵阳分会影响，未见详尽资料。
青岩	吴开勋	曾任北平市救济院院长、贵州黔西中学校长、贵州省政府处长、贵筑县县长等职。	为学会总会会员。	

第四章　短暂的勃兴(1936年5月—1938年10月)

续表

分会地点	分会负责人或担任分会筹备者			活动简况
	姓名	主要社会经历	与中国民生教育学会总会的关系	
贵定	彭晓甫	曾任贵州贵定中学校长、剑河县县长、贵州省政府设计考核委员会委员、全国宪政督导委员会委员、国大代表等职。	为学会总会会员。	受贵阳分会影响，未见详尽资料。
重庆	聂荣藻	曾任川东师范学校校长等职。	曾任学会总会理事。	中国民生教育学会西迁后，在川东师范学校设办事处，未见开展什么活动的资料以及几位理事之间的联络情况。
	相菊潭	曾任教育部督学、参事，立法院立法委员等职。	曾任学会总会候补理事。	
	乔一凡	曾任南京钟南中学校长、国民党中央研究院院长等职。	长期担任学会总会理事，学会总会主要领导人之一。	
上海	张仲寰	曾任汪伪中央政治会议秘书、汪伪江苏省教育厅长等职。	曾任学会总会理事、常务理事。	留守上海的会员间联络。
	周乐山	民国时期著名作家。	曾任学会总会候补理事。	
	蒋舜年	1936年曾发表《中华民族的心理建设》，编有《战时常识丛书》，抗战胜利后曾任上海陆行中学校长。	曾在《教育与民生》周刊撰《介绍吴稚晖的民生教育观》等文章。	
兰溪	唐茂槐	曾任江苏句容乡师校长、沪西民生教育实验区主任、大夏大学教育学院社会教育系讲师等。	曾任学会总会筹备员，成立大会主席团成员，学会总会理事、副干事长。	中国民生教育学会西迁后，唐茂槐回到家乡兰溪开展一些相关活动。
乾县	常文俊	曾任沪西民生教育实验区研究部主任等职。	曾任学会总会筹备员，学会总会干事。	常文俊离开沪西后到乾县开展一些活动。
铜仁	周邦道	南京高等师范学校毕业，曾任教育部督学、江西省教育厅厅长等职。1949年去台，后任考选部政务次长。	为学会总会会员。	短暂停留，未见活动资料。
花溪	喻任声	黄梅人，金陵大学毕业，美国西北大学教育学硕士，曾任江苏省立教育学院教授、大夏大学社会教育系主任、贵州省教育厅主任等职。	为学会总会永久会员。	开展农民教育活动。

143

续表

分会地点	分会负责人或担任分会筹备者			活动简况
^	姓名	主要社会经历	与中国民生教育学会总会的关系	^
宁夏	赵光宸	1920年3月14日作为天津学生联合会代表参加活动，曾任烟台市社会局长、天津工商学院教授、河北省农垦局局长、国民党中央监察委员等职。	为学会总会永久会员。	1938年6月任职宁夏教育厅，曾任宁夏省初级中学毕业会考委员会秘书主任，未见民生教育活动信息。
盘县	胡国泰	未见资料	未见资料	未见资料
大定	孙抒情	未见资料	未见资料	未见资料

从上表中可以看出，分会创建者中普通会员较多，理事较少。不少分会有名无实，或仅仅有一位远方的民生教育认同者，自己报名成为总会的会员，拉起5个以上的人就可以建立分会，没有开展实质性的民生教育活动。一些分会的建立者恰恰是希望自己所做的工作通过中国民生教育学会传播出去。分会的状况在一定程度上与分会所在地的经济社会发展情况相关，在当地当时对民生教育的需求没有沪西那样明显，沪西民生教育实验直接实施与管理者唐茂槐、常文俊在兰溪和乾县的分会未能取得实质进展足以说明这一点。分会的宗旨以总会的宗旨为宗旨，本应开展民生活动，成立纺织合作社、种植社、拉车社、洗衣社等经济活动团体，但实际情况并不像民生教育倡导者所设想的那样顺畅。

相对而言，贵阳、重庆、上海的分会组织力量比较强，欧元怀、邰爽秋等是学会的骨干成员，同时也是后来建起的贵阳分会的负责人。这可能有以下原因：上海是中国民生教育学会的最初成立地；"八一三"事变之后，会所由上海迁往重庆，并依托大夏大学校长王伯群的社会关系在贵阳南通路158号设分办事处。

作为中国民生教育学会成立后发展相对较好的方面——分会的发展尚且如此，说明民生教育倡导者此前对社会的了解依然不够充分，对中国新教育运动以及教育现代化的批判并没有像他们在文章中表达的那样真正切合中国的实际，对教育内在特性的认知也存在偏激偏差。他们建立分会的实践实际上对其教育理念进行了检验。

第四节 民生教育实验拓展

民生教育在上海的实验是中国民生教育学会发展的实践支撑,在中国民生教育学会建立之前就有效开展起来了。中国民生教育学会成立之后到1938年的这段时间里,沪西民生教育试验区在中国民生教育学会的协助指导下迅猛发展,实验工作得到进一步充实,直到中国民生教育学会西迁。这段时间为通常所说的民生教育试验区的第一阶段实验。

一、实验目标与原则

沪西民生教育实验区由梵王渡普及教育实验区及大夏民众普及教育实验区合并而成,先后的名称虽然不同,但实验的旨趣却是一贯的,即以民生为本位。为了突显实验区的主张以"民生本位教育"为标的,特别提出"民生"二字,以示与其他民众教育的不同。实验区在邰爽秋的领导下开展活动,所以实验的理论依据即是民生本位的教育理论。该理论认为,教育应适应中国最大多数民众最急迫的需要,教育目标应依此而确立。当下民众最迫切的需要就是民生,所以教育的目标就是民生。"民族教育应以民生为基础,乡村教育应以民生为脊干,民众教育应以民生为灵魂,生产教育应以民生为归宿。"[1]具体而言,民生教育的目标是:(一)以发展人民生计的经济活动为脊干;(二)改进民众生活;(三)扶植社会生存;(四)保障群众生命而达到民族复兴。四个目标有其先后顺序,发展人民生计是基本,必须把发展民众生活、扶植社会生存、保障群众生命的工作贯穿于发展人民生计的活动中,才能达到民族复兴的目的。也就是以经济活动为经,以各种教育为纬来完成目标[2]。后来《沪西民生教育实验区组织大纲》又明确规定:"以实验民生本位教育,提倡服用土货,厉行社会节约,努力社会生产,发展农村经济,改进区民生活,推进中央规定之各种运动,协谋中华民族之

---

[1] 沈隆亮:《实施报告:介绍沪西民生教育实验区》,《浙江省民众教育辅导半月刊》1936年第2卷第21期,第22页。

[2] 《中国民生建设实验院关于沪西民生教育实验区概况》,上海市档案馆藏,Q30-1-150-9,第137—139页。

复兴为宗旨。"①沪西民生教育实验区的具体实验目标为:"实验以教育力量改善民生之方法;实验适合人民生活状况之教材教法;实验促进地方自治建立宪政之方法;实验社会教育与国民教育联合推行之方法。"②

为实现上述目标,沪西民生教育实验区秉持以下精神和原则③:

树立"三种精神",即苦干、实干、快干的精神。以苦干精神去训练民众,以期达到互教乐生的信念;以实干精神去组织民众,完成团结治生的使命;以快干精神去唤起民众,达到合作养生的目的。

遵循十项原则:人才——逐渐就地养成;经费——不增民众负担;设施——不带洋货下乡;设备——不事无谓铺张;教学——指导互教互学;时间——不论忙闲季节;场所——利用社会空间;活动——从事民生经济;组织——成立合作团体;对象——不分男女老幼。

做到四点要求:即穿念二装,吃普通饭,住平民宅,做大众事。

完成五大目标:发展人民生计,改进民众生活,扶植社会生存,保障群众生命,协谋中华民族之复兴。

中国民生教育学会筹备员与发起人、学会理事、副干事长唐茂槐任该实验区主任。中国民生教育学会的核心成员如邰爽秋、欧元怀、潘公展等人在思想、理论、社会资源、组织等方面对实验进行支持。为了贯彻民生本位的教育思想,民生教育的实验者们将这个区域分为东西两个部分,由东向西将几个村或者一个村的人组成数个念二社,组织各种关于经济的活动。实验范围由东而西,西邻大夏大学,南临苏州河,东望瞿家郎,北界姚家弄,包括中山桥、中山村、金家巷、林家港、姚家弄、张家宅等处,人口达万人以上,④整个实验区的范围扩大了许多。在1935年至1937年间,沪西民生教育实验区设有金家巷、徐家宅及沪西等念二社,成立种植、纺织、洗衣、拉车等合作团,先后教育民众二万余人⑤。

---

①《沪西民生教育实验区民教馆真如分馆工作报告及计划》,上海市档案馆藏,Q30-1-150-9。
②同①。
③唐茂槐:《实验的民生教育》,《民生教育》1937年第1卷第2、3期,第124页。
④乔志恂:《沪西民生教育实验区一日见闻记》,《山东民众教育》1936年第7卷第1期,第94页。
⑤《行政院分配上海各机关房屋委员会关于民生建设实验院申请分配房屋》,上海市档案馆藏,Q30-1-150,第4页。

二、实验的组织实施

沪西民生教育实验区的组织在《沪西民生教育实验区组织大纲》第三条中有明确规定,沪西民生教育实验区设主任一人,人员由市教育局遴选合格人员充任。其职权如下:[1]

(一)拟订进行计划;

(二)商同主办机关聘请工作人员;

(三)编制预算决算;

(四)呈报预决算于主办机关及合办机关;

(五)分配工作人员之职务;

(六)为本区区务会议当然主席;

(七)辅导本区人员之工作;

(八)考核工作人员之成绩;

(九)代表本区对外接洽;

(十)向主办机关及合办机关报告工作。

沪西民生教育实验区的组织与普通社教机关不同,内分行政组织与民众组织两种。行政组织的构成是,在区主任下分设研究辅导部、生计部、教导部和总务部四部,每部设主任一人,指导员一到二人,干事及助理干事若干人。总务部负责文书、出纳、庶务及其他不属于各部门的事项;教导部负责国民学校、补习学校、巡回教育设施、卫生指导以及协助地方自治民众组织训练等教育事务;生计部负责实验农场、合作社民众工艺指导、职业训练;研究辅导部负责调查统计、教材编制、教法研究及视察辅导等事务。其组织系统如下图所示[2]:

---

[1]《念二社立案及念二运动促进会呈请备案》,上海市档案馆藏,Q235-2-1873,第27页。
[2]《沪西民生教育实验区组织情形》,上海市档案馆藏,Q235-2-3508,第23页。

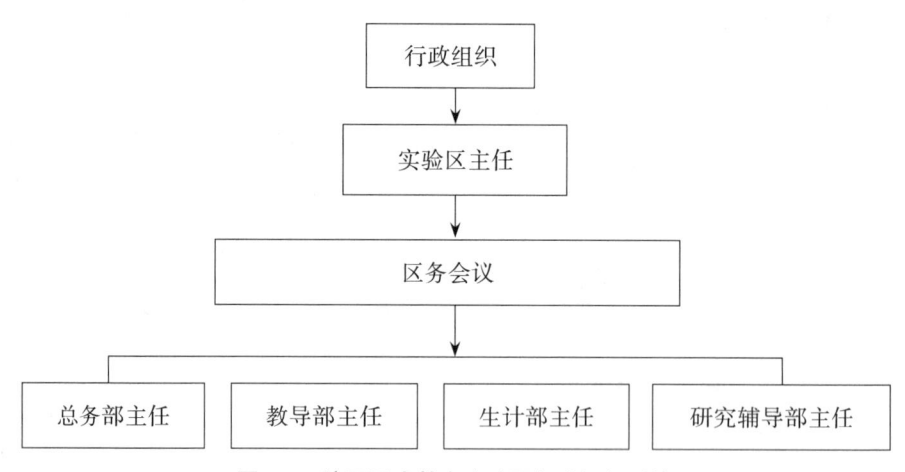

```
                    ┌──────────┐
                    │ 行政组织 │
                    └────┬─────┘
                         │
                    ┌────▼─────┐
                    │实验区主任│
                    └────┬─────┘
                         │
                    ┌────▼─────┐
                    │ 区务会议 │
                    └────┬─────┘
         ┌───────────┬───┴───┬────────────┐
    ┌────▼───┐ ┌────▼───┐ ┌─▼──────┐ ┌───▼──────┐
    │总务部主任││教导部主任││生计部主任││研究辅导部主任│
    └────────┘ └────────┘ └────────┘ └──────────┘
```

图 4-2 沪西民生教育实验区行政组织系统

沪西民生教育实验区每月举行一次区务会议，商讨应行兴革事宜，由全体职员参加，区主任担任会议主席。区主任须兼任一个部主任，另设会计一名，人员由教育局会计室核派。民生教育实验区还设立指导委员会，人员由教育局聘请局内外专家担任。民生教育实验区设有各种研究会和经费稽核委员会，并与当地各种社团组织和委员会相联络，共谋事业发展。实验区经费标准须呈报市教育局核定。①

从1937年沪西民生教育实验区设置的工作人员情况看，有主任一人：唐茂槐；有辅导员八人：皇甫均、徐树淦、楼嘉济、王志民、凌志英、谢仲英、周文魁、吕渭熊；有干事一人：顾绍棣；有特约名誉研究指导二人：乔志询、王凤楼；有特约名誉纺织指导一人：郭养元；有特约名誉畜牧指导一人：缪正海。②在这十四人中，半数以上毕业于大夏大学，从事教学工作或担任教育管理工作，多数为中国民生教育学会会员。在这十四人中，浙江籍五人、江苏八人、山东籍一人。③

沪西民生教育实验区分设沪西念二社、金家巷念二社、蔡家桥念二社及江桥念二社四个社，每社设社长一人。各社下设多个合作团，如纺织合作团、畜牧

---

① 上海文献汇编编委会：《上海文献汇编 文化卷 三三》，天津古籍出版社，2013，第533-534页。
② 《中国民生建设实验院关于沪西民生教育实验区概况》，上海市档案馆藏，Q30-1-150-9，第131-132页。
③ 雷志松：《学术、社团与社会：中国民生教育学会研究(1936—1949)》，社会科学文献出版社，2012，第158页。

合作团等,设团长数人,再由四社合设消费、储蓄等股,并设股长若干人。①

三、实验经费

实验经费是沪西民生教育实验区能否存在、运行的保证,在经济萧条、民生凋敝的20世纪三十年代,教育实验经费尤显重要。关于沪西民生教育实验区的经费问题,《沪西民生教育实验区组织大纲》只在第八条用一句话规定为"由本区主办机关会同合办机关筹划之"。②由于沪西民生教育实验区由上海市教育局、大夏大学和念二运动促进会合办,因此实验经费主要由这三方筹划。关于实验经费的筹划可以从1937年3月1日至同年12月底的预算表中略窥一斑。

表4-2 沪西民生教育实验区预算表(岁入门)③

科目	十个月预算数(元)	每月份预算数(元)	备考
第一款经常费	2916.60	291.66	本区除每年由大夏大学补助500元外,原由上海市社会局指拨205元,自本年三月份起增拨45元。
第一项市社会局	2500.00	250.00	上海市社会局补助念二运动促进会指定拨助本区之经费。
第二项大夏大学	416.60	41.66	大夏大学补助之平均数。
第二款临时费			
第一项念二运动促进会			
总计	2916.60	291.66	

从上表可知,实验区经费主要来自上海市社会局和大夏大学。上海市社会局每月拨款205元,1937年3月起增至250元,大夏大学每年补助500元,念二运

---

①《校闻:沪西民生教育实验区近讯》,《大夏周报》1935年第12卷第6期,第135页。
②《念二社立案及念二运动促进会呈请备案》,上海市档案馆藏,Q235-2-1873,第27页。
③本表资料来源:《中国民生建设实验院关于沪西民生教育实验区概况》,上海市档案馆藏,Q30-1-150-9,第147页。

动促进会只是作为上海市社会局经费接收的实体,本身并不提供经费。在1937年3月至12月,市社会局拨款2500元,大夏大学补助416.60元,经常费总计2916.60元。从经费来源可以看出,沪西民生教育实验区秉承民生教育实验在经费上一贯坚持的原则:不增加民众的负担。关于经费来源,沪西民生实验区表示,"惟利用社会上未有正当用途的资材。并于增进民众的富力当中,逐渐解决教育经费的问题"。[1]也就是希望以后能实现自给自养。

对于沪西民生教育实验区经费的分配,从1937年3月至12月的支出预算表中可以获知一般。

表4-3 沪西民生教育实验区预算表(岁出门)[2]

科目	十个月预算数(元)	每月份预算数(元)	备考
第一款区经费	2916.6	291.66	
第一项俸给费	1620	162	占全预算费百分之五十五强。
第一目	1620	162	大夏大学补助费之平均数。
第二项办公费	406.6	40.66	占全预算费数百分之十四强。
第一目文具	80	8	
第二目邮电	16.6	1.66	
第三目购置	30	3	
第四目修缮	30	3	
第五目租赁	110	11	
第六目消耗	60	6	
第七目杂支	80	8	
第三项事业费	890	89	占全预算费数百分之三十强。
第一目纺织教育	590	59	
第二目拉车教育	300	30	
总计	2916.6	291.66	

---

[1]白永:《民生教育沪西实验区概况》,《浙江省民众教育辅导半月刊》,1937年第3卷第10期,第576页。
[2]本表资料来源:《中国民生建设实验院关于沪西民生教育实验区概况》,上海市档案馆藏,Q30-1-150-9,第147-149页;雷志松:《中国民生教育学会研究(1936—1949)》,博士学位论文,四川大学,2009,第153页。

由上表可知,有限的实验经费要用于诸多事项。其中开支最大的是俸给费,占整个预算费55%强;其次是事业费,占整个预算费30%强;第三是办公费,占整个预算14%强。从沪西民生教育实验区组织系统可知,俸给费除发放给区主任外,还要发放给四名部主任,四至八名指导员,若干干事及助理干事,由于人员众多,每人所领薪俸并不多。

在实验经费的管理方面,区主任编制预算决算,市教育局会计室核派会计一名到实验区任会计,预算决算要呈报主办和合办机关,并设有经费稽核委员会监督经费使用。

四、实验的实施

(一)实施的步骤与方法

在实验具体开展之前,要设计好实施的步骤和方法。沪西民生教育试验区实验的是以民生教育为本位的教育,既然在实施原则上和平民教育、农村教育等是不一样的,那么在进行步骤上也是不一样的。

第一步:调查民众的需要。主要是进行社会访问,与农民或者工人谈话,发现大多数民众生活的急迫需要。

第二步:决定经济活动。根据大多数民众生活上的急迫需要,或就民众固有的经济活动情形,决定适合本地方情形并最易收效的经济活动。

第三步:组织民众团体。依照经济活动的种类,组织各种经济合作团,成立某某念二社。

第四步:推动各种教育。从各种经济合作团出发,推动各种教育。

可以说,民生教育不是旧教育的改头换面,它在理论上及实施上都是以发展人民生计的经济活动为脊干的。因此民生教育首先要成立各种经济团体以解决民众的生活问题,然后再涉及教育问题。

唐茂槐在其《实验的民生教育》一文中提到,沪西民生教育实验区将其教育实验分为十三步:[①]

[①] 唐茂槐:《实验的民生教育》,《民生教育》1937年第1卷第2、3期,第120-121页。

(1)请托引导,广泛访问,略窥环境概要;

(2)物色领袖,参加"访问"工作,了解民众需要;

(3)依其共同需要之类别,编成各种合作事业福利之报告书,从事切实"宣传",使民众发生信念;

(4)邀请最信仰的民众举行正式谈话,使其坚信;

(5)利用卫生展览,聚众施诊,使其互信;

(6)发起建筑会议,推举筑路委员,迅速完成,使其互信;

(7)决定合作事业,选拔优秀民众,谋干部人才之训练,使其成为吾人之化身;

(8)指派干部人才,分别筹组各种合作团;选举团长进行合作示范生产,使其得到实惠;

(9)调制户口调查表,一日访问一户,逐渐彻底清查;

(10)指导团长创设主要经济活动场所,从事生产技术之训练;

(11)指定地点,设立若干集练处、开会场、展览站;

(12)准备教材教具;

(13)学习使用普及教育车,从快干着手去"唤起民众",达到"合作养生"之目的。

沪西民生教育实验区实施的办法是[①]:

(1)根据本区目前的情形及民众的需要,暂先成立以下各种经济合作团:

①沪西念二社:拉车合作团,种植合作团。

②金家巷念二社:纺织合作团,洗衣合作团。

③林家巷念二社:种植合作团,畜牧合作团。

(2)就各团民众中选出知识程度及能力双高者为团长,每个团一人,加以训练,担任以下的事务:

[①]乔志恂:《沪西民生教育实验区一日见闻》,《山东民众教育》1936年第7卷第1期,第99-101页。

①管理本团民众经济方面的事项。

②把学得的技能和知识教给本团的民众。

③核查本团的行为是否合于本区所定的目标。

④向团外的民众讲演,或者将所受的教育教给他们。

⑤领导本团或联合各团民众做各种活动。

(3)教育方法:我们深切的感觉利用现有的学校普及教育的不易,更深知教育与社会分离之不恰当,当规定以下各项原则为施教之张本:

①与民众实际生活结合:施教之初,须注意各种活动及教材皆与民众实际生活相切合。如以"洗衣登记单"教洗衣团的民众,就是这种意义。

②以民众切身的关系为出发点:本区拟定的各种目标实在不少,但其内容未必皆与民众实际生活切合,凭空教授,民众未必定全了解,所以必须从民众切身利害关系说起,由近及远,由浅及深。如此,所用教材虽已去题万里,与民众的实际生活并不符合,民众听来,仍必亲切有味。

③把教育送到民众的面前:除非民众自愿前来,本区绝不和普通民众学校一样的与社会争夺民众;或者与社会妥协,将生产与教育分离,仅在民众工作闲暇施教。因此邰爽秋先生特制一种普及教育车,由工作人员或各团团长按时推往民众工作场所,或者十字街头,施民众以有关于民生之教育。

④利于民众在家自修:各念二社以及本区办公的处所,仅为本区教育之出发地,及民众聚会的场所,绝不只是单纯的含有学校的性质。为节约经费计,利用民众的自修,而由本社工作人员或团长将普及教育车推至各处巡回指导考核。就是习字写信等工作,也由民众自己在家中练习,按时收回本区办公处或者各念二社修改,并按时再发还民众。

概括起来,其实施方法有:①运用教育车:以开会、访问、集练、展览四种方式把教育送到民间去。②分期进行:唤起民众、训练民众、组织民众。③就地活动:在马路、茶园、弄堂、田间、矿场、祠堂、庙宇、树下等处指导。④因时而教。

除此之外,还用辅导的方式开展实施。规定辅导工作:①一时一集:设立集练处,规定时间,派员举行指导集练。②一日一访:遍访门户,逐渐进行家庭访问。③一周一会:备开会场,报告时事,敬仰总理,纪念开会。④一月一展:置展览站,陈列什物,宣讲事理,巡回展览。

辅导历是沪西民生教育实验区制作用具体化实验步骤,贯彻实验原则和实验目标的一种手段,我们可以从沪西民生教育实验区1937年第一期的辅导历,来了解其工作概况。

表4-4 沪西民生教育实验区辅导历[①]

周次	预定进行的事项	周次	预定进行的事项
第一周	1.结束了上学期的事宜;2.草拟1937年计划;3.举行新生访问。	第二周	1.举行念二运动;2.徐家宅纺织合作团开始集练;3.虹桥牧养合作场正式成立。
第三周	1.徐家宅纺织合作场正式成立;2.举行筑路运动,开始访问拉车合作团团友。	第四周	1.第一次区务会议;2.第一次辅导会议;3.举行造林运动;4.举行家庭访问指导;5.举行总理逝世纪念并宣导植树利益。
第五周	1。第二次辅导会议;2.举行整洁运动;3.举行北平民众革命纪念。	第六周	1.第三次辅导会议;2.举行公民运动;3.各合作团团友福利总检查;4.各分辅导处举行第一次考绩。
第七周	1.举行识字运动;2.举行革命先烈纪念;3.第四次辅导会议。	第八周	1.举行合作运动;2.举行野外春游;3.第二次区务会议;4.本区增设土货介绍所正式成立。
第九周	1.举行除虫运动;2.举行清党纪念;3.第五次辅导会议。	第十周	1.举行卫生运动;2.第六次辅导会议;3.各合作团团友福利总检查。
第十一周	1.举行节约运动;2.第七次辅导会议;3.各分辅导处举行第二次考绩。	第十二周	1.举行雪耻运动;2.第八次辅导会议;3.举行革命政府纪念;4.各合作团团友优良成绩给奖;5.第三次区务会议;6.举行国耻纪念。

[①] 本表资料来源:《中国民生建设实验院关于沪西民生教育实验区概况》,上海市档案馆藏,Q30-1-150-9,第149-153页;雷志松:《中国民生教育学会研究(1936—1949)》,博士学位论文,四川大学,2009,第153页。

续表

周次	预定进行的事项	周次	预定进行的事项
第十三周	1.举行保卫运动；2.第九次辅导会议。	第十四周	1.举行土货运动；2.第十次辅导会议；3.各合作团团友福利总检查。
第十五周	1.举行新生活运动；2.第十一次辅导会议；3.各分辅导处举行第三次考绩。	第十六周	1.举行大众同乐会；2.第十二次辅导会议。
第十七周	1.第十三次辅导会议。	第十八周	1.举行总理蒙难纪念；2.第四次区务会议；3.各分辅导处举行本期总考核。
第十九周	1.开始作本期报告；2.开全体职员会议；3.举行本期工作成绩检讨会。	第二十周	1.开始编订本期期报；2.本期工作结束。

由上表可以看出，在实验任务复杂、繁多的二十周里，沪西民生教育实验区举行过十三次辅导会议、四次区务会议，开展了卫生运动、除虫运动、合作运动、公民运动、整洁运动、造林运动、筑路运动、雪耻运动、节约运动和新生活运动等活动。在纷繁复杂的工作中，将工作内容分解为若干周后可以逐步开展，是非常可行而有效的举措。通过对这些实验内容的具体操作，民生教育实验得以扎扎实实地推进。

对于沪西民生教育实验的具体实施，可从民生实验区实验黄包车夫教育上略窥一斑。[1]

1.经济合作：民生教育是适应最大多数民众最迫切的需要。而此种最迫切的需要，既是生活问题，又是经济问题，所以他们即以经济合作为最基本的工作。不过，民生教育者是反对以慈善的态度办教育的，当然也反对放账式的信用贷款，可是车夫们水平线下的生活，又急需要改善。沪西念二社的主持者经过苦思冥想之后，便在"羊毛出在羊身上"的原则之下，产生了新颖的消费兼储蓄的经济合作办法。原来的黄浦江畔的拉车夫，都是在农村难以生存下去之后流浪到都市里来的劳动者。他们每日所得，便都换成了每日的日用品，一个人的花费并不多，但是对于合拢成群的车夫来说，其消费的数目也大有可观。当

---

[1] 乔志恂：《沪西民生教育实验区一日见闻》，《山东民众教育》1936年第7卷第1期，第103-104页。

时为了减少商人的剥削,建立车夫的互助,有想成立普通的消费合作社的打算。可是人手少、经济紧缺的沪西念二社是无力举办的,于是他们改弦更张,索性自己不再经办,就约好几家店铺以低价供给车夫的消费,同时请店铺在每名车夫每完成一元的消费,扣除百分之五的回佣,以做这个车夫的储蓄。如此车夫既可以购得廉价的货物,且在无形之中积累有相当的储蓄。积少成多,聚沙成塔。几年之后,车夫即可以把这笔款提出来买车,到那时候,"拉者有其车"的主张得以实现,而穷苦的车夫,才有摆脱车行剥削的那一日。

2. 流动教学:黄包车夫因为生意的无定,所以他们的流动性特别大,要想对他们施以固定的教学是不可能的,可是不能因为他们生活的无定而不对他们加以训练。为了解决这个问题,邰爽秋先生发明了一种普及教育车来适应这种流动的教学的需求。一架教育车可以当作教学活动场所,也可以当作临时的图书馆,甚至代笔处、问询处、临时医院、巡回展览等等。每逢车夫稍有闲暇,便推出万宝箱似的教育车,教车夫们识字读书。车夫虽然未进学校,但所得的效果,相较于讲坛下留声机式的教育,有过之而无不及。

3. 经济中心教材:历来各地的民众教育者,只看到民众需要文字教育,可是不知道需要哪一种文字的教育,结果民众念了几本千字课,不久各式各样的符号的影子,渐渐由模糊而云消雾散了。造成这种情况的原因是什么?文字教育与生活的隔离以致之。文字教育何以与生活相隔离?便是因为文字教育没能以经济活动为中心。民生教育者看到了这一症结,于是在"以经济为经,以他种教育为纬"的原则之下,编出了一种专为车夫应用的课本,车夫读起来,因为和生活发生了直接的关系,即对生活有所帮助,所以车夫读起来大有不忍释卷的意味。

4. 家事指导:在半封建的社会里,家庭的组织仍然占了很重要的地位。一个人固然可以改变他的家庭,然而家庭也可以影响一个人,可惜一般教育家尚未能积极地注意到这件事,实在有点遗憾。幸好民生教育者已经注意到这个问题,不能不令我们感到一线光明。辛勤劳苦的黄包车夫家庭,因为经济困难和知识缺失的关系,家庭之内非常混乱,无次序、不整洁是普遍的现象,而主妇的不善于治理家务,不善于育儿,不事生产,更令人可怕。沪西念二社便利用念二讲座等一系列讲座教给各个主妇治家育儿的道理,并提倡各种副业,如纺织、洗衣、缝纫等,以增加家庭的收入。民生教育者不只是教育了黄包车夫,兼及他的家庭,可谓是兼顾各方、无所不至了。

(二)编写教材

中国民生教育学会成立以后,与沪西民生教育实验区合作编写了民生本位教材。①中国民生教育学会会员陈一百认为:"民生教育的教材,系基础于发展人民生计的经济活动,所以它没有离去'现实',而妄作建筑'空中楼阁'的企图"。②中国民生教育学会与沪西民生教育实验区所编教材是根据民生教育的理论和民生教育学会巡回教学方法的需要而编定的,教材所涉及的内容与民生经济生活有着密切联系,且教材能适应各种不同教育程度的全体民众。容易的教材可供不识字者使用,难的教材可供巡教师和巡教生参考,一切字词均使用民众口语,各类教材均以该职业的人常用语言编写。

他们编写教材的原则有以下数端:适合各种教育程度不同者的需要;用民众自己的语言编写;便利各个设施及系统教学使用。民生本位教材的编写不同于普通教材的编写,它首先要调查民众的需要,然后决定教材,所以编写参考的资料很少,民生本位教材是把专家知能通俗化。

五、实验结果

关于实验的结果,唐茂槐有如下记载:

表4-5 民生教育实验概况表③

目标	类别	单元	现状
训练工作人员	工作的自己训练自己	应用爽秋普及教育车实验 应用经济分册制教本的实验 指导各种生产技术的实验 创造流动教学法实验	完成十二大功能 完成拉车、纺织、洗衣三种合作团 完成纺织、养兔、洗衣三种合作团 完成四大方式

---

①中国民生教育学会:《最近一年来的工作报告》,《建国教育》1938年第1卷第1期,第34—35页。
②陈一百:《民生教育与精神训练》,《民生教育》1939年第1卷第4期,第16页。
③唐茂槐:《实验的民生教育》,《民生教育》1937年第1卷第2、3期,第128—133页。

续表

目标	类别	单元	现状
努力社会生产	求生的生产运动之实验	洗衣、贩卖、教学打成一片的实验 纺织、技术、教学打成一片的实验 改良手纺、手织土布的实验 拉车、实时、娱乐打成一片的实验	完成 完成 完成十余种 尚在实验中
改进民众生活	求生的公民运动之实验	养、教、管、卫合一的实验 互教互学的实验 民生中心之临时活动的实验	同上 同上 新生活、总理逝世纪念等
复兴中华民族	求生的救亡运动之实验	寓经济活动中之识字运动的实验 寓经济活动中之保甲运动的实验 寓经济活动中之合作运动的实验 寓经济活动中之土货运动的实验 寓经济活动中之拒毒运动的实验 寓经济活动中之建设运动的实验 寓经济活动中之造林运动的实验 寓经济活动中之节约运动的实验	尚在实验中 同上 完成洗衣合作、纺织合作二种 尚在实验中 同上 现有民生大道、念二路、公井、示范场、纺织场 尚在实验中 同上

在沪西的民生教育实验中，经济合作团是推动各种教育的核心。经济合作团就是经济和教育的联合，这种组织借鉴陶行知创办的工学团，并在实验中加以完善。将经济背景和生活背景相同的人编到同一个经济组织之中，一同学习，一同生产，这种方法克服了偏远地区和农村地区人口稀少难以成班级以及教师资源稀少的问题。即使在人口集中的城市地区，这种方法也能依其类别、经济和生活背景，将人力车夫和洗衣女工、纺织女工等分组受教、分别教育。

巡回教学是普及教育的新路。巡回教学的方式包括教学、开会、谈话、展览。巡回教学的设施，主要是郜爽秋发明的普及教育车和各种教育箱。城市教育和乡村教育应该以同型异法去实施。因为城市和乡村环境不同、结构不同，因此教育的方法、教材也不尽相同。但是都是围绕"民生本位"的教育，因此工作应当围绕此适当变换。

中国民生教育学会所开展的众多活动与通常所说的社会教育有交叉，都是为各种不同程度、职业、年龄的人，在正式学校以外办学校式和社会式的各种教育。在这个意义上说，它相当于民众教育。[1]中国民生教育学会在其成立初期

---

[1] 顾岳中：《民众教育》，商务印书馆，1948，第17页。

开展了一些社会教育活动，但因为"八一三"事变的爆发而仓促中断。中国民生教育学会先在上海设立沪光、沪德、沪友等三所民生补习学校，由吴凯声、邰鸿秋、常文俊、王恒良、陈泸冰等学会会员负责办理，计毕业学生二百余人，沪市陷落后停办。①"八一三"后，难民增多，上海慈善团体联合在会所设的救济战区难民委员会收容股，下设管理组、给养组、教育组，对难民进行收容给养、抗日教育与阶级教育。②中国民生教育学会鉴于难民教育的重要性，特与上海慈善团体联合救灾会、救济战区难民委员会合作，利用爽秋普及教育车，在各难民收容所实施巡回教育，受教育者约有二百人。③1937年秋，陕北二区专员公署开设巡回教育师资训练班，推行民生教育，委托中国民生教育学会设计办理，学会派蒋舜年、徐树淦二人前往，受教者有五十余人。④

1938年，日军入侵迫使沪西民生教育实验区发展的第一阶段告一段落。

第五节　经费实现平衡

经费决定着中国民生教育学会各项事业的发展，能否实现收支平衡是中国民生教育学会能否持续发展的前提条件。由于当时整个社会经济问题突出，作为一个民间的教育社团实现收支平衡有很大的难度，而中国民生教育学会在创建后想尽各种办法实现了这一目标。

《中国民生教育学会会章草案》中第八条，把学会经费的来源分为四种：会费、纪念金、特别捐和投资利息。

首先是通过会员费筹集经费。会章草案第四条要求普通会员"年纳会费一元"，赞助会员"年纳会费五元以上"，团体会员"年纳会费十元以上"，永久会员

---

① 《中国民生教育学会概况》（1938年12月），中国第二历史档案馆藏，社会部档，全宗号：十一，案卷号：3122，第2页。
② 陈旭麓、李华兴主编《中华民国史辞典》，上海人民出版社，1991，第22页。
③ 《民生教育学会实施难民教育》，《申报》1937年8月23日第二张。
④ 中国民生教育学会：《最近一年来的工作报告》，《建国教育》1938年第1卷第1期，第34-35页。

"个人一次缴纳会费十元以上,或团体一次缴纳会费五十元以上"①。根据年纳会费的多少将会员分类的动机之一就是鼓励会员多缴纳会费,为学会的发展作贡献。在1936年制定的《分会组织办法》中要求分会会费百分之五十上交总会。1938年底修改的会章将永久会员分为甲、乙、丙三种,甲种五十元以上,乙种三十元以上,丙种十元以上②,也有增加会费收入的考量在其中。

依据《中国民生教育学会会章》,会员越多,经费就越充足,永久会员与赞助会员多能增加学会的经费。

其次是寻求赞助。后来的事实证明,能够提供赞助的未必是有钱人,而是认同民生教育的人,其中包括筹备发起人钮永建、邰爽秋、潘公展、蒋建白等中国民生教育学会的主干成员,以及李组坤、吴蕴初、钱新之等长期担任学会赞助理事的成员,给予学会以财力的支持。中国民生教育学会早期的收支报告表显示了这点。

表4-6 本会收支报告表(筹备日起二七年十一月三十日止)③

收入			支出		
摘要	数目(元)		摘要	数目(元)	
第一批收会费	115	90	筹备成立会及成立后至1937年1月20日之费用	569	00
第二批收会费	435	50	薪资	486	00
钮永建捐	100	00	事业费	1646	00
邰爽秋捐	100	00	文具纸张费	98	25
潘公展捐	50	00	房金	150	00
蒋建白捐	50	00	印刷费	496	65
李组坤捐	700	00	邮电费	92	34
吴蕴初捐	400	00	杂支	336	19

---

①《中国民生教育学会立案》,上海市档案馆藏,0235-2-1884,第24—25页。
②《中国民生教育学会概况》(1938年12月),中国第二历史档案馆藏,社会部档,全宗号:十一,案卷号:3122,第6—10页。
③本表资料来源:中国民生教育学会:《中国民生教育学会会务纪要》,《民生教育》1939年第1卷第4期,第41页;雷志松:《中国民生教育学会研究(1936—1949)》,博士学位论文,四川大学,2009,第62页。

续表

收入			支出		
摘要	数目(元)		摘要	数目(元)	
天原电化厂捐	200	00			
钮永建捐	100	00			
钱新之捐	400	00			
李组坤捐	200	00			
李组坤捐	200	00			
吴蕴初捐	200	00			
邰爽秋捐	700	00			
总共	3950	140		3873	143
净余75					

从上表可知,学会的收入与支出基本持平,有微小结余。收入可分为收纳的会费和捐助两大来源,捐赠远高于会费,与该会努力寻求经费的方向一致。捐赠额大小排序分别为:李组坤、邰爽秋、吴蕴初、钱新之、钮永建和天原电化厂,潘公展和蒋建白。捐助人都是中国民生教育学会的主干成员和长期担任学会赞助理事的人,本质上是一种自助。

中国民生教育学会的收支总额相对而言比较小,显示出收入不足的情况,一些想做的事因收入不足难以开展。在支出这一部分,除去筹备所需资金和薪资等必要的开支外,学会的支出主要用于事业费和印刷费,用于薪资的经费只占约九分之一,这与学会经费不足以及是一个学术团体的性质有关。上述收支表经学会第六次理事会推定的姜琦理事审查,并获得学会理事会认可,显示中国民生教育学会在经费管理和监督上采取了相应的措施。

第六节 编辑发行会刊《民生教育》

中国民生教育学会的主张和所开展的活动需要媒体传播,中国民生教育学会也需要自己的媒体,《中国民生教育学会会章草案》第九条确定学会的事业共有六项,在计划、研究、推行、辅导、改良之后第六项就是"编辑关于民生本位教育事项"①。

编辑需要有具体的对象和内容,中国民生教育学会建立后,确定编辑《民生教育》月刊作为学会的会刊。虽然说是月刊,但受各种因素限制实际上并未严格按月出刊。该刊1937年5月创刊时标注第1卷第1期,后来也没有出现其他期刊那样的分年设卷的第2卷,办刊两年多一直使用第1卷,到1939年7月总共出了4期,其中第2、3两期还合刊印发,显示创刊之初的办刊意愿与中国民生教育学会的办刊效果之间存在较大差距,这种意愿与效果之间的差距也表现在民生教育学会的其他方面。

一、《民生教育》月刊创办的背景和目的

《民生教育》是中国民生教育学会出版发行的会刊,由中国民生教育学会编辑,教育编译馆出版发行。

关于《民生教育》创办的背景和目的,《民生教育》月刊第1期刊发的《发刊词》中这样写道②:

> 宇宙的中心是生,历史的中心是民生,教育是求达民生的手段。唯生才是教育哲学的根源。中国的教育,一向离开了民生,"……他叫人吃饭不种稻,穿衣不植棉,住屋不造林……"。然而中国最大多数民众的需要是"求生",他们希望人人有饭吃,人人有衣穿,人人有屋住。显然的,教育是与民众的需要脱辐了。民众不需要这样的教育,教育是离开了民众,结果是教育愈普及,民生愈穷蹙。
>
> 过去的教育是走错了路,我们该急速回头!
>
> 今后的教育,便该寄寓于民生建设之中,以发展民生经济活动为经,以文字、公民、卫生、休闲、自卫、救国等等的教育为纬。要以发展民生为教育的目的,使民众在发展民生的活动中受教育。教育普及,民生发展,这就是

---

① 《中国民生教育学会立案》,上海市档案馆藏,Q235-2-1884,第24-26页。
② 蒋建白:《发刊词》,《民生教育》1937年第1卷第1期,第1-2页。

我们所提倡的民生本位教育。

为了发挥我们的主张,希冀获得一般热心教育改造运动的先生们对于民生本位教育的扶植,除了实地施行以外,所以又出了这一个月刊,把民生教育的理论和实际加以研究和推行。我们热望着读者们的帮助和指教。

转变吧,中国的教育!

二、《民生教育》月刊的编辑及特约撰述

《民生教育》月刊由中国民生教育学会的期刊编辑部编辑并发行,编辑部实际工作人员仅有编辑主任邰爽秋和蒋建白二人兼任,二人分别为中国民生教育学会的首届理事长和干事长,均为学会的创始人。此外,《民生教育》有特约撰述共31人,编辑主任和特约撰述多数为中国民生教育学会会员,21人有留学经历,其中15人在美国留学并取得学位;编辑部主任和特约撰述多数专职从事实际教育工作,为各所大学的大学教授和学校校长、学院院长。他们的求学经历、社会经历具体情况见表4-7。

表4-7 《民生教育》主要编辑以及特约撰述情况[①]

刊内职务	姓名	求学经历与社会经历
编辑主任	邰爽秋	美国哥伦比亚大学哲学博士,时任大夏大学教育学院院长,后任中国民生建设实验院院长。
编辑主任	蒋建白	曾任中国公学政经系主任,时任上海市社会局第五科科长,后任教育部专员等。
特约撰述	王凤岗	美国斯坦福大学哲学博士,时任武汉大学教授,后任河南大学教授。
特约撰述	李蒸	美国哥伦比亚大学哲学博士,曾任教育部社会教育司司长,时任北京师范大学校长,后任西北师范学院院长等职。
特约撰述	李鉴青	时任江苏省立运河简易乡村师范校长。

---

① 说明:"时任"指的是《民生教育》第1卷第1期出版前后那段按时间,也就是1937年5月前后的社会任职。资料来源于:《民生教育》1937年第1卷第1期;雷志松:《中国民生教育学会研究(1936—1949)》,博士学位论文,四川大学,2009,第58-60页。

续表

刊内职务	姓名	求学经历与社会经历
特约撰述	吴俊升	法国巴黎大学博士,时任北京大学教育系主任,后任教育部高等教育司司长。
特约撰述	何思源	曾在北京大学学习,后留学美国、德国和法国,曾任国民党中央候补监察委员、中山大学教授,时任山东省政府教育厅厅长,后任山东省政府主席、北平特别市市长等职。
特约撰述	汪懋祖	美国哥伦比亚大学教育硕士,曾任北平师范大学代理校长、东南大学教育系主任,时任中央政治学校教育系主任,后任中央政校教授、中央政校大理分校主任。
特约撰述	周尚	美国密歇尔大学教育硕士,曾任大夏大学教授,时任上海市社会局专员,后任教育部体育委员会常务委员等职。
特约撰述	胡叔异	国立东南大学教育学士,时任上海市社会局专员。
特约撰述	陈友松	美国哥伦比亚大学教育博士,时任厦门大学教授,后任西南联合大学师范学院教育学系教授等职。
特约撰述	王裕凯	美国南加利福尼亚州大学硕士,时任大夏大学教授兼群育委员,后任复旦大学联合大学师专科主任、大夏大学教育学院院长、之江大学教授。
特约撰述	李清悚	时任南京市立第一中学校长,后任国立四川中学校务委员、四川省立教育学院教授、教育部特约编辑等职。
特约撰述	吴定良	英国伦敦大学博士,时任中央研究院体质人类研究所所长,后任浙江大学、复旦大学等校教授。
特约撰述	杜佐周	时任暨南大学秘书长,后任英士大学校长、中央大学等校教授、中国文化服务社出版部主任。
特约撰述	金正述	大夏大学教育学士,时任上海巡回教育实验区主任。
特约撰述	唐守谦	美国哥伦比亚大学教育硕士,时任福建省教育厅科长,后任福建省立师范专科学校校长。
特约撰述	周学章	时任北平燕京大学教育系主任。
特约撰述	章益	美国华盛顿大学教育硕士,时任复旦大学教务长,后任教育部司长,复旦大学校长。
特约撰述	陈荩民	法国底雄大学数理硕士,曾任浙江省立第六中学校长,时任交通部商船专科学校教授,后任北洋工学院院长。

第四章 短暂的勃兴(1936年5月—1938年10月)

续表

刊内职务	姓名	求学经历与社会经历
特约撰述	萧孝嵘	美国加利福尼亚大学博士,时任中央大学心理学系主任,后任复旦大学心理学教授兼教育系主任。
特约撰述	刘伍夫	大夏大学教育学士,时任景德镇师范学校校长。
特约撰述	赵杰士	时任江苏省立镇江民众教育馆馆长。
特约撰述	曾作忠	美国华盛顿大学哲学博士,时任暨南大学教授,后任广西省立桂林师范学院院长。
特约撰述	雷震清	东南大学毕业,时任上海工部局华德路小学校长,后任中央大学师范学院教授。
特约撰述	崔载阳	法国里昂大学哲学博士,时任中山大学教育研究所主任。后任广东师范学院院长及研究院院长。
特约撰述	曾大钧	美国哥伦比亚大学硕士,时任江西省督学。
特约撰述	黄建中	英国剑桥大学研究员,曾任湖北省立教育学院院长、湖北省教育厅厅长,时任教育部高等教育司司长。
特约撰述	杨效春	南京高等师范学校教育学专业毕业,曾任南京高等师范学校教员,时任安徽省立黄麓乡村简易师范学校校长,1938年被杀。
特约撰述	滕仰支	时任江苏省立黄渡乡村师范学校校长。
特约撰述	刘湛恩	美国哥伦比亚大学哲学博士,曾任中华基督教青年会全国协会教育部干事,时任沪江大学校长,1938年去世。
特约撰述	罗廷光	美国哥伦比亚大学硕士,时任河南大学教务长,后任西南联合大学教育系教授。
特约撰述	吴家镇	时任北平华北大学教授。

《民生教育》月刊的编辑及特约撰述多数被称为"海内外民生教育专家",事实上他们中的一些人并未对民生教育有多少深入研究,将他们列为特约撰述在很大程度上是为了提高该刊的声誉和扩大该刊的发行量。他们大都在教育实际岗位工作,熟悉中国的教育情况,对教育学有所研究,有自己的主张,其中一些从事行政管理工作,并无多少时间和意识撰述,少数人确实是教育研究的专家。

《民生教育》月刊编辑及特约撰述在《民生教育》上发文有限,经查相关文献,他们的主要著述和研究作品状况如下:

表4-8 《民生教育》月刊主要编辑及特约撰述主要著述活动[①]

刊内职务	姓名	主要著述(1949年以前)
编辑主任	邰爽秋	《中国生产教育问题》,商务印书馆1935年版; 《中国教育宪法问题》,教育编译馆1935年版; 《中小学课程问题》,教育编译馆1935年版; 《怎样做教育局长》,教育编译馆1935年版; 《乡村教育之理论与实际》,教育编译馆1935年版; 《教育经费问题》,教育编译馆1935年版; 《教育行政之理论与实际》,教育编译馆1937年版; 《民众教育之理论与实际》,教育编译馆1937年版; 《中国普及教育问题》,商务印书馆1938年版。
编辑主任	蒋建白	《复兴初级中学教科书公民教员准备书》,商务印书馆1935年版; 《识字学校》,商务印书馆1937年版; 《中国社会教育行政》,商务印书馆1937年版(与吕海澜合著); 《战时学生训练》,正中书局1938年版; 《印度教育概览》,商务印书馆1946年版。
特约撰述	王凤岗	《教育哲学大纲》,河南大学1933年印行; 《教育心理学》,河南大学1933年印行; 《教育与社会改造》,《武汉大学周刊》1933年第10期; 《教育哲学的意义》,《哲学与教育》1937年2期; 《课程编制之理论》,武汉大学1940年印行; 《中等学校训到与各科教学》,正中书局1944年版。
特约撰述	李蒸	《积极的社会教育》,出版者不详,1931年版; 《民众教育讲演辑要》,北平文化学社1931年版。
特约撰述	李鉴青	不详。
特约撰述	吴俊升	《新中学论理学概论》,中华书局1931年版; 《新中华论理学》,上海新国民图书社1934年版; 《教育哲学大纲》,商务印书馆1935年版; 《教育概论》,正中书局1935年版(与王西征合编); 《德育原理》,商务印书馆1935年版; 《理则学》,正中书局1946年版(与边振方合著)
特约撰述	何思源	《国际经济政策》,商务印书馆1927年版; 《社会科学研究发》,培英书局1927年版; 《社会政策大要》,中山大学政治训育部1927年印行。

[①]本表依据各位编辑和特约撰述的简历及相关文献资料综合而成,并参照雷志松:《中国民生教育学会研究(1936—1949)》,博士学位论文,四川大学,2009,第81-85页。

第四章　短暂的勃兴(1936年5月—1938年10月)

续表

刊内职务	姓名	主要著述(1949年以前)
特约撰述	汪懋祖	《美国教育彻览》,中华书局1923年版; 《国防教育育各科教学》,正中书局1936年版; 《小学训育实施法》,正中书局1937年版; 《教育学》,正中书局1947年版。
特约撰述	周尚	《幼稚园的卫生教育》,商务印书馆1936年版; 《性教育》,商务印书馆1940年版。
特约撰述	胡叔异	《英美德日四国儿童教育》,中华书局1931年版; 《儿童的新生活》,正中书局1934年版; 《生产教育》,商务印书馆1936年版(与陆觉先合著); 《国民学校教师手册:五项建设手册》,重庆青年出版社1946年版。
特约撰述	陈友松	《教育财政学原论》,商务印书馆1936年版(美国内务部教育署全国教育财政调查团著,陈友松译); 《各国社会教育事业》,商务印书馆1937年版; 《有声的教育电影》,商务印书馆1937年版; 《图书馆》,商务印书馆1937年版; 《苏联的教育》,商务印书馆1944年版; 主编《电影教育》月刊。
特约撰述	崔载阳	《近世六大家心理学》,商务印书馆1926年版; 《初民心理与各种社会制度之起源》,中山大学语言历史学研究所1929年印; 《法德英美教育与建国》,上海民智书局1930年版(美国E.H.Reisner著,崔载阳译); 《近世六大家社会学》,上海民智书局1930年版; 《新教育法》,中华书局1932年版(比利时Dr.Decroly著,崔载阳译); 《新教育的原则及实际》,中华书局1933年版(美国S.Cobb著,崔载阳译); 《三民主义的文化哲学》,大道文化事业公司1944年版。
特约撰述	曾大钧	《战后美国之国民教育》,商务印书馆1947年版(美国全国教育会编,曾大钧译); 《美国国民教育之新趋势》,商务印书馆1948年版(美国P.R.Mort,W.S.Vincent著,曾大钧译)。
特约撰述	黄建中	《比较伦理学》,四川大学出版组1944年印行。
特约撰述	杨效春	《乡村教育纲要》,中华书局1934年版; 《晓庄一岁》,上海儿童书局1935年版; 《乡农的书》,山东乡村建设研究所1935年印行。

续表

刊内职务	姓名	主要著述(1949年以前)
特约撰述	滕仰支	《农村工学教育实施》,上海黎明书局1933年版(与张石樵合编); 《农村工学教育原理》,上海黎明书局1933年版(与郭人全、张石樵合编)。
特约撰述	刘湛恩	《怎样做一个中华民国的良好公民》,中国报界联合会1925年印行; 《公民研究团办法》,上海青年协会书局1925年版; 《公民宣传队办法》,上海青年协会书局1925年版; 《公民与民治》,上海青年协会书局1926年版; 《廉洁问题》,上海青年协会书局1927年版。
特约撰述	罗廷光	《普通教学法》,商务印书馆1930年版; 《教育研究指南》,中央大学教育学院教育研究所1932年印行; 《教育科学研究大纲》,中华书局1932年版; 《各国革命小史》,商务印书馆1933年版; 《教育概论》,世界书局1933年版; 《实验教育》,南京钟山书局1933年版(与王秀南合编) 《教育科学纲要》,中华书局1935年版; 《师范教育新论》,上海南京书店1935年版; 《各国青年训练述要》,商务印书馆1940年版; 《教育通论》,中华书局1940年版; 《教学通论》,中华书局1941年版; 《教育行政》,商务印书馆1946年版; 《师范教育》,正中书局1948年版; 《最近欧美教育综览》,商务印书馆1948年版。
特约撰述	王裕凯	《大学训导之理论与实施》,文通书局1941年版(与陆传籍合著); 《抗战三年来的贵州教育》,《教育杂志》1940年第10号; 《教育论丛》,熙明印书馆1944年版。
特约撰述	李清悚	《校舍建筑法》,南京中区实验学校1930年印行; 《首都乡土研究》,南京书店1930年版(与蒋子奇合编); 《实验中小学课程》,首都市立中区实验学校1932年印行; 《我们的首都:教学大纲》,上海儿童书局1933年版(与蒋恭晟合编); 《学校之建筑与设备》,商务印书馆1933年版; 《小学教材及教学法》,正中书局1935年版; 《小学行政》,中华书局1937年版。
特约撰述	吴定良	《亚洲人种初步分类》,国立中央研究院社会科学研究所1932年印行(与莫仁德合著); 创刊并主编《中国人类学志》。

第四章 短暂的勃兴(1936年5月—1938年10月)

续表

刊内职务	姓名	主要著述(1949年以前)
特约撰述	吴家镇	《世界各国学制考》,商务印书馆1924年版; 《日本教育史》,商务印书馆1935年版(日本小原国芳著,吴家镇与戴景曦合译)。
特约撰述	杜佐周	《麦柯尔教育测量法撮要》,上海民智书局1927年版; 《苏俄的教育》,上海民智书局1929年版(美国Scott Nearing著,杜佐周译); 《教育与学校行政原理》,商务印书馆1930年版; 《小学教育问题》,上海儿童书局1932年版; 《普通教育》,商务印书馆1933年版(与姜琦合著); 《儿童与成人常用字汇之调查及比较》,厦门大学教育学院1933年研究丛刊(与蒋方堃合著); 《性教育指南》,中华书局1934年版(美国T.W.Shannon著,杜佐周与钱亦石合译); 《江浙两省各县地方教育经费的调查和比较》,厦门大学教育学院1934年研究丛刊(与杨思杰合著); 《小学行政》,商务印书馆1935年版; 《读书兴趣漫谈》,中国文化服务社1947年版; 《大学院系选习指导》,中国文化服务社1947年版。
特约撰述	金正述	《民众通俗读物之研究》,《大夏周报》1934年第11、12期。
特约撰述	周学章	《作文评价》,北京师范大学研究院1932年印行。
特约撰述	唐守谦	《教育测验与统计纲要》,福建省小学教育训练所1940年印行。
特约撰述	陈荩民	《算学》(一、二、三、四),商务印书馆1934年版; 《非欧派几何学》,商务印书馆1936年版。
特约撰述	章益	《青年往何处去》,国立出版社1938年版(与他人联合执笔); 《行为主义的幼稚教育》,上海黎明书局1932年版(华震著,章益与潘硌基合译)。
特约撰述	曾作忠	《初级中学教育》,北京文化社1924年版; 《道尔顿制教育》,商务印书馆1924年版(美国帕克赫斯特著,曾作忠等译); 《初级中学教学》,北京师范大学丛书1924年; 《意大利新教育》,商务印书馆1937年版。
特约撰述	赵杰士	不详。

续表

刊内职务	姓名	主要著述（1949年以前）
特约撰述	雷震清	《小学校长》，上海南京书店1933年版； 《教育视导之理论与实际》，教育编译馆1934年版； 《幼稚园的自然》，商务印书馆1935年版； 《小学算数练习》，中华书局1948年版。
特约撰述	刘伍夫	《图书馆》，商务印书馆1937年版（与陈友松合著）。
特约撰述	萧孝嵘	《实验儿童心理》，中华书局1933年版； 《格式塔心理学原理》，国立编译馆1934年版； 《心理问题》，中华书局1935年版； 《儿童心理学及其应用》，商务印书馆1936年版； 《普通应用心理》，商务印书馆1937年版； 《军事心理》，正中书局1946年版； 《教育心理学》，国立编译馆1947年版； 《变态心理学》，正中书局1947年版； 《人事心理问题》，商务印书馆1947年版。

由上表可见，《民生教育》的特约撰述研究和著述的面远远超出民生教育范围，他们在民生教育方面的论著有限，仅有少数几位在《民生教育》上发过文章，他们既是中国民生教育学会的资源，又说明中国民生教育学会未能有效利用这些资源。

三、《民生教育》月刊的经费

《民生教育》规定刊物发行收费标准为"全年十二册特价一元四角，半年六册特价七角五分"。①但这只是创刊号发出带有设想的宣传广告语，该刊并未能按照月刊每月及时出刊发行，稿源、编辑力量、时局动荡与经费紧缺都是影响其未能按月刊发行的重要原因。1936年12月7日，中国民生教育学会理事长邰爽秋曾为创办《民生教育》月刊，致函上海市社会局局长潘公展请予补助经费，在呈文中道②：

---

①《民生教育月刊征求基本订户万份 举行特价三个月》，《民生教育》1937年第1卷第1期。
②《上海市社会局关于中国民生教育学会及征用扬州公所土地申请拨发补助费的文件》，上海市档案馆藏，Q6-18-179，第1—4页。

> 窃属会自成立以来,会务日渐发达,为发扬属会精神,阐明民生教育旨趣起见,特由理事会议决举办《民生教育》月刊,以资宣传。预订每月排印纸张稿费等项约需经费四百元。属会成立伊始,苦无钱款。拟请钧局按月补助费二百元,俾力进行,将来该刊即用钧局与属会合办名义出版。特具文呈请并由属会干事长蒋建白面洽。

1936年12月8日,上海市社会局局长潘公展批示:"一时无款可拨"。

1937年5月3日,中国民生教育学会理事长邰爽秋再次为《民生教育》月刊请与补助经费事宜给上海市社会局局长潘公展呈文,道[1]:

> 窃属会成立于去年(1936年)五月,曾将筹备经过情形呈请钧局核准备案。近因积极扩充会务,创办民生补习学校,并发行《民生教育》月刊,需费巨甚。前曾由属会干事长蒋建白面陈一切,特再具呈,其准予酌量补助,俾力进行。

在第一次请求补助被拒后,时隔半年再次呈文请求补助,可以看出《民生教育》月刊经费的严重不足,第二次呈文是否得到上海市社会局的同意,档案中没有提及,但至1937年8月沪变,在出版三期后即停刊。[2]一直到1939年7月才出版第一卷四期,先后共出四期,《民生教育》期刊由此画上句号。即便如此坎坷不规范,它还是为中国民生教育学会留下了重要资料,也为研究民生本位教育发挥了不可替代的重要作用。

四、《民生教育》月刊的特点及发稿情况

《民生教育》总计只出了四期,由于是学会办刊,与当时以报刊为业的出版物相比,未能及时出刊,编校、排版质量有明显欠佳,但在其创刊时还是充满理

---

[1]《上海市社会局关于中国民生教育学会及征用扬州公所土地申请拨发补助费的文件》,上海市档案馆藏,Q6-18-179,第1-4页。

[2]《各团体消息》,《建国教育》1939年第1卷第2期,第113页。

想，在创刊号中将刊物自我评价为内容充实、印刷精美、用影写版精印民生教育照片、用科学方法研究阐明民生教育等四个特点[1]：

> 1. 内容充实　本刊系上海大夏大学教育学院院长邰爽秋先生及上海市社会局科长蒋建白先生所主编，并敦聘特约撰述三十余位（姓名履历见后），皆系海内外民生教育专家，故内容极为丰富；
> 2. 印刷精美　本刊系用十标宋字排版，字体清晰，格式精美，每期封面并特请美术名家绘制；
> 3. 影印照片　每期刊载民生教育照片多张，用影写版精印，以增进读者兴趣，并欢迎投稿；
> 4. 科学研究　民生教育为一种目前大多数迫切需要之新兴教育，本刊论文用科学方法研究阐明民生教育，以引起全国教育界之兴趣。

《民生教育》月刊从内容到印刷包装等方面在当时的技术条件下尽可能提高质量，同时也请教育界、实业界知名人士蔡元培和钱永铭等为该刊题词，以提高影响力，蔡元培的题词为：[2]

> 管仲曰："仓廪实而知礼节，衣食足而知荣辱。"孔子适卫，曰："庶矣哉！富之。"子贡问政，子曰："足食足兵，民信之矣。"孟子曰："养生送死无憾，王道之始也。"又曰："民无恒产，因无恒心。制民之产，必使仰足以事父母，俯足以畜妻子，乐岁终身保，凶年免于死亡。"最近，孙中山先生创设三民主义，而于建国方略之开端，说："建国之首要在民生。"先圣后圣，未有不注重于民生者。中国民生教育学会诸君子，揭民生以为教育之目标，善哉，善哉！

这段题词引述经典，阐发民生教育的依据并给予较高评价，以示鼓励。

《民生教育》前后3年多的时间仅出4期，发文量有限。《民生教育》四期作者

---

[1]《民生教育月刊征求基本订户万份　举行特价三个月》，《民生教育》1937年第1卷第1期。
[2]《题词》，《民生教育》1937年第1卷第1期，扉页。

及发文数量如下:[①]

表4-9 《民生教育》四期作者发稿数量

作者	篇数	作者	篇数	作者	篇数
邰爽秋	3	蒋建白	1	吴稚晖	1
潘公展	2	唐庆增	1	陈振鹭	1
陈荩民	1	张少微	1	梁园东	1
王成组	1	萧孝嵘	1	滕仰支	1
江问渔	1	刘伍夫	2	刘剑声	1
陈大白	1	乔志徇	1	唐茂槐	1
徐眉寿、徐兰荪	1	中国民生教育学会	1	楼嘉济	1
陈一百	1	叶青	1	——	——

从上表可以看出,《民生教育》作者有24位,其中个人作者23位,团体作者1位。发表文章最多的是中国民生教育学会理事长、《民生教育》编辑主任邰爽秋,发表3篇文章,潘公展、刘伍夫次之,各发两篇;其余作者均发表1篇文章。多数特约撰述没有发文,又有不少不是特约撰述的作者发文,显示《民生教育》的作者分布面比较广,期望作者与实际作者之间存在差距。作者中多数是中国民生教育学会会员,其中有大学教授,也有应邀写稿的国民党元老或与学会有特殊关系的人士。

《民生教育》月刊内文包括插图、论文、报告、消息、特载、附录等栏目。插图主要有:中国民生教育学会成立大会摄影,秦家阁念二社活动写真,沪西民生教育试验区活动写真,上海立达学园养蜂、养鸡和养兔等民生经济活动。专论包括刊物的发刊词、学会成立大会宣言和民生教育发端。论文占的比重最大,有24篇,主要从哲学、科学、政治、经济、社会、历史、地理、心理等各方面阐述民生本位教育的理论基础,显然是组稿的作品;论文还涉及民生教育与精神训练、西南建设、儿童本位、民族教育、生活教育等方面。邰爽秋的《民生本位教育刍议》曾于1935年发表于《教育杂志》,由于该文阐述了民生教育的重要主张,因此又特载于《民生教育》月刊。第三次全国教育会议贵阳教育界的提案《教师福利保

[①] 雷志松:《中国民生教育学会研究(1936—1949)》,博士学位论文,四川大学,2009,第85页。

险合作案》也专载于《民生教育》。中华职业教育社副理事长江问渔在民生教育学会成立大会上的演讲辞以《中国民生教育学会成立大会演说辞》为标题发表于该刊。

《民生教育》十分重视对民生教育学会相关事项、活动的介绍，如会务纪要有"本会总会迁移""本会会章修改""本会年会举行经过""中央党部准本会案""本会会员大会记录""本会理事会会议记录""本会新加入会员名单""本会聘请理事及指导委员会""本会第二届理事改选结果""本会收支报告表"等。《中国民生教育学会会章》《中国民生教育学会分会组织办法》《中国民生教育学会全体理事及职员录》等以附录形式载于该刊。此外还有学会工作报告、年会报告也刊发其上。

表4-10 《民生教育》内容分类统计

内容分类名称	篇(张)数	内容分类名称	篇(张)数
题词	2	插图	6
讲演	1	专论	3
论文	24	专(特)载	4
消息	7	报告	4
附录	3		

《民生教育》自1937年5月至1939年7月先后共出4期。相对于当时的教育期刊，《民生教育》并不显著突出，但在阐明民生教育旨趣、介绍民生教育实施方法、刊载中国民生教育学会消息方面具有独特价值。

除了印发的四期期刊外，中国民生教育学会于1937年以《民生教育》月刊特刊印行了邰爽秋的《土货抗战论》，这一特刊用34开纸印刷，共有26页。邰爽秋在《土货抗战论》中指出，提倡土货可以维持抗战资源，可以抵制经济封锁，可以增加后方生产，可以安定国计民生，这些思想是对"念二运动"中的"土货救国"思想的发展。根据这些思想，邰爽秋在《土货抗战论》中建议，要设置土货工业，调整机构，积极提倡土货，为长期抗战作准备。

《民生教育》的发行在一定程度上影响了当时的教育发展潮流，对当时中国教育政策的制定、社会风气的改变等都有一定影响，体现了中国民生教育学会对改造中国教育的深层次思考和创造性贡献。

第七节　编辑发行《教育与民生》周刊

中国民生教育学会参与的编辑发行工作还有编辑发行《教育与民生》周刊。与创办《民生教育》经过长时间筹划，有过宏大的理想不同，《教育与民生》的编辑发行有些偶遇的色彩。

一、《教育与民生》周刊创办的背景与目的

《教育与民生》周刊的编辑与发行依托于中国民生建设实验院开展，发表了一些教育界公认的具有较高价值的学术成果。

1935年2月10日贵阳创办了《革命日报》，一直到1939年12月31日后改称《贵州日报》。《革命日报》打算在已有的"革命军""晴岚""大众史地""文化抗战""新垒""心理周刊""妇女与儿童"等副刊之外增加教育内容的副刊，《教育与民生》周刊就是这样在1938年5月到8月间作为《革命日报》（贵阳）的副刊诞生的[1]，先后共出十四期，刊于《革命日报》（贵阳）的第四版。《教育与民生》周刊由中国民生教育学会贵阳办事处编，主编为中国民生教育学会理事长邰爽秋先生，报纸由文通书局承印。

关于《教育与民生》周刊创刊的目的，邰爽秋在其《发刊词》中说[2]：

> 两年以来（两年指从1936年5月中国民生教育学会成立到1938年5月《教育与民生》周刊发刊，正好两年），各种工作都有相当的进展。及至抗战发生，有识之士都认定救济民生为安定后方的基本工作，民生学会同人因此更感觉到责任的重大，并由办事处同人刊行本刊，它的主要目的是：一、研究民生本位教育的基本理论及实施方法。二、促进本省民生经济与教育建设。贵州虽号称贫瘠省份，但是他的矿产丰富，人民朴实耐劳，各类建设事业又经党政军当局和社会人士的努力，奠定了深厚的基础，未来发展殊

---

[1] 中国民生教育学会：《最近一年来的工作报告》，《建国教育》1938年第1卷第1期，第34—35页。
[2] 邰爽秋：《发刊词》，《革命日报》1938年5月2日第4版。

不可限量。本刊同人原在这个当儿,略贡愚识,打打边鼓,希望对于整个贵州的建设事业有此微贡献。省内硕学,不吝赐教,实所感。

这段话言简意赅地交代了背景,表达了目的,定位比较低调,显示出当时中国民生教育学会的状况和希冀。

二、《教育与民生》周刊的内容

根据可以查到的《革命日报》(贵阳)副刊《教育与民生》周刊第一期至第十一期的文本(第十二期至十四期未找到),可以对《教育与民生》的内容和周刊特点作简要分析。其中共刊载了17篇文章和1篇中国民生教育学会会章。17篇文章中,有7篇分两次刊载,其余为一次性刊载。具体作者、内容与刊出时间见表4-11。

表4-11 《教育与民生》周刊的作者与内容

期次	内容	刊出时间
第一期	邰爽秋:《发刊词》 邰爽秋:《民生本位教育产生的背景和意义》 蒋舜年:《介绍中国民生教育学会》 陈大拨:《民生本位教育与贵州》	1938年5月2日
第二期	邰爽秋:《土货工业的意义和重要》 蒋舜年:《介绍中国民生教育学会》(续) 邰爽秋:《民生本位教育与各种教育之区别》	1938年5月9日
第三期	邰爽秋:《实施民生本位教育的基本原则》 陈惕卢《贵州农村经济及民生教育》	1938看5月16日
第四期	邰爽秋:《提倡土货抗战的理由》 陈惕卢:《贵州农村经济及民生教育》(续)	1938年5月23日
第五期	戴广德:《全民抗战与民生教育》 邰爽秋:《提倡土货抗战的理由》(续) 蒋舜年:《从民生教育观点说到小学劳作教育》	1938年5月30日
第六期	邰爽秋:《发行土布工业办法举例——土布工业》 蒋舜年:《从民生教育观点说到小学劳作教育》(续)	1938年6月6日

第四章 短暂的勃兴(1936年5月—1938年10月)

续表

期次	内容	刊出时间
第七期	邰爽秋:《发行土布工业办法举例——土布工业》(续) 邰爽秋:《中国民生教育学会会章》	1938年6月13日
第八期	蒋舜年:《介绍吴稚晖先生的民生教育观》 邰爽秋:《发行土布预约券消纳过剩棉花恢复农村经济计划》	1938年6月20日
第九期	陈大拨:《沪西民生教育实验区鸟瞰》 邰爽秋:《发行土布预约券消纳过剩棉花恢复农村经济计划》(续)	1938年6月27日
第十期	陈大拨:《民生本位教育的唯生观》 陈大波:《什么是经济活动》	1938年7月14日
第十一期	陈大拨:《民生本位教育的唯生观》(续) 陈大拨:《什么是经济活动》(续)	1938年7月18日

从上表可以看出,该周刊的作者有限,仅有4人,在总共17篇文章中,邰爽秋发文最多为8篇,占近一半;陈大拨发文4篇,蒋舜年发文3篇,陈惕卢、戴广德各发文1篇。内容集中在介绍中国民生教育学会、民生本位的教育理念以及与民生教育相关的事业。运行如此短的时间即停刊,与文章的可读性等特征直接相关,也显示此时的中国民生教育学会已经势单力薄。

中国民生教育学会所办的《民生教育》月刊和《教育与民生》周刊的两次参与媒体的活动时间都较短,显现出学会在这方面的能力不强,效果也不太理想,这或许是该学会1939年后就未直接参与报刊活动的原因。

在1938年6月,邰爽秋给国民党中央社会部的呈文所附《中国民生教育学会最近一年来工作报告》中所列述的中国民生教育学会事业方面所做的工作有:[1]

(一)补习教育 在上海办有沪光、沪德、沪友民生补习学校三所,由吴凯声、邰鸿秋、常文浚、王恒良、陈沪冰等负责办理。毕业学生二百余人,沪市陷落后停办。

(二)难民教育 "八一三"事件发生后,本会在各难民所举办难民教育,受教育者约二百余人。

---

[1] 中国民生教育学会:《中国民生教育学会最近一年来工作报告》,《民生教育》1939年第1卷第4期,第34-35页。

(三)巡回教育　去年秋陕北二区专员公署,开设巡回教育师资训练班,推行民生教育,委托本会设计办理。本会派蒋舜年、徐树淦二君前往,计受教者五十余人。

(四)教材研究　本会曾与沪西民生教育实验区合作,研究经济分专制教材,尚未完成。

(五)战教座谈会　本会于今年春间,在重庆举行战时教育座谈会,到吴稚晖等三十余人。一致主张推行民生教育。

(六)民生教育研究会　该会系贵阳大夏大学本会会员所组织。现有会员五十余人。

(七)土货陈列室　系遵义分会所办,现陈列遵义县土货数十种。

(八)刊物　计有三种。

1.《民生教育》月刊已出三期。

2.《教育与民生》周刊,系贵阳《革命日报》附刊,出有十四期。

3.《土货抗战议》小丛书一种,邰爽秋著。

中国民生教育学会的发起者可能未曾料到,该会从建立到被迫西迁这段经历虽然艰难曲折,却在历史上成为该学会存续期内的高峰,在理论研究、会员人数、组织建设、实验拓展、创办会刊等方面都有起色,对民生教育发展发挥了重要作用,在社会上留下深刻印记。

第五章 在中国教育学术团体联合会中的维持
（1938年11月—1945年10月）

二十世纪三十年代末,日军先后入侵上海、南京,邰爽秋随大夏大学西迁四川、贵州等地。中国民生教育学会的会员分散于国内各处,学会的年会一直难以如期举行。为了保持学会初衷,促进学会的发展,中国民生教育学会参加了1938年11月在重庆举办的中国学术团体第一届年会,此后加入中国教育学术团体联合办事处(后改为中国教育学术团体联合会),其会务活动主要为在中国教育学术团体联合年会里参与开展的活动;在具体工作方面有创办中国民生建设实验院,附设教育性质的化工、印刷、藤工、织布等工厂,收养和教育难民、难童,将教育送到了巴山蜀水的村村寨寨。中国民生教育学会先后五次参加了中国教育学术团体联合会的联合年会。因为时局动荡以及其他种种原因,总体而言,中国民生教育学会会务比较松散,开展得也不够活跃。

第一节　加入中国教育学术团体联合会

　　中国民生教育学会成立于1936年5月,在全面抗战前夕,时局动荡,受迫于各方面的阻碍,向国民党中央党部备案尚未完成,便又迎来新的变故。

一、迁址、会章修改与完成备案

1937年"八一三"事变后,中国民生教育学会会址不可能在上海留存,少数会员在上海继续开展难民教育,多数会员分散在国内各地,主干成员邰爽秋等人随大夏大学先到重庆。会址临时落脚重庆川东师范学校,后又搬迁至贵阳。

搬迁过程中,为了完成在国民党中央党部的立案,邰爽秋一直与其保持着联系。1938年6月,中国民生教育学会向国民党中央党部社会部呈送《中国民生教育学会报送〈学会概览〉与会务活动概况呈国民党中央社会部》。邰爽秋的呈文原文如下:[①]

邰爽秋致中央社会部呈

呈为报告会务状况,呈请鉴核事:窃属会以研究及推行民生本位教育为宗旨,于民国二十五年五月三日经上海市党部核准备案,在沪成立,设总办事处于上海极司非而路七百五十号。八一三事变发生后,沪市沦陷,乃将总会迁至重庆,设办事处于川东师范,并于贵阳南通路一百五十八号设立贵阳办事处。值兹国难期何,后方民生至关重要,属会谨当按原定宗旨,力图迈进,俾为抗战建国之一助。谨将属会概览一册,遵章随文据实详报,伏祈鉴核,并准予备案,实为德便。

谨呈中国国民党中央执行委员会社会部

中国民生教育学会理事长邰爽秋谨呈
中华民国二十七年六月九日

随同上述呈文报送的有《中国民生教育学会概览》,介绍了学会的情况,并报备了一年来的会务,内含《中国民生教育学会会章》(民国二十五年五月三日大会通过,二十七年十二月理事会依法修正)、《中国民生教育学会分会组织办法》(二十七年十一月改订)、《中国民生教育学会最近一年来的工作报告》,其中

[①] 中国民生教育学会:《中国民生教育学会报送〈学会概览〉与会务活动概况呈及国民党中央社会部指令》,中国第二历史档案馆藏,社会部档,全宗号:十一,案卷号:3136,第1页。

第五章　在中国教育学术团体联合会中的维持（1938年11月—1945年10月）

关于"今后的工作"表述为①：

（一）会务　拟于最近一年征求会员一万余人并在国内各处成立分会一百处，每分会拟办一种或数种民生生产事业。

（二）研究　拟从民生教育之观点研究抗战建国期中应有之各种设施并继续研究。

（三）刊物　拟出《民生教育丛书》一套，研究民生本位教育之理论与实施。

（四）民生学院　拟创办民生学院一所，内分实验训练二部。实验部设实验民生小学，及民生教育实验区；训练部训练推行民生教育之基本人才，计载另拟，不备述。

本会同人深信民生本位教育为抗战建国期中一种基本教育工作，本着这种信念，本会同人愿与全国人士共同努力，去实现这个伟大的使命。

上述设想后来实现的较少，尤其是"拟于最近一年征求会员一万余人并在国内各处成立分会一百处"与实际差距太大。中国国民党中央执行委员会社会部收到这封报告，也给出了意见：②

中央社会部致中国民生教育学会指令
中国国民党中央执行委员会社会部指令渝字第809号
令中国民生教育学会
呈为呈报会务状况并附呈该会概览一册，仰祈鉴核由。呈暨附件均悉。该社提倡民生教育，立意甚善。仍希拟订工作方案，策动该会会员及教育界人士，按步实施，努力迈进。该会暨各分区（会）工作情形，并希随时呈报本部备查，遇有集会，亦须先期呈报，以便派员列席，仰即知照。此令。
中华民国二十七年十月二十日
［国民政府社会部档案］

---

①中国民生教育学会：《中国民生教育学会报送〈学会概览〉与会务活动概况呈及国民党中央社会部指令》，中国第二历史档案馆藏，社会部档，全宗号：十一，卷宗号：3136，第673页。
②同上。

1939年5月,日本侵略者对重庆实行狂轰滥炸,川东师范学校被迫迁往江津白沙镇东海沱古坟湾,中国民生教育学会"乃又迁至重庆曾家岩中(山)四路112号中国教育学术团体联合办事处办公"。①

1938年和1939年学会对会章先后进行过两次修改,对理事会和常务理事相关细则进行过修改。

1938年11月,中国民生教育学会改订了《中国民生教育学会分会组织办法》。新修订的学会分会组织办法与成立大会通过的学会分会组织办法相比,主要变化有:条数由原来的7条增加到10条;在会费方面,将原来的"分会会费以百分之五十解交总会,以百分之五十充作分会内办公费用"的规定,修改为"会费由总会直接征收或委托分会代收,除普通及赞助会员费之半数留作分会费用,其余一概缴纳总会";增加了购买总会月刊《民生教育》和其他刊物的规定,"分会某会员如需本会月刊,可由总会发寄,总会须收回月刊印刷及邮寄费大洋二元","分会会员欲购本会其他刊物,七折优待"。②

1938年12月,中国民生教育学会理事会对会章进行第一次修改,此次修改之后的会章与1936年成立大会通过的会章相比,主要发生了以下五点变化③:

一是区域及会址的变化。由于全面抗战的爆发,大夏大学西迁,而中国民生教育学会的多数成员都是大夏大学的师生,因此中国民生教育学会总会也随之西迁,区域及会址也由原来的"总会会址设于上海"变为"总会会址现设于重庆川东师范"。

二是永久会员分类与要求的变化。将永久会员进一步细化分为甲、乙、丙三种。会章第四条第一项中(丁)由原来的"凡个人一次缴纳会费十元以上,或团体一次缴纳会费五十元以上者,皆得为本会永久会员",改为"凡个人一次缴纳会费十元以上(甲种五十元以上、乙种三十元以上、丙种十元以上),或团体一次缴纳会费五十元以上者,皆得为本会永久会员"。

---

①中国民生教育学会:《中国民生教育学会会务纪要》,《民生教育》1939年第1卷第4期,第8页。
②《中国民生教育学会概况》(1938年12月),中国第二历史档案馆藏,社会部档,全宗号:十一,案卷号:3122,第11页。
③中国民生教育学会:《本会会章修改》,《民生教育》1939年第1卷第4期,第38页;《中国民生教育学会概况》(1938年12月),中国第二历史档案馆藏,社会部档,全宗号:十一,案卷号:3122,第6-10页。

三是理事会的变化。理事会的人数由原来的"十一人至十五人"改为"十一人至十七人",在理事会组织中增设"名誉理事长一人"。修改后的会章第五条规定:"(甲)本会理事会由会员公选十一人至十七人组织之,计划本会进行事宜,任期一年,连选得连任。(乙)本会为发展会务起见,再由理事会加推理事八人、名誉理事长一人、名誉理事九人以上、赞助理事若干人、候补理事九人"。

四是常务理事会的变化。在常务理事会下增设副干事长一人,修改后的会章规定:"(乙)本会为处理日常会务,增加工作效率计,得在常务理事会之下设干事长、副干事长各一人及干事若干人,常驻会办公,其办事细则另订之。"

五是各种委员会和分会的变化。原来第五条第三项各种委员会的规定和第四项对分会的规定全部删去。可能与实际中委员会的框架太大,难以组建,分会建设不够理想或依照备案要求会章不需要涉及委员会与分会直接相关。

《中国民生教育学会会务纪要》中详细记载了学会第二届理事改选结果,选举邰爽秋、程其保、姜琦、吴俊生等十七人为理事,选举候补理事八人。

1939年,根据中央党部社会部1939年1月19日渝字第2009号指令和教育部1939年2月20日批令,中国民生教育学会遵令对学会会章和学会分会组织办法做了第二次修改,根据《中国民生教育学会会务纪要——本会会章修改》记载,这次主要修改的内容有[①]:

(一)会章第五条第一项第二目理事会依法不能再行推举理事,条文中"理事八人"予以删去;(二)同条同项第一目中"本会理事会由会员公选十一人至十七人,候补理事五人至七人组织之,计划本会进行事宜,任期一年,连选得连任"的规定,修订为"本会由会员公选理事十一人至十七人,候补理事五人至七人,组织理事会,执行本会会务进行事宜,任期一年,连选得连任";(三)分会组织办法第一条文末"不必再照普通人民团体组织手续办理"等字删去;(四)分会组织办法第十条"分会经济及行动各自负责,与本会无涉"删去;又接教育部二月二十日批令会章第十条第三项"市党部",改为"党政机关"四字。

由于中国民生教育学会成立后仅经过上海市党部核许成立,向中央党部呈请备案因战争爆发而拖延,一直没有收到中央党部的明令,直到三年半以后

[①] 中国民生教育学会:《本会会章修改》,《民生教育》1939年第1卷第4期,第38页。

"首都迁渝,本会复向中央党部呈请备案,顷奉到该部二十八年一月十九日渝字第二〇〇九号指令,准予备案。本会奉到部令后,即又分呈教育、内政两部备案"①。

也就是说,收到中央党部社会部1939年1月19日渝字第2009号指令和教育部1939年2月20日批令,才算是中国民生教育学会真正完成了在中国当时的行政体系中的备案程序流程,成为合法的教育社团。

二、加入中国教育学术团体联合办事处

中国教育学术团体联合会是日军全面入侵后中国教育学术团体的联合组织,此前,中国教育学术团体之间联系甚少,合作也甚少。抗日战争成为动员令,使各个团体加强合作,共同尽力于中国教育,各社团领导人提议成立中国教育学术团体联合组织。

1937年在南京组成中国教育学术团体联合办事处。由于时局动荡,中国各个教育学术团体的成员分散在各地。联合也是为了方便联系,各个团体一起举办年会,在年会中总结和反思过去的成绩和工作,筹划今后的工作方向和实践要点,在增进了解的基础上走得更紧密。

1938年各学术团体为进一步密切合作,减少原有各社团经费开支,协同推行国家教育政策,沟通国际文化,共谋教育事业发展,同意将办事处改为中国教育学术联合会,公推张伯苓任理事长。

1938年,该会随国民政府西迁重庆,紧密配合形势商讨战时教育、三年教育建设计划、战后世界和平教育改造及加速教育民主化等重大课题,并以倡导学术、给青年以进修机会、改善青年休闲生活为目的举办公开学术讲演。为了使各个教育学术团体之间更加紧密地合作,更加方便地交流,1944年5月在重庆举行的第三届联合年会上议决正式将中国教育学术团体联合办事处扩展为中国教育学术团体联合会,使得这一组织常态化。

---

①中国民生教育学会:《中国民生教育学会会务纪要》,《民生教育》1939年第1卷第4期,第39页。

第五章　在中国教育学术团体联合会中的维持(1938年11月—1945年10月)

主持联合年会是中国教育学术团体联合会的主要工作,除此之外,为加强各团体的密切联系,1939年中国教育学术联合会创办会刊《建国教育》季刊,编辑《心理》《教育与宪政》《今后两年各项教育问题》《各省市教育实况》等专号[1],还编辑发行过《联合年报》《联合年会总报告》等印刷物。在全面抗日战争期间以及随后的一段时间中,中国教育学术团体联合年会发挥了重要作用,正如国立戏剧学院全体师生1938年12月27日在致中国教育学术团体联合年会公鉴中对其所赞颂的:[2]

大盗肆志　巨寇披猖
全民抗战　国力是张
教民生聚　奠定家邦
一堂济济　万众曙光
文化建设　挽救危亡
民族复兴　功德无疆

在《建国教育》第1卷第2期以及中国民生教育学会会刊《民生教育》月刊第1卷第4期中,都记有中国教育学术团体联合办事处成立的起因和中国民生教育学会加入的简况[3]:

> 我国学术团体,自民国成立以后,始渐次产生。十六年北伐成功,全国统一,各种新的术学团体应时代需要,年有增加,就中尤以教育学术团体,发展最速。惟各团体之间,以缺乏连系,殊少合作。迨二十六年春因筹备参加在日举行之"第七届世界教育会议",始有联合组织,由中国教育学会、中华职业教育社、中国社会教育社、中华儿童教育社、中国教育电影协会、中国卫生教育社,中华健康教育研究会等七团体合设"中国教育学术团体

---

[1]《中国教育学术团体联合会简况》,《教育杂志》1947年第32卷第1期,第102页。
[2]《中国教育学术团体联合年会报告》,《建国教育》1939年第1卷第2期,第41页。
[3] 中国民生教育学会:《中国教育学术团体第一届联合年会纪要》,《民生教育》1939年第1卷第4期,第23页。

联合办事处"于南京,谋团体间事务之联络……近自中国心理卫生协会、中华图书馆协会、中国测验学会、中国民生教育学会、中华体育学会相继加入,联合机构,更行扩充。

中国教育学术团体联合会最早的办事处位于南京珠江路728号。1938年随着国民政府机关一同西迁至重庆,地址在重庆中山四路曾家岩112号。①中国民生教育学会则是由于1939年5月日本侵略者对重庆实行狂轰滥炸,会址所在处被迫由川东师范学校迁往江津白沙镇东海沱古坟湾,后迁到此处办公。

《民生教育》月刊第1卷第4期对中国民生教育学会加入中国教育学术团体联合办事处的过程记述如下:②

> 本会成立于二十五年五月,本拟于二十六年夏季举行年会,奈沪变发生,会员星散,遂尔迟延。总会移渝后,本会加入全国教育学术团体联合办事处,决议与其他十一教育学术团体于二十七年十一月二十七日在渝举行联合年会,因各会员住址,多已变更,曾分登重庆、成都、贵阳各报,以代通知,会期三天,详情见本期联合年会纪事。

这篇意在向各位会员预告年会的文字,因《民生教育》发行滞后成了历史记载,它交代了中国民生教育学会成立后会议不能如期举行的原因,以及为何加入中国教育学术团体联合办事处的缘由。

中国民生教育学会自成立后就试图通过各种渠道引起社会各方对民生教育的关注,参与中国教育学术团体联合办事处是其中的一种方式。此外,它还力图将其研究推送给教育当局。1939年,中国民生教育学会由其理事乔一凡拟就中等教育方案呈送国民政府最高当局。方案中乔一凡等人认为:学问为做事之工具,而做事的对象在为人群谋建设。故其主张偏重于建设的、生产的、社会的,其设施与进行,仍以"三民主义"的教育为出发点,其实施办法则主张政教合

---

①《教育学术团体联合办事处成立》,《教育杂志》1939年第29卷第2期,第92页。
②中国民生教育学会:《中国民生教育学会会务纪要:本会年会举行经过》,《民生教育》1939年第1卷第4期,第32页。

一、官师合一、三育合一、中西并重、农工并重、男女并重。①这个方案显示出中国民生教育学会对于教育的部分主张,也显示出其积极参与的态度。

自从中国民生教育学会于1938年加入中国教育学术团体联合办事处后,曾经先后参加了五次联合年会,分别是1938年(第一届)、1942年(第二届)、1944年(第三届)、1945年(第四届)、1947年(第五届)。自从加入中国教育学术团体联合年会,中国民生教育学会的会员在每次年会中都积极发表自己的主张,共商国是,共同进退,为联合年会的顺利召开和决议的顺利落实发挥自己的力量。

第二节　参加第一届中国教育学术团体联合年会并提案

1938年11月27至30日,中国教育学术团体联合办事处建立后的第一届联合年会在重庆举行。参加中国教育学术团体第一届联合年会的有:中国教育学会、中华职业教育社、中国民生教育学会、中国教育电影协会、中国卫生教育社、中华健康教育研究会、中国社会教育社、中华儿童教育社、中国心理卫生协会、中华图书馆协会、中华体育协会和中国测验学会等十二个教育学术团体,参加的会员有五百余人。②这十二个学术团体是当时尚存续且获得政府立案,在中国教育界占有重要地位的教育学术团体,是当时中国教育界社团的领航者,它们研究和实践的方向各有侧重,总体代表中国教育学术事业的发展方向。各个团体联合举行年会可以促进团体之间的对话、交流与合作,是适应抗战环境的举措,也符合各个团体自身在特殊环境下的发展需要。

本次联合年会引起国民党高层的高度重视,副总裁汪兆铭,重庆行营主任张群,教育部部长陈立夫,重庆市市长蒋志澄,中委吴稚晖、邵力子、陈果夫等人参加了开幕式及座谈会等议程。会议通过了如下议案:(一)电蒋委员长致敬,(二)电慰前方将士,(三)函慰沦陷区域教育界同人,(四)推谢循初等起草大会

---

①教育部教育年鉴编纂委员会:《第二次中国教育年鉴》,商务印书馆,1948,第848页。
②《中国教育学术团体举行联合年会》,《申报》1938年11月29日第三张,影印本编号为:[359]798。

宣言,(五)决定分组审查提案,并推定许恪士等为各组召集人,(六)向世界教育学术团体揭露暴敌摧残文化罪恶,并请协助文化建设,推张彭春起草宣言。①

中国各教育学术团体本来就有每年举行一次年会的惯例,日本入侵,时局动荡,使得各个社团的成员分散四处,交通阻隔,各团体难以举行自己的年会,所以组织成立中国教育学术团体联合办事处,事实上是将多个社团的年会放在一起召开,既有简化的一面,又有更为复杂的组织过程。

在第一届联合年会举行前,在重庆的程其保、郭有守等人组织了"中国教育学术团体联合年会筹备委员会",曾经先后举行七次筹备会议,议决②:

(一)假用重庆川东师范大礼堂为本届会场;(二)通知各地会员来渝参加;(三)会期定自11月27日至30日;(四)年会中心问题为"抗战建国之各种教育实施问题";(五)出版《建国教育》季刊;(六)印发年会手册等项。并推定各组职员,计:"总务组"章益、郭有守(召集人)、陈礼江、李清悚、张廷休;"提案组"魏学仁(召集人)、钟灵秀、马客谈、吴南轩、许恪士、汪元臣、江恒源;"招待组"钟灵秀(召集人)、张崇德、孙起孟、王平陵、王书林、黄龙先、沈祖荣、陆殿扬、许恪士、钟道赞、郝更生;"宣传组"罗刚(召集人)、王平陵、陆殿扬;"会序组"程其保(召集人)、姜琦、谢循初、许恪士、洪范五。大会招待,亦由各团体各推一人担任。

在上述列入的职员中,程其保、吴南轩、许恪士、章益、李清悚、马客谈、张廷休、陆殿扬、姜琦等人都是中国民生教育学会理事或学会会员,这些人都积极参与了中国教育学术团体第一届联合年会的筹备与会务,显示了中国民生教育学会对第一届联合会事务的积极态度。

中国教育学术团体联合办事处规定,每个加入该办事处的教育社团都必须选出理事二至四人,这些人联合组成中国教育学术团体联合办事处常务理事会。常务理事会负责中国教育学术团体联合办事处的日常工作,同时,每个学会选出来的理事也要负责自己所在的教育社团和中国教育学术团体联合办事处的联系,二者之间事务的处理,等等。中国民生教育学会选出的理事是邰爽秋、陆殿扬、姜琦等三人,他们加入联合办事处常务理事会,③其中邰爽秋为常务

---

① 《中国教育学术团体联合年会报告》,《建国教育》1939年第1卷第2期,第11-14页。
② 吴鼎:《十二教育学术团体联合年会始末记》,《教育杂志》1939年第29卷第3期,第59-64页。
③ 中国教育学术团体联合办事处编印:《中国教育学术团体联合年报》,1944,第2页。

第五章　在中国教育学术团体联合会中的维持(1938年11月—1945年10月)

代表,负责具体工作。中国民生教育学会公推邰爽秋、姜琦二人代表民生教育学会成为中国教育学术团体联合年会座谈会的代表。[①]

在中国教育学术团体第一届联合年会上,各会员宣读论文、个人提案计有51件,团体提案计有53件,经审查通过,均整理后建议政府采用。大会议决组织战区教育问题研究会,通过致各国文化团体宣言。[②]

一、民生本位的学制系统

在此前的民生教育实验中,中国民生教育学会试图在原有学制系统以外创建一种新的教育形式,在实施中随时随处遇到了种种问题。加入全国教育学术团体联合办事处后,邰爽秋试图建立一套民生本位的学制系统,这一议题成为中国民生教育学会在联合年会上宣讲的主题,所以既有中国民生教育学会常务代表邰爽秋向大会宣读论文《民生本位之学制系统》[③],又有中国民生教育学会向中国教育学术团体本届联合年会提出《改革学制系统案》。[④]

关于民生化的学校系统的设想,邰爽秋撰文《民生本位之学校系统及其各种教育之实施》,详细阐述了他主张的民生化的学校系统,指出民生化的学校系统"大体仍沿用现时学制,惟其内容,则根本推翻'以学科知识为中心,以造就少数专门学者为主要目标的传统教育制度',而代以'以民生经济活动为中心以造就多数民生实用人才为主要目标的新制度'"。基于这一主张的办学方针包括[⑤]:

(一)各种教育之实施,务须以民生为首要,为基础为中心,为标的。(此即本位之意)

[①]中国民生教育学会:《中国民生教育学会会务纪要》,《民生教育》1939年7月第1卷第4期,第33-34页。

[②]《中国教育学术团体联合年会昨开大会》,《申报》1938年11月30日第三张,影印本编号为:[359]812。

[③]中国民生教育学会:《中国教育学术团体第一届联合年会纪要》,《民生教育》1939年第1卷第4期,第24页。

[④]《中国教育学术团体联合年会报告》,《建国教育》1939年第1卷第2期,第47页。

[⑤]邰爽秋:《民生本位之学校系统及各种教育之实施》,《教育通讯》1938年第1卷第36期,第15页。

（二）各种教育之实施，其性质及数量首应以民生需要为根据。

（三）各种教育之实施务须顾及国民经济之能力。

（四）各种教育之实施务求与生产场所及生活环境相配合。

（五）各种教育之实施，务须贯彻国家统制之精神。

（六）各种教育之实施，务必融合中国固有文化之优点。

（七）各种教育之实施，务须尽量运用科学之方法与知识。

他绘制的学校系统纵向包含幼稚教育、基本教育、中学教育和高等教育四级，横向包含普通教育、专业教育和师范教育三类，除此之外，还有未纳入学校系统的社会教育系统，见图5-1[①]。

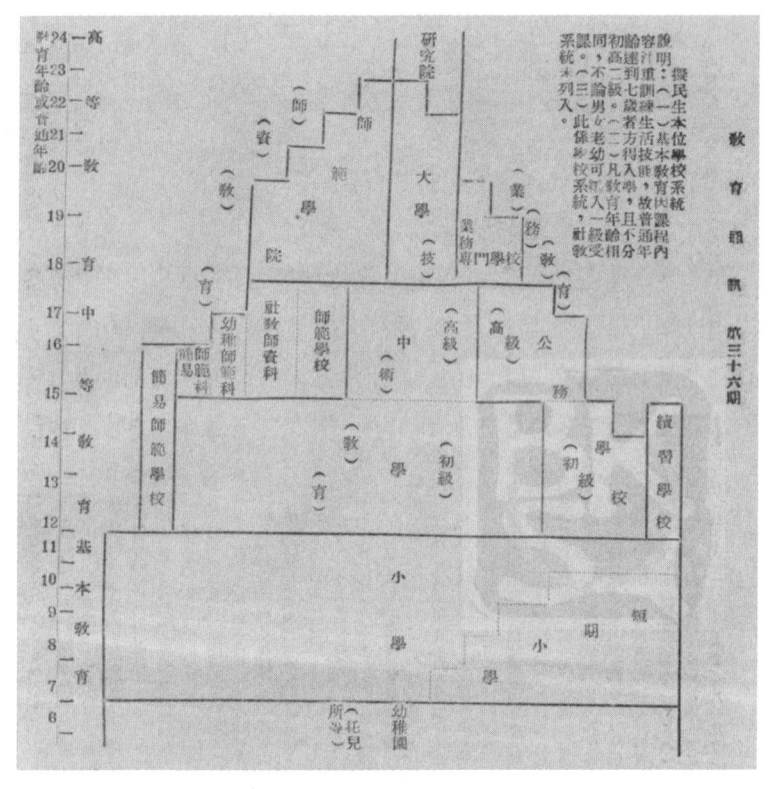

图5-1 民生本位学校系统图

---

① 邰爽秋：《民生本位之学校系统及各种教育之实施》，《教育通讯》1938年第1卷第36期，第16页。

对于各学段,邰爽秋做出如下说明[①]:

幼稚教育。幼儿7岁以下可入学,没有特定的入学年龄和修业年限。幼稚教育的设立应当顾及工农大众的需要,于保育和教导之中,特别培养儿童对于生产生活的兴趣、人群生活之欣赏、社会关系之认识,以及生存意义之了解。

基本教育。包括普通小学和短期小学两类,入学年龄都是7岁,普通小学修业年限5年,短期小学视学生具体的情况而定,最短1年,最长5年。基本教育是国民的基础教育,普通小学课程应当以本地民生经济活动,如农事、工艺、畜牧、贩卖等为中心,完成自养养人、自治治事及自卫卫国之基本训练。短期小学课程应当与普通小学相同。

中学教育。中学教育入学年龄为12岁,修业年限6年,包含初级和高级两段。中学教育是继续基本教育施行之国民教育,以造就社会生产事业之中级技术人员及准备升入大学、业务专门学校为目的,它的课程与基本教育大致相同,但程度略深,而以解决一县(初中)或数县(高中)人民衣食住行问题为主要目标。

高等教育。分为大学和研究院,大学入学年龄18岁,修业年限4年或者5年,研究院入学年龄23岁。所有大学教育的目的是培养各种社会生产事业的高级技术人员,应设立农、工、商、医等学院,施行高深技术教育,养成专门技术人才。废除原有文理法教育四学院,相关科目视农工商医四学院之需要酌量开设。研究院是创新发明、整理学术的机关,纯粹学术及应用学术之创造发明,首先应当顾及民生的需要,其应用学术的研究,应当以民生实际问题为主要对象。

专门教育。包括业务教育和业务专门教育两段,业务教育与中学教育同级,入学年龄为12岁,修业年限6年,但它以造就公众业务及社会上普通事业低级及中级业务管理人员为目的。它的课程与社会上业务的种类相一致,但以实用为主。业务专门教育是更高阶段,与大学同级,目的在培养公众业务及社会上普通事业高级管理及业务人员,课程与社会上业务种类相一致,亦以实用为主。

师范教育。分为普通师范教育和高级师范教育,普通师范教育与高级中学同级,为幼稚园、小学、低级与中级社会教育机关培养教师,而高级师范教育与

[①] 邰爽秋:《民生本位之学校系统及各种教育之实施》,《教育通讯》1938年第1卷第36期,第17页。

大学同级,为中学师范公务学校和高级社会教育机关培养师资。他们的课程都应当根据所教科目厘定,且单独设立。

社会教育。虽然社会教育独立于学校系统之外,却是民生化学校系统的重要组成部分。它的教育对象没有特定的条件,只要是能从事生产的男女老幼均可。它应当以增进社会生产能力为主要目标,识字教育应与民众经济活动相联系,先教以职业字汇,次及于普通字汇。公民训练应与民众经济需要发生密切关系;青年训练应注重生产技术,增进职业上之知能;妇女训练应注重家庭工业,促进社会之生产。

学制原本就是教育发展到一定程度的学校制度体系,邰爽秋试图让它更充分地实现民生本位的目的,而实现这一目的最关键和有效的方面在课程体系、教育教学内容与方式,不在学制体系。他主张:以注重生产技术之基本教育为国民基础教育;基本教育以上则为训练技术人才、业务人才及教学人才之教育;技术人才为国家造就之基本人才,于中学及大学中训练之;业务人才为技术人才之支衍,于师范学校中训练之;教学人才亦为技术人才之支衍,于师范学校中训练之;至于纯粹学术人才则于研究院中培养之。他称这一制度为"技术中心之民生本位学校系统",其目的在于使整个教育制度生产化、职业化、民生化,培养训练以生产技术为基础的技术、业务、教学人才。由于不同教育理念的人都可以采用同一个学制,邰爽秋的理念有价值,而设想本身在原有学制基础上没有多大的创新,还存在较多的不严谨、难以操作的问题。

二、《各级教育应注重民生以充实抗战建国力量案》

这次联合年会上,中国民生教育学会决议向中国教育学术团体联合年会大会提出的另一提案是《各级教育应注重民生以充实抗战建国力量案》[1],这份提案详细阐述了中国民生教育学会运用民生教育进行抗战建国的缘由与具体实施方法,其具体内容如下[2]:

---

[1]《中国教育学术团体联合年会报告》,《建国教育》1939年第1卷第2期,第47页。
[2] 中国民生教育学会:《中国民生教育学会会务纪要》,《民生教育》1939年第1卷第4期,第32-33页。

甲、理由

抗战之目的为民生，抗战之基础在民生，故抗战期中之教育应巩固民生基础，完成抗战建国之使命。

乙、办法

一、普通小学　酌量城乡情形，以民生经济活动如种植畜牧工艺合作等为课程之中心。

二、短期小学　酌量情形，减轻识字分量，代以强迫生产。

三、普通中学　酌减普通课程内容，增设农事等科目，培养学生谋生技能，并协助改善一县或数县人民衣食住行用等问题。

四、师范学校　应注重训练生产技能，并招收战区技术人员予以专业训练，以补师资之不足。

五、大学应增设农工院系，并应就战时人民衣食住行用各方面之需要，增设短期训练班或有关系之学程。

六、社会教育应注意发动全民力量增进社会生产。

七、研究院应就战时所发生之民生实际问题为研究之对象。

这一提案事实上就是要在战时和战区推进民生教育，利用这次会议提出本身就是一次宣传，也是上下的纵向沟通，以获得教育部等相关行政部门的认可与支持，为在各地开展民生教育活动提供合法性依据。

三、中国民生教育学会单独年会及联合会宣言

中国教育学术团体联合年会期间安排了各教育社团的单独年会时段。

1938年11月27日下午5时，中国民生教育学会在重庆川东师范大礼堂举办了自己的单独年会暨中国民生教育学会第一届会员大会。出席的会员有：黎衍宜、马客谈、吴鼎、孙鹏、王之瑜、刘开达、萧光邦、邰爽秋、王德熙、徐朗秋、卫士生、查席珍、倪亮、李育之、吴俊升、李保惠、王慕尊、姜琦、杨伊艮、蔡余仲、王振芳、刘纪元、蒋性均、高达宣、江书一、黄首新、程其保、杨叔荪、沈灌群、吴棠、蒋成堃、江应澄、曹中权、徐定中、乔一凡、曹振之、田动生、李步青，主席为邰爽

秋,记录为刘开达。①参加的会员总计38人,根据中国民生教育学会1938年12月编印的《中国民生教育学会概况》的记载,当时学会有会员1052人②,出席人员只占全体会员的3.61%。第一届会员大会出席会议的人数就相对较少,不具有广泛的代表性,显示出学会在抗日战争这个特殊的时期里维持运作的步履维艰状态。

第一次年会上,首先由主席邰爽秋报告事项:中国民生教育学会加入全国教育学术团体联合办事处经过情形;中国民生教育学会工作概况;理事会因受战事影响,延至现在始能改选;中国民生教育学会经费来源,均由会员捐助,当日仅能作简单之报告,将来当详细公布。会上,会员们选举了学会的理事;同时,为了参加联合年会,大会还通过了拟向联合年会提出的议案,选派了参加联合年会座谈会的代表。

中国民生教育学会第一届会员大会改选了学会理事,产生学会第二届理事会,选举结果为③:

邰爽秋三十三票,程其保二十七票,姜琦二十五票,吴俊升二十四票,钟道赞二十二票,周佛海二十票,吴南轩十九票,胡叔潜十八票,陆殿扬十七票,缪剑霜十七票,欧元怀十六票,潘公展十五票,张廷休十五票,罗廷光十二票,彭百川十二票,乔一凡十二票,聂荣藻十一票,以上十七人当选为理事;程柏庐十票,蒋建白十票,邹秉文十票,李宗黄七票,曹书田七票,陈友松五票,钮长曜五票,相菊潭五票,以上八人当选为候补理事。

中国民生教育学会第一届会员大会决议由学会主席邰爽秋指定姜伯韩、乔一凡、黄纶书等三人负责办理整理公布结果事宜。

在第一届联合年会闭幕前,中国教育学术团体通过了最能体现大会精神的《大会宣言》。宣言体现了包括中国民生教育学会在内的中国各个教育学术团

---

①中国民生教育学会:《中国民生教育学会会务纪要》,《民生教育》1939年第1卷第4期,第33页。

②《中国民生教育学会概况》(1938年12月),中国第二历史档案馆藏,社会部档,全宗号:十一,案卷号:3122,第19页。

③中国民生教育学会:《中国民生教育学会会务纪要》,《民生教育》1939年第1卷第4期,第37-38页。

第五章 在中国教育学术团体联合会中的维持(1938年11月—1945年10月)

体的共同精神,其中也包含了中国民生教育学会的一些主张,成为中国民生教育学会的理论主张和实践方向的呈现,其主要内容摘录如下:①

  中华民国二十七年十一月,中国教育学术团体举行第一届联合年会于行都重庆。时维我全国人民集中意志、策动群力于民族,最高领袖蒋委员长领导之下,与倭寇抗战后之十又七月。教育界同人既愤于暴敌蔑弃国际信义,残略我土地人民,摧毁我经济文化之建设,复感于前后方军民,同德一心,奋发忠勇,慷慨杀贼,众志成城,更喜于抗战已入争取主动之新阶段,新中国在孕育创建程途中迈进,益觉吾从事教育工作人士,际斯五千年来中华民族历史创演一大变局之交,其责任异常重大,爰集众思,以广群益,共谋抗战建国的教育之广遍实施,务以光大我民族不挠不屈之精神,动员我民族蕴藏无尽之国力,阐扬我民族博大精深之文化,绵延我民族万世弗替之生存,而完成新中国的建设,奠定世界和平之基础,矢我勤勇,趋斯鹄的。敢掬至诚,再申四义为全国人士告,幸垂察焉。
  一曰教育必适应整个国策,而完整其理论之体系。……
  二曰教育必针对抗战建国之需要,而求计划的设施。……
  三曰教育必发挥其连系作用,力求各部门工作之沟通,以联合互助而宏大效能。……
  四曰教育必坚定抗战建国信念,而向国际宣示,以阐扬我民族之精神。……
  以上四点,为吾人今后努力之鹄的。谨代表全国教育学术界,愿尽其绵薄,对于沦入战区之教育界同人,期能慰其企望,励其忠贞。对于身处后方教育界同人,更愿坚其步调,奋其精神,我中华民族前途之光明无量,国家之隆兴,实利赖焉。谨此宣言。

  参加中国教育学术团体联合办事处并一起召开联合年会,对中国民生教育学会而言犹如孤雁入群,增添了在艰难中前行的力量和勇气。

---

① 中国民生教育学会:《中国教育学术团体第一届联合年会纪要》,《民生教育》1939年第1卷第4期,第26-28页。

第三节　参加第二、三、四届中国教育学术团体联合年会

中国教育学术团体联合年会的第二、三、四届都在重庆召开,这几届年会召开正值抗战最为艰苦的阶段,几番改变原定开会计划,参与的人员少,内容相对薄弱,更多的意义在于彰显教育社团的精神。第五届在中国民生教育学会等各社团迁回原址的情况下于南京召开。在此先对中国民生教育学会参加在重庆召开的三届年会情况加以叙述。

一、参加中国教育学术团体第二届联合年会

抗战期间不只中国民生教育学会处于勉强维持状态,联合起来的中国教育学术团体联合年会也是如此。1939年10月6日联合办事处打算在重庆生生花园召开理事会,中国民生教育学会邰爽秋、章益前往参会,后因到会人数不足改为座谈会,议定第二届联合年会暂定于1940年二三月间在成都举行[①]。后中国教育学术团体联合年会第二届会议再定于1940年夏天在四川大学举办[②],然而由于种种原因未能如愿,最终年会于1942年2月8—9日在重庆国立中央图书馆召开。

参加此次会议的共有中国民生教育学会、中国社会教育社、中国卫生教育社、中华健康教育研究会、中国教育学会、中华儿童教育社、中国教育电影协会、中华职业教育社、中国测验学会、中华图书馆协会、中国心理卫生协会、中华体育协会、中国地理教育研究会等13个学术团体。与第一次联合年会相比,中国地理教育研究会为第二届联合年会中新加入的,参加会议的团体数目由12个变为13个。然而参会会员仅200多名,各个教育团体所推派的代表数仅仅是第一届的一半。

[①]《中国教育学术团体联合办事处举行座谈会》,《教育通讯》1939年第2卷第42期,第9页。
[②]《中国各学术团体筹备第二届年会》,《申报》1940年2月18日第二张,影印本编号为:[368]613。

第五章 在中国教育学术团体联合会中的维持(1938年11月—1945年10月)

张伯苓任中国教育学术团体第二届联合年会的筹备委员会主任委员,担任筹备委员会的委员有:邰爽秋、吴南轩、蒋复璁、章益、马客谈、陈礼江、郭有守、孟浦、徐苏恩、江恒源、萧孝嵘、郝更生等。上述委员中,邰爽秋、章益、马客谈、吴南轩等人均属于中国民生教育学会,占筹备委员会委员总数的30.8%,在参会的13个社团中算较高的。由此可以看出,中国民生教育学会的理事和会员们积极主动地参与了此次联合年会的筹备工作,为中国教育学术团体第二届联合年会的顺利召开发挥了重要的作用。

表5-1 中国教育学术团体第二届联合年会的会程①

时间		会议内容
1942年2月8日	上午	九点举办开幕式,十点继续召开事务会议。
	下午	一点半中国教育学会召开大会,三点进行分组审查。
1942年2月9日	上午	九点宣读论文。
	下午	三点讨论提案,五点举行闭会式,七点各团体分别集会并聚餐。

此次联合年会召开的时间正值抗日战争处于相持阶段的艰难时期,时局动荡,食宿困难,受此影响,会议时间、内容、到会会员等方面都受到影响而精简。它所彰显的教育团体不屈精神被媒体称颂为"值兹国家加强全国总动员之际",中国教育学术团体召开联合年会"实有重大意义"②。中国教育学术团体召开第二届联合年会的时间正是抗日战争的特殊时期,全国急需进行抗战总动员,会议召开实在是有重要的意义。

中国教育学术团体第二届联合年会发表了体现会议精神的宣言,通过了各类提案,并且推举张益续为中国教育学术团体联合办事处主任。中国教育学术团体联合年会开展了诸多活动,报告并讨论会务,联络会员情感,宣读论文以交流学术研究的心得及经验。

中国教育学术团体第二届联合年会独特的部分在于着重解决教育实践中出现的中心问题,"今后三年教育建设问题"是讨论的中心议题。由于中国教育学术团体联合办事处是全面抗日战争时期全国范围内具有很高权威的教育学

---

① 中国教育学术团体联合办事处编印:《中国教育学术团体联合年报》1944年4月,第62-63页.
② 《教育团体年会昨晨揭幕》,《申报》1942年2月9日第二张,影印本编号为:[379]236(11)。

术团体,因而其年会所讨论的中心问题关乎到中国整个教育系统的重大战略和未来走向。联合年会中参会的代表都是各省教育界中知识渊博、经验丰富的专家学者和领袖人物,同时也是全国各省区有影响的人士,因而其成员具有广泛的代表性和较宽的辐射面。他们把各地遇到的实际问题带到会场,以世界眼光观察讨论,集思广益,切磋砥砺,拿出专业的见解,以宣言、决议等方式发表,较容易得到政府部门的重视和采纳,也会直接对社会公众发挥引导作用。

二、参加中国教育学术团体第三届联合年会

中国教育学术团体第三届联合年会于1944年4月1日至3日在中央图书馆举行。这届年会资料较少,意味着它是联合年会最低潮的一次,正因为此,才有此次会议上提出建立中国教育学术团体联合会的提案产生。

年会所讨论的中心问题为:(一)战后世界和平与教育改造问题;(二)实行实业计划最初十年所需要人才培养问题。①

在中国教育学术团体第三届联合年会上,成立了中国教育学术团体联合会。各团体代表为促进各个教育学术团体之间密切合作,协力推行国家的教育政策,沟通国际文化,共谋教育事业的建设起见,认为联合办事处组织过于狭隘,建议把中国教育学术团体联合办事处扩展为中国教育学术团体联合会。会议结束后此项提案即获教育部与社会部批准,中国教育学术团体联合会正式成立。②

对中国教育学术团体联合会的分析显示,当时有较强自主意识和独特思想,社会基础好的教育社团没有参加中国教育学术团体联合会,如:中华平民教育促进会,生活教育社等;参加中国教育学术团体联合会的团体是与当时政府关系比较密切的一些教育社团。在中国教育学术团体联合会内部,力量比较强大的中华职业教育社和力量比较弱的社团的参与相对较少,前者因为对联合的需求较低,仅仅是为了照应各方面关系而参加联合年会;后者因为人力和各方面难以应对,所以参与不多。中国民生教育学会在其中处于中间状态,加之中

---

① 《文化消息》,《文化先锋》1944年第3卷第9期,第23页。
② 《中国教育学术团体联合会简况》,《教育杂志》1947年第32卷第1期,第102页。

国民生教育学会的理事们参与意识较强,使得中国民生教育学会成为联合年会和正式成立的中国教育学术团体联合会内积极活跃的成员。

三、参加中国教育学术团体第四届联合年会

中国教育学术团体第四届联合年会于1945年8月18日至20日在重庆市北碚社会部儿童福利所大礼堂举行。这次会议的背景是8月15日日本宣布向包括中国在内的同盟国无条件投降。在胜利的喜悦中,各个教育社团尚未迁回原址,会期较前一次延长了一天,在某种意义上是在一起艰苦奋战的教育同人在重庆的告别会。

参加此次联合年会的学术团体有中华职业教育社、中国社会教育社、中国卫生教育社、中国教育学会、中华儿童教育社、中国教育电影协会、中国测验学会、中国民生教育学会、中华健康教育研究会、中华图书馆协会、中国心理卫生协会、中华体育协会等十二个教育学术团体,与第一届联合年会参加的团体相同。

中国教育学术团体第四届联合年会筹备委员有:张伯苓(理事长)、常道直(总干事)、艾伟、陈礼江、郝更生、章益、李清悚、胡安定、马客谈、章柳泉、陈可忠。李清悚为大会秘书长及筹备主任;各组主任为:章益(提案组)、常道直(宣传组)、马客谈(招待组)、陈礼江(会序组)、章柳泉(总务组);郝更生为重庆办事处主任。中国教育学术团体第四届联合年会筹备委员与职员中,李清悚、章益、马客谈等为中国民生教育学会会员,显示出中国民生教育学会会员一如既往积极主动地参与大会筹备的态度,对学术团体联合会有较强归属感。

鉴于各团体成员对联合会认同度不同,大会规定,凡是参加中国教育学术团体联合会的各教育学术团体的会员或社员,都可以自由选择参加或是不参加年会,但是各个团体需要派出至少五名代表出席。

中国教育学术团体第四届联合年会讨论的中心问题为"战后实施教育计划",大会规定各团体及会员个人提案均以这一中心问题为范围。

表5-2 中国教育学术团体第四届联合年会的会程[①]

时间		会议内容	其他活动
18日	上午	举行大会开幕式,各教育学术团体向大会参会人员报告社务	晚上六点举办招待晚餐,随后观看由中华教育电影制片厂制作的电影
	中午	招待午餐	
	下午	分组进行讨论	
19日	上午	分组讨论、宣读论文	晚上六点举办招待晚餐,随后组织和参观北碚游艺会
	中午	招待午餐	
	下午	举行此次联合年会的闭幕式	
20日	上午	游览缙云山	晚六点自由用餐
	中午	自由聚餐	
	下午	举行北泉游园会	

这次会议实际上是两天会议,一天游玩,显然比前两届会议轻松,内容充实。18日上午由陈礼江任大会主席并致辞,其内容大致为[②]:(一)第一届联会于八年前在北平开会,时经八年抗战,而今终获胜利。此八年来,全国军民牺牲甚重,幸赖最高领袖指导有方。我教育界同仁对抗战亦不无贡献,颇感自慰。(二)今后建设工作艰巨,教育同仁责任重大。本次会议应考虑今后中国建设工作,必须完成工业化,所以教育工作应注重科学教育。(三)我们一面要建国,一面要促进世界和平,所以应努力世界和平教育。

接下来由李清悚报告大会的筹备过程,介绍大会收到的提案共85件,论文29篇。随后常道直报告了会务。最后教育部朱家骅部长做了三点总结:(1)教育工作至为重要;(2)希望教育界研究教育方法,然需注意其能实施;(3)教育界研究工作要能供政府参考,学术教育界应与行政部门取得联系。

19日下午,中国教育学术团体第四届联合年会通过议案:(一)确定战后教育政策案;(二)请政府在明年(1946年)召集第四届全国教育会议案;(三)请政府从速筹备准备收复区教育复员案;(四)奖励战时不离岗位工作者及惩处沦陷

[①]根据以下资料制表:《中国教育学术团体联合会第四届年会在北碚举行》,《四川教育通讯》1945年第5期,第21—22页。

[②]《中国教育学术团体联合会第四届年会在北碚举行》,《四川教育通讯》1945年第5期,第21页。

区变节事敌教育人员案;(五)要求日本政府赔偿我国抗战以来教育文化损失案;(六)请政府组织世界教育考察团案;等等共八十余件。后又通过两件议决案:(一)明年(1946年)年会,定于八月间在沈阳、南京、台湾三地中,视当时情形,择定一地举行;(二)教育学术团体联合年会设置教育研究所。①

在大会举行期间,外地的会员暂时住在国立重庆师范学校的宿舍。②

第四节　创办中国民生建设实验院

1937年,战争炮火烧到上海,中国民生教育学会开展的沪西农村民生实验被迫暂时停止。学会的发起人和领导者们辗转来到重庆,虽然生活艰难,但是民生教育倡导者们仍然在重庆等地以"民生本位教育"为宗旨,开展各种民生教育研究与实验,并于1939年建立中国民生建设实验院。

一、中国民生建设实验院的建立与运行

为了推广上海农村念二社的民生教育实验成果,践行民生本位教育理论,继续进行并扩大民生教育实验,1939年,中国民生教育学会理事长邰爽秋给蒋介石写信汇报自己所开展的工作并请求支持。得到蒋回复后,邰爽秋等人在1939年"呈奉委座伺秘渝字第7707号电令"③开始筹备中国民生建设实验院。最终在四川巴县(今为重庆市巴南区)鱼洞溪马栏沟张家花园七十号成立了中国民生建设实验院,邰爽秋担任中国民生建设实验院的院长。

---

①《中国教育学术团体联合会第四届年会在北碚举行》,《四川教育通讯》1945年第5期,第21-22页。

②《中国教育学会研究教育、招生问题的文件》,重庆市档案馆藏,重庆市教育局档,0065-1-10,第4-5页。

③《行政院分配上海各机关房屋委员会关于民生建设实验院申请分配房屋》,上海市档案馆藏,Q30-1-150,第9页。

关于它的建立,1946年4月23日中国民生建设实验院的一份函道:①

  本院以提倡民生教育促进民生建设为目的,本院同志本在沪实验旨趣,于1939年呈奉委座伺秘渝字第7707号电令,在渝创办本院数载来,设立指导区、教育区、教育团、国民学校、合作社、巡回教育站、教育农场、教育织造厂、教育农产制贮厂、干部人员训练班、民建中学等实验机构……

  中国民生建设实验院地址选在巴县鱼洞溪,在重庆市区设立了该院的重庆办事处。中国民生建设实验院分为两部,第一部位于四川巴县鱼洞溪马栏沟张家花园七十号;第二部位于重庆七星岗莲池正街五号特二号。②抗日战争胜利后,经过艰辛的复员工作,准备于1946年6月迁往上海。

  中国民生建设实验院的宗旨是"运用教育力量,推进民生建设",它是以中国民生教育学会为依托所创设的一个教育研究与实验机构,履行中国民生教育学会通过"设立各种实验教育机构,推进民生建设"③的职能。

  作为中国民生教育学会推行民生本位教育的实验机关,中国民生建设实验院在《中国民生建设实验院创立旨趣》中阐述了它的成立目的:"斟酌目前抗战情势,及今后建国需要,先从实验国民教育及国民师范教育制度着手,以为协助完成民生建设初步工作之准备,以期协助完成整个民生建设。"中国民生建设实验院认为:"民生建设为建设国家之基本工作,欲其圆满完成,必须军事、外交、内政、经济、交通、教育各界人士,本分工合作之原则,在整个国策下共同努力。一方面谋民生本位教育工作之发展,他方面又与其他各界密切合作。如能做到这些,则中国民生建设实验院各方面建设工作可以同时顺利进展,整个民生建设,

---

① 《行政院分配上海各机关房屋委员会关于民生建设实验院申请分配房屋》,上海市档案馆藏,Q30-1-150。第9页。
② 《中国民生建设实验院四年来工作概况及今后三年发展计划》,重庆市档案馆藏,重庆市社会局档,0060-13-103,第145页。
③ 《中国民生建设实验院附属民建中学三十四年秋季新生保送办法》,重庆市档案馆藏,重庆市北碚二岩乡公所档,0081-8-96,第14页。

第五章 在中国教育学术团体联合会中的维持(1938年11月—1945年10月)

即不难完成。"①

在教育实验中,他们仍然主张"提倡土货可以维持抗战资源,可以抵制经济封锁,可以增加后方生产,可以安定国计民生"。中国民生建设实验院把民生本位教育思想与生产实践结合起来,把民生本位教育与当时的民族危机所需要的教育结合起来。邰爽秋在忘我的教育实验中根本无暇顾及家庭,痛失二子。他的实验院办公室里挂着一副对联:"欲凭只手救民生,剩有丹心报祖国。"②

中国民生建设实验院的经费主要来自国民政府赈济委员会等单位的补助以及自己的募捐。依据重庆市档案馆的馆藏档案《渝市府及各机关居民等请领居民证有关函件》的记载,截至1940年,中国民生建设实验院先后从政府的办公厅领取了十八万元经费,不过由于此前两年物价飞涨,实际上中国民生建设实验院的支出几乎达到了四十万元。这些支出中除了有四万元生产产品的收入,其他的支出全是中国民生建设实验院自己筹措而来的。当时虽然工作艰难,但是勉强还是可以自给自足的③。

究竟赈济委员会及相关政府部门给了中国民生建设实验院多少和多长时间的经费资助,难以找到完整的资料,确证的是1942年1月6日国民政府赈济委员会以江渝乙训指令,嘉奖中国民生建设实验院展开的各项工作和取得的成绩,说明中国民生建设实验院举办的各项工作得到了国民政府的认可。

有研究者认为该院所主持的巴县民生建设实验,起初两年时还能得到国民政府赈济委员会和盐务总局的资助,但是从第三年起,这个实验的经费几乎全部来源于由邰爽秋独立经营的教育编译馆出版发行书籍的盈利以及开办的教育织造厂所获得的盈利。因此直到抗战胜利,即使中国民生建设实验院和巴县民生实验工作很艰难,但是也能够勉强维持生计。④这一说法与事实比较接近,

---

① 《中国民生建设实验院创立旨趣》,重庆市巴南区档案馆藏,巴县县政府建设科档,民1-9-435,第1-29页。

② 邰忠民:《谈谈民生教育思想的来源和内涵——纪念我的父亲邰爽秋诞辰一百二十周年》,《教育史研究》2017年第3辑,第242页。

③ 《渝市府及各机关居民等请领居民证有关函件》,重庆市档案馆藏,重庆市政府档,0053-9-16,第75-78页。

④ 熊明安、周洪宇主编《中国近现代教育实验史》,山东教育出版社,2001,第665页。

只是当时教育编译馆能有多少盈利也未知。

中国民生建设实验院拟定了多份实验办法,实验以民生经济活动为中心、以造就多数民生建设人才为主要目标的民生教育制度,试图运用实验结果协助完成民生建设的使命。中国民生建设实验院是民生教育实验的主要机构,是中国民生教育学会理念的组织实施和研究机构,对民生建设发挥实际作用。举办社会教育事业是中国民生建设实验院成立后的主要教育学术事业之一,重庆市档案馆馆藏档案《渝市府及各机关居民等请领居民证有关函件》记载了中国民生建设实验院举办过的社会教育事业。

中国民生建设实验院为了达成推进民生建设的目的,为了培养更多的民生建设人才,制订了具体的分期实验的计划[①]:

第一期:(1)先从实验国民教育着手,设立一所民生性质的实验国民学校,以期能够在两年之内,完成民生的国民教育制度。(2)设立一所民生性质的实验国民师范学校,以期能够在两年之内完成民生的国民师范教育制度,以为推广应用的准备。(3)目的与结果。使得所有的国民教育的学生(包括民众),能够受到相当程度的养、教、卫、管四个方面的教育,能够成为具有衣、食、住、行一类民生经济活动为中心的上述四方面的基本修养的优良的中国公民。(4)任务。实验国民学校方面完成下列任务:经济分团制;混一教育制;就地施教制;全年施教制;民生本位国民学校作业(课程)标准;民生本位国民学校作业事项(教材);学习、生产、服务、劳动合一制教学法;巡回教学法;自然自学法以及互教互学法;学生协助民生建设法。实验国民师范学校完成下列任务:训练农工为师法;民生经济活动基础的师范作业(课程)标准;民生经济活动基础的师范作业事项(教材);学习、实习、服务、劳动、生产合一制教学法;利用民生经济活动场所训练师资法;指导学生协助民生建设法。

第二期:次第举办各种其他的实验学校,逐渐完成适合民生建设的整个教育制度,即逐渐完成民生本位的技术教育、业务教育以及师范教育三种制度,以为应用推广协助完成民生建设之准备。

---

① 熊明安、周洪宇主编《中国近现代教育实验史》,山东教育出版社,2001,第659—660页。

为了推广实验,扩大民生建设教育,中国民生建设实验院设立了研究部、教导部和推广部。这三个部门分别就中国民生建设实验院的研究事业、教导事业和推广事业开展工作。研究部的主要工作是依据实验的计划,具体拟定详细实施办法,同时制订出详细作业标准及教学事项;教导部的主要工作是指导所属的实验学校试用,并根据反馈情况逐步修正,以期完成实验任务,达到实验目的;推广部的职责是推广应用实验成果。

在中国民生建设实验院开展工作的前四年主要进行的研究事业是编印实用教材和抗战木刻图书。中国民生建设实验院因鉴于木刻故事画为推行教育之利器,于民国三十一年(1942)夏聘请艺术专家尚莫宗先生主持研究处艺术组,计划长篇故事木刻画丛刊[①],聘中国木刻研究会常务理事王琦为中国民生建设实验院专任木刻导师。按照邰爽秋的要求,尚莫宗创作了《抗战建国长篇故事木刻画》第一集《三兄弟踊跃从军》,内容为依据民生本位教育理论,从民众切身利害出发编写出的描述一家三兄弟投身于抗日救国的经历,共210幅32开印制的木刻画。王琦刻制完成《抗战建国长篇故事木刻画》第二集《荣誉军人》,讲述安徽吕桥镇王立功对日作战受伤后,用民生教育方法推行地方自治的故事。《抗战建国长篇故事木刻画》第一、二集由教育编译馆于1944年8月出版。

此外还编印实用教材:为便于推行巡教及训练难童,中国民生建设实验院特编制活页教材数十课,由其印厂印就备用,编写《士兵教育纲要》和《国民教育卡通》;编民生中心教材十二种;完成《抗战地理游戏》六种;完成《民生教育丛刊》五种;制作《教育资料索引》卡片五千余张。

中国民生建设实验院开展工作的前四年主要进行的教导事业有:实施难童和技术教育,总共教养了六十多名难童。难童由各地保育院或私人送来,学技术的学员也由各个团体送来,实验院将他们分派到各个场团,提供膳宿、衣物、书籍,学得一两种生产技术后送入他处升学或就业。

举办巡回教育。实验院将所在的鱼洞溪镇划分为3个巡教区、10个巡教站。在各个巡教站中,学生有固定和流动两种,先后受教4000余人,累计受教超过一万二千五百人次。

[①] 邰爽秋、尚莫宗、王琦:《三兄弟踊跃从军》,教育编译馆,1944,卷头语。

开设巡教贷金,主要解决民众无钱受教育的问题。每人可从中国民生建设实验院贷款10元至50元,该款只能用于接受巡回教育,一年后归还,不收利息,如贷款者学习成绩优良,贷款可免于归还。共有110多名领贷金而受教者。

运用平价来配合教育事业,出售平价布。中国民生建设实验院教育织造厂所出布匹均平价出售,对于贫苦人尤为优待。当时二尺六寸宽卡机布每尺价仅2.4元,二尺六寸宽平板布每尺仅2元,二尺三寸宽平板布每尺仅1.5元。在出售平价布的同时散发活页教材,举行讲演、谈话,借此推广民生教育①。

开展实验国民教育,设置了实验国民学校,在此受教育的学生总计超过七百人;开展技术教育,有大约二百四十余人在实验院内的各个实习工厂中学习,并且在场外接受技术指导;进行合作教育,有二百八十余人在实验合作社中受教育;进行分团教育,先后有三百六十余人在农事、工艺、家事、商事四种教育团中接受教育;培养干部人才,开展民生教育干部人才训练班,计招生二十名。

在中国民生建设实验院开展工作的前四年主要进行的推广事业是,同巴县县政府联合建立了一个"民生建设实验指导区",包括四个乡镇,主要用来推进地方自治基本工作;赠送了三万余株番茄种苗,赠给了三百二十五个机关;贷出稻种五石四斗二升,用来推广双季稻种;共赠出一千八百九十余包番茄种子;总共编辑刊行了五期通俗壁报;设立民生教育奖学金,用来奖励民生教育研究,总共奖励七人,每个人两千元,同时补助了两名出国留学人员。②

中国民生建设实验院成立的第四年,也就是在1943年,中国民生建设实验院为今后三年的发展制订了详细的计划,列入要完成的工作有:为了改进国民学校的课程,要完成民生中心教材;为了使学生、士兵以及一般的民众都有内容可读,要继续完成木刻故事画;为了给小学儿童扩充各种各样的知识,以及为大众提供娱乐游戏,要完成地理、历史、社会、自然等科目的游戏图;为了配合民生中心教材使用,创造民生本位教学的用具;为了给儿童提供娱乐所用的玩具,要创制既有教育意义又有生产意义的民生本位的教育玩具;完成民生本位教学方

---

①《渝市府及各机关居民等请领居民证有关函件》,重庆市档案馆藏,重庆市政府档,0053-9-16,第76-77页。

②《中国民生建设实验院四年来工作概况及今后三年发展计划》,重庆市档案馆藏,重庆市社会局档,0060-L3-103,第145页。

第五章　在中国教育学术团体联合会中的维持(1938年11月—1945年10月)

法;培养民生建设的基层人才,宣扬和推进地方自治,继续创办实验中学;为了培养推进国民教育的干部,培养具有农工技术实验之新式师资,要继续创办实验师范;用义务就诊来吸引民众,创办实验卫生院,在附近设立一所教育医院;在三年之内再增设五十处巡回教育站,使得受教育的民众达到三万人;三年内继续推广双季稻种,使得应用的农户能达到一万农户,并且把这些农户作为民生实验教育的对象;将农村工艺与教育工作配合,大力提倡和发展农村工艺,用合作方法推广农村工艺。①

1944年1月22日至28日,中国民生建设实验院特聘专家编印的《抗战建国长篇故事木刻画》丛刊,"呈奉委座核定,并发交兵役署审查修正后,捐出1000部,交由慰劳总会转达前方慰劳将士"。②全套木刻连环画在重庆中苏文协展出,影响颇大。③

1945年2月,中国民生建设实验院鉴于抗战胜利在望,前方将士亟待慰劳,继续推进木刻画印发。除自捐1000部交由慰劳总会捐赠处外,还订立了征印捐赠办法,对征印画刊的内容、认印代金的数量、出版日期和赠送办法等内容均有详细的规定:④

1.画刊内容:《三兄弟踊跃从军》及《荣誉军人》两种。

2.认印代金:每集国币一百元,此项代金为支付制版印刷、纸张管理、广告旅费等用。

3.出版日期:于收到认印代金后,随时印刷,时间约为两个月,遇必要时酌延时日。

4.赠送办法:该项木刻画于印就后,交由政府机构转赠前方将士,索取收条交由认印人查收。

---

①《中国民生建设实验院四年来工作概况及今后三年发展计划》,重庆市档案馆藏,重庆市社会局档,0060-13-103,第146页。

②《为函请保送学生一名至三名免试入学以宏造就事》,重庆市巴南区档案馆藏,巴县县政府教育科档,民1-12-387,第39页。

③凌承纬、凌彦:《四川新兴版画发展史》,四川美术出版社,1992,第68页。

④《中国民生建设实验院征印捐赠抗建故事木刻画办法》,重庆市档案馆藏,重庆市社会局档,0060-13-103,第144页。

（如有函询事项,请寄重庆市七星岗莲花池正街五号特二号本院重庆办事处）

为加大推广,中国民生建设实验院订立了酬谢并纪念认印人办法,共分为五类,具体内容如下：[①]

1. 凡认印代金满一万元者,除赠本丛刊二本外,由本院集印专刊,公布姓名,以留纪念。

2. 凡认印代金满五万元者,除照前项办理外,并于画册上专页加印机关团体学校名称或个人之姓名,以留纪念。

3. 凡认印代金满十万元者,除照上列各项办理外,并将认印人之玉照专页印入画册上,以资景仰。或由本院聘请专家绘赠认印人粉彩画肖像一帧,以留纪念。

4. 凡认印代金满二十万元者,除照上列各项办理外,并赠以名人书或画一幅及锦旗一面,以留纪念。

5. 凡认印代金满三十万元者,除照本条前三项办理外,并赠名人落款书或画一幅及锦旗一面,更呈请有关官厅嘉奖。

可以看出,中国民生建设实验院利用木刻画这一宣传工具,通过自捐和征印捐赠的途径,以及通过订立发布征印捐赠办法和酬谢并纪念认印人的办法,慰劳前方将士,鼓舞士气,为抗战最后取得胜利贡献了自己的力量,也以此拓展中国民生实验院的生存发展空间,维持中国民生教育学会的存续与影响。

二、创办民建中学

由于与教育关系密切,创办学校是众多教育社团事业发展的一种选择。由于中国民生教育学会本身对原有的学校教育形式持有强烈的批判态度,所以至

[①]《中国民生建设实验院征印捐赠抗建故事木刻画办法的通知》,重庆市档案馆藏,重庆市北碚管理局档,0081-4-2925,第14页。

少在1940年前该学会没有举办学校。1940年在各方面形势影响下,中国民生教育学会创立的中国民生建设实验院开始考虑举办学校。

1940年8月,由中国民生建设实验院附属民建中学校董事会董事长洪兰友出面,就筹备民建中学给教育部朱家骅部长呈文。建立这所学校一是有需求,洪兰友给朱家骅的呈文中道:"鉴于后方需要,拟在重庆市沙坪坝对岸盘溪筹设民建中学一所,以中国民生建设实验院拨给时值二千万元田产一处作为基金。"二是有空间和场地,重庆市档案馆的馆藏档案《民建中学校董事会立案事项表、董事履历表、教职员表及有关招生问题》中记载了民建中学的资产和校董事会等情况,提到:民建中学"占地30余亩,校舍百余间"。三是有人手,民建中学设立校董事会的目的在于,"维持本校之巩固,校务之发展";校董事会的事务所设于"重庆市七星岗莲花池正街五号特二号",即中国民生建设实验院重庆办事处所在地。四是有资金,校董会的资金资产或其他收入之项目有:杨锡齐捐赠巴县鱼洞溪房地一处,并有租息或利息;开办费可购置全部学校设备。[①]

这些人、钱、空间场地在当时难以做其他事,较好的选择就是满足后方西迁人员子女就学要求,兴办中学,尽管它离民生教育的理念稍远,却可以成为民生教育机体的一部分。

中国民生建设实验院附属民建中学校董事会组成人员的具体情况见表5-3。

表5-3 中国民生建设实验院附属民建中学校董事会组成人员[②]

担任职务	姓名	籍贯	简介
董事长	洪兰友	江苏江都	1900—1958年,毕业于上海震旦大学法科研究院,历任国民党中央组织部主任秘书、中央执行委员、中央政治委员会副秘书长、中央纪律委员会副主任委员、社会部政务次长、内政部部长等职,时任社会部次长。1949年赴台。

---

①《民建中学校董事会立案事项表、董事履历表、教职员表及有关招生问题》,重庆市档案馆藏,重庆市教育局档,0065-1-3255,第5—28页。

②资料来源:《民建中学校董事会立案事项表、董事履历表、教职员表及有关招生问题》,重庆市档案馆藏,重庆市教育局档,0065-1-3255,第14页。"籍贯"和"简介"的内容还参考了张宪文等主编《中华民国史大辞典》,江苏古籍出版社,2001;徐友春主编《民国人物大辞典》,河北人民出版社,1991;以及其他资料。并参考雷志松:《中国民生教育学会研究(1936—1949)》,博士学位论文,四川大学,2009,96页。

续表

担任职务	姓名	籍贯	简介
董事	邰爽秋	江苏东台	1897—1976年,时任中国民生教育学会理事长、中国民生建设实验院院长。
董事	顾希平	江苏涟水	1902—?,黄埔军校一期毕业生,参加过北伐战争,国民革命军陆军少将,时任中央军校政治部主任,1945年当选国民党中央第六届执行委员,1946年任一战区政治部主任,1949年赴台,后移居美国。
董事	赵棣华	江苏镇江	1895—1950年,美国西北大学硕士,历任中央大学教授、中央党部秘书、国民政府主计处主计官兼会计局副局长、江苏省政府委员兼财政厅厅长、江苏银行董事长等职务,时任第三战区经济委员会主任兼交通银行总经理。
董事	顾翊群（季高）	江苏淮安	1900—1992年,就读于北京大学,曾就职北洋政府财政部,1921年赴美留学,获纽约大学工商管理硕士学位。归国后任职于上海金融界。1936年随陈光甫赴美交涉白银问题,订立《中美白银协定》。1938年任广东省政府委员兼财政厅长,1940年任中国农民银行总经理,1941年6月代理财政部常务次长、四联总处秘书长,曾多次代表中国政府出席金融、外汇管理国际会议,任国际货币基金会中国首任执行干事。晚年定居美国,著有《李商隐评论》《中西社会经济论衡》等著述。
董事	薛明剑	江苏无锡	1895—1980年,曾任江苏省立女子蚕业学校教员,曾创立无锡杂志社,创办大中国实业公司等企业,时任国民参政员。
董事	张士一	江苏吴江	1886—1969年,哥伦比亚大学硕士,历任南京高等师范学校等校副教授、教授等职,时任中央大学教授。英语教学名家。
董事	邵鹤亭	江苏武进	1902—1966年,毕业于南京高等师范学校教育系,时任中央大学师范学院院长,1950年后任职教育部。教育史名家。
董事	仇秀敷	四川	时任重庆市商会理事长、第一区区长。1951年在镇压反革命中被枪毙。
董事	萧孝嵘	湖南衡阳	1897—1963年,毕业于上海圣约翰大学,获哥伦比亚大学硕士,赴德国柏林大学研究格式塔心理学。时任中央大学心理系主任。

第五章　在中国教育学术团体联合会中的维持(1938年11月—1945年10月)

续表

担任职务	姓名	籍贯	简介
董事	鲜伯良	四川西充	1903—1990年,曾任重庆第一面分厂厂长,创办西充育英中学,时任复华银行总经理,1949年后当选重庆市第一至八届政协委员。
董事	张锡君	江苏无锡	1913—?,历任无锡针灸专门学校教务长、重庆中医施诊所副所长、重庆市中医院院长,时任中医公会理事长。
董事	唐绍武	四川	士绅
董事	杨含光	四川璧山	士绅
董事	许天一	江苏涟水	时任中国民生建设实验院秘书。

由上表可以看出,中国民生建设实验院附属民建中学校董事会成员大都不是中国民生教育学会的成员,仅是由于战时避难重庆,以邰爽秋为联络人,将江苏籍的显要人物结集在一起创办一所学校。

学校的最高决策机构校董事会设校董15人,江苏籍的董事10人,其中与邰爽秋同为苏北人的又为6人,显示出苏北人到外地抱团发展的特征;另有4名四川籍董事,与学校需要所在地人脉有关。他们主要是涵盖政界、军界、教育界、金融界、商界的知名人士,以当时在国民党中央社会部任次长的洪兰友为中国民生建设实验院附属民建中学校董会首任董事长,使得民建中学发展有充足的社会基础。中国民生建设实验院秘书许天一为该校首任校长。

民建中学校董会章程中对取得校董资格作了规定:(1)曾任研究教育或办理教育富有经验者,(2)担任本校教职员三年以上者,(3)服膺党义,对于本校热心赞助或尽力扶助者,(4)热心地方公益,并于教育素有经验者。①没有对校董提出是否认同民生教育理念的要求。

从《中国民生建设实验院附属民建中学招生简章》中可以看出,中国民生建设实验院附属民建中学招生时实行自主考试,进入初一学习的考试科目有:国文、算术、常识、口试,对新生还要进行体格检查;进入高一学习的考试科目有:

---

①《民建中学校董事会立案事项表、董事履历表、教职员表及有关招生问题》,重庆市档案馆藏,重庆市教育局档,0065-1-3255,第8页。

国文、数学、各科常识(生物、公民、历史、地理)、英语、口试,对新生也要进行体格检查。

学校收费标准为,"校费:(1)学费:初中七千元,高中八千元,(2)储备金:初中一千五百元,高中二千元(为图书体育及讲义费用)"。同时,新生需要缴纳500元的保证金。学校设有三类奖学金:普通奖学金六名,初、高中各三名;张锡君先生奖学金十名;奖江苏籍学生入学考试成绩特优者;杨锡齐先生纪念奖学金二名,以渔洞溪学生为限。显示对苏籍学生和学校所在地鱼洞溪学生的优待。学校"对学生言行规律采严格主义,对学生学术研究采启发方式,尤注重学以致用,力求学生学习与民生实践之配合"。①除开展文化课程的教育教学外,还设劳作教师席位,开展劳作教育,显示在教学过程中要求践行中国民生教育学会的民生教育理论。

至1946年4月,中国民生建设实验院附属民建中学有8个教学班。②1946年,重庆市教育局核定民建中学该年的招生规模为:初中一个班50名,高中一个班50名,合计新生100名。1946年7月5日民建中学在呈给重庆市教育局关于该校1946年秋季招生班额表的备考栏中就有这样的记述:"1.插班生在外,2.本校如迁校完成增班再行呈报。"10天之后的1946年7月15日,民建中学校长许天一为购妥永久校舍下期增班扩充事报请重庆市教育局局长函中说:"下期拟增开班次,计高中新生两个班,初中新生三个班,以事扩充。"③呈报函显示民建中学计划扩充招生规模。

1945年,为了扩大招生面,提高生源质量,中国民生建设实验院附属民建中学制定了《本院民建中学三十四年秋季新生保送办法》,其中阐述中国民生建设实验院附属民建中学,实行由各县乡镇保送学生免试入学制度的目的在于"培植地方优秀青年""便利远道学生得以免试升学"。具体名额分配为:江北、巴县、江津、长寿四县每乡保送1名至3名,其余各县以每县保送5名至10名为限。

---

① 《为函请保送学生一名至三名免试入学以宏造就事》,重庆市巴南区档案馆藏,巴县县政府教育科档,民1-12-387,第41页。

② 《行政院分配上海各机关房屋委员会关于民生建设实验院申请分配房屋》,上海市档案馆藏藏,Q30-1-150,第4页。

③ 《民建中学校董事会立案事项表、董事履历表、教职员表及有关招生问题》,重庆市档案馆藏,重庆市教育局档,0065-1-3255,第26-28页。

第五章　在中国教育学术团体联合会中的维持(1938年11月—1945年10月)

对被保送人的资格要求为:保送初中学生须具有高小毕业资格,保送高中学生须具有初中毕业资格,不收同等学力,其学习成绩须在70分以上。保送手续为:申请保送学生由主办各县及乡镇考核,录取后应检验毕业证件及将学籍保证金3000元(此项保证金于缴费入学时扣除,逾期不到者则不予退还)交中国民生建设实验院办事处,以预留额位。①通过建立由各县乡镇保送学生免试入学制度,中国民生建设实验院附属民建中学的生源质量有所提升,学校与主办各县及乡镇的联系也得到了加强。

抗战胜利后,中国民生建设实验院附属民建中学并没有随中国民生建设实验院本部迁往上海。经中国民主同盟会会员吴春选介绍,由中共南方局领导的重庆亚洲中学迁来与民建中学合并,沿用民建中学校名。1947年1月10日校董会召开会议,改选胡仲实(办有华西兴业公司)为董事长,并由胡仲实确认自1946年12月起选聘吴朝禧(四川合江人,中央政治学校大学部外交系毕业,曾任外交部美洲司专员)②为中国民生建设实验院附属民建中学校长。再往后,民建中学发生了根本变化,成为中共组织在国统区的一个据点,培养了大批革命青年,组织学生参加民主运动和学生运动,迎接解放战争,为革命做出了贡献。③解放后,大批师生参加了新政权建设工作,民建中学的办学历史结束。

1946年,中国民生建设实验院复员上海后的主要工作是积极协助沪西民生教育实验区开展民生教育实验工作。

可以看出,中国民生建设实验院是中国民生教育学会的成员们为了增强民生理念的操作性所建立的民生教育建设实体,在抗日战争环境中选择特定区域和创建学校等方式开展民生本位的教育。它的成立体现了中国民生教育学会的成员们为实现目标而对组织方式进行变革的决心,体现了他们的教育情怀与家国天下的责任感,在艰难的日子里也从未停止过对理想的向往,显现出他们

---

①《中国民生建设实验院附属民建中学三十四年秋季新生保送办法》,重庆市档案馆藏,重庆市北碚二岩乡公所档,0081-8-96,第14-15页。

②《民建中学校董事会立案事项表、董事履历表、教职员表及有关招生问题》,重庆市档案馆藏,重庆市教育局档,0065-1-3255,第28-37页。

③史扬:《一所富有革命校风的学校——民建中学》,载政协沙坪坝区文史资料研究委员会、中共沙坪坝区党史工作委员会办公室编《沙坪坝区文史资料专辑》(第6辑),1987年12月,第36-37页。

在战时的生存样态。中国民生建设实验院的各项活动与民生教育有着程度不同的相关,国民政府和社会各方面也给予大力支持。

第五节　巴县民生建设实验

巴县民生建设实验是中国民生教育学会通过中国民生建设实验院的具体指导开展的区域教育实验,自1941年开始到1946年中国民生教育学会复员结束,是在抗日战争的艰难岁月里以民生教育思想为指导的教育实践。

中国民生建设实验院在巴县开展的民生教育建设同之前开展的工作相似,都是以民生建设为中心工作。在巴县进行的民生教育实验内容主要有:建设巴县民生建设实验指导区、实验国民学校、实验教育团、实验巡回教育站、实验教育合作社、民生教育人员训练班和民建中学等。具体活动有:接收、救助难童、难民,给予难童、难民同等的教育;附属设置有教育性质的工厂,如化工厂、印刷厂、藤工场、织布厂、织袜场等。设置的实验机构包括难民教育处,巴县民生建设实验指导区、实验国民学校、实验巡回教育站、实验教育团、实验教育合作社、民生教育人员训练班、民建中学等。前一节对民建中学已有细述,本节不再赘述。这些工作依据其特征都在不同程度上以民生本位的教育理念为指导,以各不相同的方式将民生教育的思想运用于实践。

一、实验指导区的建立

中国民生建设实验院是中国民生教育学会下的实施实体,虽然它建在巴县,但尚不能对巴县社会直接发挥多大影响。为了拓展社会影响,中国民生建设实验院成立以后,与当地政府联合建立实验区成为邰爽秋推行民生本位教育的新形式。

说它是新形式是由于它与沪西的实验架构有所不同,在很大程度上借鉴了梁漱溟和晏阳初办实验区和实验县的做法。

从已有史料看,大约在1940年中国民生建设实验院就开始筹划建立试验区,1941年中国民生建设实验院同巴县政府签署合约,标志双方合作设置的实验指导区正式设立。《中国民生建设实验院巴县县政府合办民生建设实验指导区合约》如下[①]:

中国民生建设实验院巴县县政府合办民生建设实验指导区合约

巴县县政府(以下简称甲方)

中国民生建设实验院(以下简称乙方)

兹因甲方为积极推行新县制之实验工作起见,特将甲方县属鱼洞溪等四乡镇设为民生建设实验指导区与乙方合作办理,特订本合约如下:

一、本指导区面积以甲方县属鱼洞溪、界石、平厚及永石等四乡镇为限。

二、乙方应以鱼洞溪镇为实验镇,进行实验工作,对于其他三个乡同时进行辅导工作。

三、实验工作以养为中心,以教、卫、管为辅,其计划概以甲方所定办法为根据,并参合民生建设旨趣,由乙方拟定,商同甲方决定后实施之。

四、本指导区指导员之人选由乙方提交甲方委任之。

五、本指导区指导员除特殊情形外,须依据甲方所定一般指导员之权限执行任务。

六、本指导区指导员之工作,应遵照甲方所定进度表进行,达到预期之效果。

七、本指导区指导员之薪金,由乙方负担,但甲方每月给予车马费津贴国币一百元。

八、本指导区内行政及事业经费由甲方筹划之,如有特殊费用,得由乙方提出预算,商请甲方拨付之(但在县预算范围以内)。

九、本指导区内之干部人选,乙方认为必要时,得向甲方推荐,由甲方委任之。

十、乙方职员及学生应随时协助本指导区之实际工作。

[①]《中国民生建设实验院与巴县县政府合办民生建设实验指导区合约》,重庆市巴南区档案馆藏,巴县县政府建设科档,民1-9-435,第27-28页。

十一、甲方举行之各乡短期培训时，由乙方酌派员生计划主持之。

十二、本合约双方各执一纸。

十三、本合约经双方负责人签字后发生效力。

立合约人：巴县县政府兼县长沈鹏
中国民生建设实验院院长邰爽秋
1941年8月4日

该合约对建设实验指导区的设立过程、工作目标和各自的权利义务做出规定。值得注意的是实验区以"民生建设"冠名，而且明确为甲方推行新县制的需要。新县制是国民政府为加强和巩固基层政权从1939年起开始推行的地方行政制度。根据1938年10月国民党中央执委会与国防最高会议的决定，国民政府在四川、湖南、江西、贵州、陕西五省各选择一二个县试办"新县制"，它的原则为"自上而下，逐级健全，层层衔接，脉络贯通"。从1939年12月开始，新县制在国民党统治区开始推广。这就意味着巴县实验区真正意义上讲是新县制实验区，由中国民生建设实验院合作实施，在一定程度上融入了民生教育的内容。实验区"以养为中心，以教、卫、管为辅"，开展民生本位的教育实验和民生建设实验的工作。

巴县民生建设实验指导区的行政经费在县政府预算范围内由县政府来承担，办公场所是巴县鱼洞溪镇公所提供的一间办公室，拥有一颗刻有"巴县县政府中国民生建设实验院合办民生建设实验指导区办公处"的木质钤记。按照合约约定，"养"是巴县民生建设实验指导区的主要工作和前提，"教""卫""管"是辅助工作。巴县民生建设实验区推行民生建设工作的目的在于"使广大民众皆有受教机会，达到普及教育的目的"。[①]何忆和邰昌汉先后担任巴县民生建设实验指导区主任一职。巴县民生建设实验指导区还设置一名指导员、两名研究员，在附属的实验小学还有一名校长以及若干名实验学校的教师、若干名巡回教师，此外还有一名文书员兼事务干事，一名图书管理员。

[①]《中国民生建设实验院与巴县县政府合办民生建设实验指导区合约》，重庆市巴南区档案馆藏，巴县县政府建设科档，民1-9-435，第34-43页。

二、实验区开展的实验活动

巴县民生建设实验指导区是中国民生建设实验院与巴县政府合作的一个项目,又是巴县民生建设实验的主要基地。

由于是在新县制名义下开设的试验区,它的首要工作就是推进地方自治。中国民生建设实验院与巴县政府合作,在鱼洞溪等四乡镇设立民生建设实验指导区,并以鱼洞溪镇为实验镇,区指导员及地方干部人员由中国民生建设实验院推派,每月约4000元经费也由中国民生建设实验院负担。

巴县民生建设实验指导区成立后,坚持民生本位的教育宗旨,接连展开了许多实验工作。其组织形式以经济分团制为主,编写了一系列较有影响的民生教育语录丛刊,内容有经济分团街头诗与街头壁语等。实验指导区把这些编印的街头诗和街头壁语分别抄在村中的墙壁上、巡回教育站的墙壁上、门楼上,或者是将它们印成宣传单分发给民众。这些诗歌、壁语的内容和民众的经济活动有密切的关联,又紧跟生活的步伐,贴近民众生活实际,语言通俗易懂,篇幅短小精悍,寓意朴素风趣,充满乡村气息,符合时代旋律,很有感染力,容易被广大民众所理解和接受,在宣传发动和提高民众素质方面发挥了较大作用。摘录《民生教育语录丛刊之九:经济分团街头诗——附街头壁语》如下:[①]

加入庄园分团——庄园分团街头诗
不管姓张姓李,住在石塔子的,大家都要和和气气。咱们左邻右舍,要做到互相帮助,要做到"经济互济",要加入庄园分团,结成学习集体。

家禽跟家畜——家事经济分团街头诗
养鸡,养鸭,养猪,养羊……老太婆们,除针线活路外,家禽家畜,都有"来头"啊!

请吃道圌的卷烟——工业经济分团街头诗

---

① 李纪生编著:《民生教育语录丛刊之九:经济分团街头诗——附街头壁语》,巴县民生建设实验指导区1942年11月印,重庆市巴南区档案馆藏,巴县县政府建设科档,民1-9-435,第53-60页。

宫娥牌卷烟,味道好,价公道,吸烟的,贩烟的,应买土产烟草。大家提倡乡保手工业,大家从事"民生建设"!

我们是运输的力夫——力夫经济分团街头诗

海荷,上坡!海荷,上坡!我们干担抬的,是运输的力夫。为了民生建设,我们不辞千辛万苦。海荷,上坡!海荷,上坡!

这儿是饭店——商业经济分团街头诗

这儿是饭店,这儿又是教育站,请坐!请坐!一面吃饭,一面看看(那边贴有各种壁报书画呀)。做工的,种田的,学会这儿的东西,可以帮助自己生产!

改良农作增加生产——农作经济分团街头诗

我们做庄稼的,是凭经验,靠天吃饭;他们学农业的,是靠书本,单凭实验,新的加旧的,经验添学问,我想一定能:改良农作,增加生产!(是不是呀?)

街头壁语

养

你要生活,你就应该——参加"经济活动",从事"民生建设"!

教

身无一技之长者是愚,不愿从事劳动者是惰,吸吮他人血汗者是诈,此三害是民生建设之大敌。

卫

你需要国家:保护你的家产田园;国家需要你:服役当兵,参加抗战。

管

人人都有职业,人人都有工作,各人干各人的事业,各人尽各人的责任,就叫做"国家总动员"。

实验指导区遵从以民生经济活动为起点、为脊干、为中心的民生教育工作理念,教学的组织形式是经济分团制。每个星期,巴县民生建设实验指导区都会以指导员的名义向巴县县长汇报这一周以来中国民生建设实验院指导下的巴县民生建设实验区的工作情况。从所报告的工作情况看,巴县民生教育实验工作的内容充实、安排紧凑。下表是其自1942年12月7日起至12月13日止一周的活动情况,从中可以窥见它的工作概况:

表5-4　中国民生建设实验院研究处暨巴县民生建设实验指导区工作概况[①]

研究处	实验指导区
(1)函刘建初来谈农事指导事宜	(1)本月七日《中央日报》发表《道阆教育工作介绍》一文
(2)拟定《道阆教育活动办法》	(2)本周道阆实验学校教学单元为水空交通工具
(3)编审第九单元教材	(3)增发实验学校学生常识课本
(4)拟定十二月份巡回日程表	(4)邰院长于星期三来道阆举行座谈会
(5)拟定民生本位教育制度研究纲要,送研究处参考	(5)通知同仁阅读《今后教育建设问题》一文
(6)草拟《道阆实验学校初步活动法大纲》	(6)巡回教育单元为冬作
	(7)星期六晚上举行第十三次工作会议

上表反映出:在1942年12月7日至13日这一周中,水空交通工具被设置为实验学校教学单元,冬作是巡回教育的单元;编审民生教育第九单元教材为教学准备;开座谈会和工作会议、发函邀请专家来谈农事指导事宜则为日常工作;制度建设方面有拟定《道阆教育活动办法》和草拟《道阆实验学校初步活动法大纲》两项工作;在《中央日报》上发表工作介绍文章是对外宣传和联系方面的工作[②]。上表也反映出巴县民生教育实验的有序推进和扎实落实,以及研究和实验紧密结合、埋头苦干和对外宣传相结合的特点。

[①]本表资料来源:《中国民生建设实验院与巴县县政府合办民生建设实验指导区合约》,重庆市巴南区档案馆藏,巴县县政府建设科档,民1-9-435,第72页。转引自雷志松:《中国民生教育学会研究(1936—1949)》,博士学位论文,2009,第167页。

[②]具体内容参阅李纪生:《道阆教育工作介绍》,《中央日报》1942年12月7日第6版。

三、巴县民生教育的其他活动

中国民生建设实验院除了在巴县建设指导区开展民生教育实验外,还通过实验国民学校、巡回教育站、实验教育团、实验教育合作社,以及开办工厂等开展民生教育实验。

(一)实验国民学校

中国民生建设实验院设有道圊实验国民学校。国民学校是中国民生建设实验院开展民生建设的总枢纽,它的目的是使受教育者成为优良的中国国民。衡量是否优良的标准为是否具有以衣、食、住、行一类的民生经济活动为中心的养、教、卫、管四种基本素养。国民学校的工作目标是用教育力量推动养、教、卫、管四类建设工作。

实验国民学校注重培养学生养、教、卫、管四种能力。对这四种能力的内涵又分别界定为:养,包括生产知识、生产技能与合作办法等;教,涵盖小学基本科目,特别是历史和地理中同民生有直接或间接关联的知识与能力,关注忠、孝、仁、爱、信、义、和、平,并且能具备"明礼仪""知廉耻""负责任""守纪律"诸美德,更要具备劳动服务之兴趣、习惯与技术;卫,包括体育卫生、国防训练、自卫训练以及严守纪律、服从命令、团结一致等美德;管,包括人事、事物、时间及土地之管理,特别注重自治能力之培养。

实验国民学校的教育对象为"民生建设服务区"内的民众,无论男女老幼,凡来自远方或居住在学校所划定的"民生建设服务区"内的,都能成为实验国民学校的施教对象。施教的组织形式尽量采用经济分团的制度,除特殊情形外,打破儿童部、成人部、妇女部的界限。实验国民学校的施教场所应力求与施教对象的民生经济活动场所相配合,他们真正的学校应当是整个社会,特别是社会中民生经济活动的场所。民生教育实施者认为不能存在一般意义上的学校教育、社会教育、家庭教育的严格的界限,应当将全社会民生经济活动的场所以及机构作为国民学校的教学场所,无论是农场、工厂,还是其他的生产场所以及其设施都可以成为民生性质的国民学校的设备的一部分。因此,国民学校可以说是一种教育站,主要为了实施某个区域内的教育而设立的。

在教学形式上,实验国民学校采用生产与教学混合教育制,教学场所同生产活动的场所同一。养、教、卫、管的具体实施方式是国民学校教师及学生通过经济分团或者兼办合作所。和当地的民众一同推行国民经济建设,以达成"养"的建设;调查"民生建设服务区"内失学的成人数,分配给年龄较长的学生,让他担任教育的工作,并且由教师巡回指导,同时由教师率领学生指导民众自教自学、互教互学,以此来推动"教"的建设;在"卫"的建设方面,调查民生建设服务区内的壮丁数,进行兵役宣传、组训民众骨干、举行卫生宣传、开展简单医疗服务等等;在"管"的方面,调查民生建设服务区人口数、各种产品的种类以及数量、土地面积特别是荒地面积等,调解民间纠纷,指导民众改良土壤、开辟荒地、改善品种等。

实验国民学校的施教时间一定要和学生以及民众的生活尤其是经济生活相配合,一切施教时间以经济生活的情况为基准。一般意义上学校中带有时间性的制度,比如星期、学期、学年、暑假、寒假等等一概取消。实验国民学校希望能将学习、生产、服务、劳动打成一片。[①]

实验国民学校具体的教学是分单元进行教学,比如分为合作社、采煤活动、陆地交通和水空交通工具等诸多单元,民生教育主张贯穿于这些具体的单元活动之中,民生教育实验的目的也在这些单元中实现。举其《第七单元 采煤和用煤》的教学内容设计为例:

第七单元 采煤和用煤[②]

目的:

研究煤之成因与分类及煤的开采与用途,俾儿童明了煤的种类、煤的用途与重要性及煤业的历史、世界煤业的概况,以便负起儿童研究煤业兴趣,与改良采煤之志愿。

[①]《中国民生建设实验院创立旨趣》,重庆市巴南区档案馆藏,巴县县政府建设科档,民1-9-435,第8-11页。

[②]李纪生编著:《民生教育语录丛刊之九:经济分团街头诗——附街头壁语》,巴县民生建设实验指导区1942年11月印,重庆市巴南区档案馆藏,巴县县政府建设科档,民1-9-435,第53-60页。

内容：

(一)组训活动(管)

一年级——调查挑夫、炭贩之经济收入；二年级——调查并报告妇孺参加煤产工作之情况；三年级——调查报告炭工生活并提出改进意见；四年级——调查机器采煤之方法。

(二)经济活动(养)

一、二年级——调查烟煤和无烟煤的价钱，并研究其为何不同；三、四年级——中国煤之产量和存储量的计算。

(三)研究活动(教)

社会馆：一年级——煤的用途；二年级——中国煤的主要产地；三年级——世界煤的主要产地与比较；四年级——中国煤产与世界贸易之情况。

自然馆：一年级——煤的开采法；二年级——煤的种类和用途；三、四年级——煤的成因与成分及其开采方法。

艺术馆：一年级——绘煤炉烧燃图；二年级——画炭贩挑运图；三、四年级——绘开采煤矿图。

(四)康乐活动(卫)

一、二年级——唱工人采煤歌；三、四年级——做开采煤矿游戏或演煤铁争功话剧。

实验国民学校希望在学生和民众两个方面取得的成果有：

在学生方面，希望注册的学生，受有相当程度的养、教、卫、管四种教育。普通学业成绩，都与民生需要有直接或者间接关系。生产物品成绩，皆有经济价值，如若干头白猪、若干打鸡蛋、若干丈土布等等。这些产品能在市场中出售，或者运到海外换取外汇。

在民众方面，希望在"民生建设服务区"内未经注册的大部分民众也都能受相当程度的养、教、卫、管四种教育。养的方面，家给人足；教的方面，人无不学；卫的方面，盗贼绝迹；管的方面，事无不举。

实验国民学校试图完成一系列的民生制度建设：以经济活动为组织单位，建立"经济分团制"；打破学校、家庭和社会三种教育的界限，实现"混一教育制";推行利用民众原有的生活场所进行施教的"就地施教制";取消星期、学期、学年、春假、麦假、暑假、寒假的制度安排,实行"全年教学制";采用"民生本位的国民学校作业标准",以农业、林业、畜牧、采矿、工艺、商业、交通、水利各种民生经济活动为单元,如以养猪、种菜等为"经",以养、教、卫、管等相关的作业为"纬"编织成作业标准。把各个单元的作业标准,编为"民生本位国民学校作业事项",经纬结合,以备教学之用。实施"学习、生产、服务、劳动合一制"教学法,此外,中国民生建设实验院还使用过"巡回教学法""互教互学法""自教自学法""学生协助民生建设法"[①]等教学方法。

(二)巡回教育站

巡回教育站是巴县民生教育实验的一种方式。巡回教育站对巴县山区农村教育的发展起到了重要作用。由于实验区划分为若干个巡教区和教育站,中国民生建设实验院共有12处巡回教育站,有4000多接受教育的固定的或者流动的学生。比如鱼洞溪镇就被划为3个巡教区、10个教育站[②]。邰爽秋曾就设立巡回教育站写诗道:"巡回教育设专站,受教民众遍乡僻。教师肩挑教育担,山区来往忘饥渴。"[③]巡回教育活动的区域广泛,大多在重庆山区农村开展,井然有序,下表是1942年11月10日至16日巴县民生建设实验巡回教育的日程表:

表5-5 巴县民生建设实验巡回教育活动日程表[④]

日期	地点	教师	地点	教师	地点	教师
11月10日	凉亭	何志宗	黄家院子	朱洪壁	岔路口	叶冀、朱德明
11月11日	道圌	刘本溢、朱德明	凉亭	何志宗	黄家院子	朱洪壁

---

①《中国民生建设实验院创立旨趣》,重庆市巴南区档案馆藏,巴县县政府建设科档,民1-9-435,第11—14页。

②《渝市府及各机关居民等请领居民证有关函件》,重庆市档案馆藏,重庆市政府档,0053-9-16,第77页。

③《爽秋自传诗》及注,手稿本,第88页。

④本表资料来源:《中国民生建设实验院与巴县县政府合办民生建设实验指导区合约》,重庆市巴南区档案馆藏,巴县县政府建设科档,民1-9-435.第51页。转引自雷志松:《中国民生教育学会研究(1936—1949)》,博士学位论文,2009,第170页。

续表

日期	地点	教师	地点	教师	地点	教师
11月12日	鱼洞镇及轮船码头	朱德明、刘本溢	胡家沟	何志宗	廖家院子	朱洪壁
11月13日	汪家坡	刘本溢	凉亭	何志宗	草亭	刘郁文
11月14日	民建院	朱德明、刘本溢	刘家湾	叶冀、朱洪壁	胡家沟	何志宗
11月15日	民建院	刘本溢、朱德明	胡家沟	何志宗	黄家院子	朱洪壁
11月16日	岔路口	叶冀、朱德明	草亭	刘郁文	汪家坡	刘本溢

巡回教育是分单元进行的,如分陆地交通与冬作等单元。从上表中可以看出实验区每天都有工作人员去不同的巡回教育站授课。巴县民生教育实验设立一名巡回教育主任、若干名巡回教师,每天分别在各个巡教站实施民生教育。在中国民生建设实验院成立后的前四年,有12534人在各巡回教育站接受教育。[①]

(三)实验教育团

"实验教育团"是"实验经济活动教育团"的简称,是巴县进行民生教育实验的另一种方式。实验教育团的设置主要是为了与经济上的"分团制"相衔接,某种分团经济生活的该分团成员以及对于某种生产技术特别有学习兴趣的民众可以实验教育团的形式组织学习。某种分团经济生活的民众可在他工作的过程中或者是工作间隙有空余时接受民生本位的国民教育。

巴县民生教育实验曾借助实验教育团施行民生教育实验,包括设立农事、工艺、家事、商事等教育团。

(四)实验教育合作社

实验教育合作社是巴县民生教育实验的一种方式。实验教育合作社既是经济组织,又是教育组织、社会组织,担负着开展养、教、卫、管各种建设的任务,

---

[①]《中国民生建设实验院四年来工作概况及今后三年发展计划》,重庆市档案馆藏,重庆市社会局档,0060-13-103,第145页。

它将生产、消费、信用等经济性活动糅合在一起,成为教育性活动。

道厢合作社在巴县实验教育的所有合作社中影响最大。1942年11月17日道厢合作社举行筹备会,随后即开始征求入股,同年11月23日举行道厢合作社创立会,选定吴克成、李纪生等为理事。合作社与道厢实验国民学校相配合,在设立开始前,把相关的文件、摘要等编到教材里去,教给在道厢实验国民学校高年级学生,指导他们回去向家长们宣传。这样做的效果是十天之内,已经有500多人报名参加合作社,因此实验合作社顺利成立。

在合作社社员活动规则中写明社员必须参加一些教育活动,并且其中那些知识程度较高的人对程度较低的人负有教育责任,那些拒绝参加教育活动的人将被除名,社员既是学生又是业务员,具有双重身份,同时还负有教导的职责。在中国民生建设实验院成立后的前四年中,在实验合作社中先后受教育者达299余人。

(五)开办工厂

中国民生建设实验院在当时设有化工、印刷、藤工、织布、织袜、织造等工厂,这些工厂具有教育性质,为学生学习技术、实习及生产之用,所用教育方法为读书与做工交替进行。尤其是织造厂中,有超过300人的员工。工厂也本着民生本位的教育宗旨,将经济活动和教育相结合,可以供学生学习技术、实习和生产,但是读书和做工是轮流进行的,同之前在上海金家巷的民生教育实验所用的一边做工一边学习的方法不同。

巴县民生建设实验是沪西民生教育实验在不同地域、文化和社会环境中的延续和发展。实施主体由中国民生教育学会转为该学会指导下的中国民生建设实验院,宏观的环境是国民政府新县制建设的需要,采取了与政府签协议的方式建立的巴县民生建设实验指导区的新模式。它适应了当时中国的社会需要,在当时许可的空间内进行了艰难的探索,将"研究—实验—推广"的方法运用于实验,减少了单纯依靠行政命令或群众自发进行的实验存在的各种问题。巴县民生建设实验以中国民生教育学会的民生本位教育理论为根据,注重民生教育理论对教育实验的指导作用,避免了实验的简单化和盲目化;注重教育民生共同建设,运用教育的力量来推进民生建设,用实验的方法来构建适合民生建设的教育制度；教育实验紧紧围绕和经济活动关联的要求，坚持将劳苦大众作为教育服务的对象；协助完成当时抗战建国和整个民生建设任务，这项教育实验给后人留下了十分有价值的历史资料。

同时，巴县民生建设实验在理论上、教学上和教育管理上也有理想化、不完善、走形式的缺陷，这也是巴县实验未能留下多少可持续的稳定的教育遗产的原因。

自1938年到1945年，在举国抗战、生计艰难的困苦环境之下，中国民生教育学会克服了千难万险，充分发挥创造性，有效利用一切可用的社会资源，坚持民生建设实验，想尽各种办法维持了中国民生教育学会的存续，经历了中国民生教育学会存续期内最为艰难的一段时光，并取得了难得而又显著的成就，产生了较大社会影响。

东迁后的发展(1946—1949)

第六章

1946年8月,中国民生教育学会迁回上海,"并择定上海市虹口多伦路2号为总会会所",①由此开启了中国民生教育学会新的一段历程,工作与生活依然艰难,其特点用一个词概括就是"匆忙",所以留下的活动资料文献较少,直至1949年9月中国民生教育学会悄无声息地结束了自己坎坷的历史。

第一节　复员回迁

1945年9月,中国取得抗战的胜利。大量因战争西迁的机构和人员复员迁回战前原址,成为众多人当时热切的期盼,但是由于交通、物资供给及其他多重原因,这一过程比人们期盼的要慢。中国民生教育学会的动迁也是如此,首先遇到的就是何处安身之难题,抗战胜利半年后才实质性启动搬迁,直到1946年8月才算基本完成搬迁工作。

中国民生教育学会作为社团没有理由向政府请求安置房屋。1946年4月23日,该会以下属中国民生建设实验院的名义,就拨租空房一百间以为复员来沪展布各项事业之用,致行政院分配各机关房屋委员会的函中道:②

---

①教育部教育年鉴编纂委员会:《第二次中国教育年鉴》,商务印书馆,1948,第848页。
②《行政院分配上海各机关房屋委员会关于民生建设实验院申请分配房屋》,上海市档案馆藏,Q30-1-150,第9页。

本院以提倡民生教育促进民生建设为目的，本院同志本在沪实验旨趣，于1939年呈奉委座伺秘渝字第7707号电令，在渝创办本院数载来，设立指导区、教育区、教育团、国民学校、合作社、巡回教育站、教育农场、教育织造厂、教育农产制贮厂、干部人员训练班、民建中学等实验机构，先后教育学生及民众不下三万余人，编制研究作品二十余种，并协理地方自治、农业推广及学术奖励等事，兹值抗战胜利，教育机关皆已纷纷复员。本院经董事会会议决议，复员迁沪计需房屋约一百间（院本部秘书研究教导及生产四处职员及家属58人，需办公及宿舍房屋30余间，又附属民建中学有学生八班，计员生工友及员工家属共365人，需用教室办公室及宿舍房屋六十余间）。

中国民生建设实验院有地产约为三万方丈，由其自置及杨锡齐捐赠者各半；有房屋五十七间，其中瓦屋三十九间（十七间系新建）、草屋十八间；有农工两方面的生产工具，足敷学生百余实习之用；有渔洞溪本院及重庆办事处两方面家具用品，足敷员工学生百余人办公工作膳宿之用；教育印刷厂有铁木机各一架，印刷本院各种产品之商标及巡回活页教材等；教育织布厂有游抬机五十架，开工者三十二架，日出四十码之白布十余匹。

中国民生教育实验院的农场，种稻约一万方丈，种蔬菜约六百方丈，种花卉五十余种计二千余株；其林场，种广柑、桂圆、桃、李等约一万株；其畜牧场，有猪舍一间养猪，并有鱼塘一口，养鱼约二千尾。中国民生教育实验院的教育化工厂，出有电灯、电池、火漆、肥皂等；其教育藤工厂，出有藤包、藤箱、藤椅、藤篮等；其教育织篾厂，有线篾机九架，丝篾机两架，出有丝船牌各种线篾及丝篾；其教育织巾厂，有织巾机五架，出有白色及彩色民建毛巾。

这封抬出委座电令，摆出各种功绩，列举各种需求的函依然没有在申请分配房屋上发挥作用。1946年6月，中国民生建设实验院迁往新地址——上海市窦乐安路，在此处找到房屋并迁入该地办公。一个月后，在1946年7月21日，中国民生建设实验院向行政院分配上海各机关房屋委员会申请配备更加宽敞的办公场所，遗憾的是这个申请并没有得到同意。中国民生建设实验院就在上海市毕勋路八十六号的挂名办事处开始了艰难的复员和其他工作。

抗战期间,民生教育学会在重庆、贵阳等地艰难经营,所开展的民生教育实验遵从国民政府的要求,也得到国民政府的支持和帮助。1946年8月,中国民生教育学会迁回上海多伦多路2号。但这仅是办公地点的确定,各项事业的恢复和人员就位仍是较为漫长的过程。

特别是社会局势的发展,内战的爆发,使得中国民生教育学会的处境更加艰难,仅仅靠迁址还难以维持生存,能否适应政治形势的变化才是决定生死的关键因素。或是感到时局变化,学会理事长邰爽秋专程去南京梅园谒见周恩来,请求前往苏北解放区调查,受顾祝同阻挠而未能成行,自此便逐渐认识到阻碍社会发展的生产关系不打破,一切试验和教育主张无异痴人说梦。于是,投入"反内战、反饥饿、反迫害"的斗争中,走上社会,组织"上海市各级学校学生联合会"和"上海市各界抢救教育危机联合会",提倡自学制度。[1]此举显示邰爽秋在复员搬迁之际已经考虑中国民生教育学会更长远的发展。

邰爽秋早年到德国考察社会主义,到农村进行调查,身着土布短装奔走在工人农民中间开展普及教育,把自己工资的一部分拿出来资助生活贫苦的平民,因此他请求去苏北的行动是有连续性的。而在中国民生教育学会建立之后,他极力寻求学会会员中"中委"、教育厅长及其他军政商学显要人士的参与支持,这又让他以及中国民生教育学会陷入旧政权较深,这是中国民生教育学会在搬迁复员之后比找一个安身之所更为艰难而又必须面对的难题。

第二节 如何实施民生教育的新讨论

如果说1936年中国民生教育学会的各位成员讨论民生教育带有较强的理想色彩,十年之后,当中国民生教育学会的成员们经历实验和各种磨砺之后,他们对民生教育的讨论则更加切实可行。虽然此时参与讨论的人没有1938年那么多,发表的文章也少了很多,但发表意见的人都是民生教育理念

---

[1] 李定开主编《重庆教育史》(第二卷),西南师范大学出版社,2006,第575页。

长期的坚守者和实践者,理解更为深刻和实际,与中国民生教育学会的发展也更为紧密。

早在1944年,中国民生建设实验院研究处编著了《民生本位教育论文集(第一集)》,该论文集用32开白纸印刷,共94页,收集了中国民生教育学会理事长邰爽秋的《民生本位教育刍议》和学会会员刘伍夫的《民生本位教育与儿童教育》等有关民生教育的论文。①从民生教育要义、民生本位教育发端、我们的信仰和要求、我的民生教育观、抗战建国时期之民生教育、今后教育建设问题、民生本位教育与发展民族教育、民生本位教育与生活教育、民生教育与精神训练、民生教育与西南建设、民生设计与抗战前途等多个方面对民生教育思潮形成以来的工作、活动,做了系统的、全面的整理和总结。

1944年,中国民生教育学会在重庆印行了中国民生教育学会理事、南京中南中学校长乔一凡著的《五五宪法修正草案》。②《五五宪法修正草案》又名《大中华民国宪法草案补订案》《乔氏宪法草案》,书脊题名:自拟的宪法草案补订案,有28页。概述分总纲、民族、民权、五权制度、地方自治、宪法之施行及修正七章135条,较原案少13条,补订68条,被删除或合并者约80条,有补订案论据10条,后有补丁案的简单说明。

在抗战的艰苦恶劣环境下,邰爽秋建议有必要进行以下改革③:(1)初等教育要重视生产与技能;(2)中等教育以造就社会生产事业中级技术人员为主要目标,其课程应注意解决一县或数县人民之衣食住行问题;(3)将师范学校课程整个生产化,加以普通教育及专业知能之训练;(4)大学教育以培养各种社会生产事业之高级技术人员为目的;(5)研究院对于纯粹及应用学术之创造发明首应顾及民生之需要,应用学术之研究,亦应以民生实际问题为主要对象;(6)除以普通年龄为入学标准外,以教育程度为分级标准,开放普通小学使男女老幼皆得同时学习,社会教育以增进社会生产为主要目标。

---

① 中国民生建设实验院研究处编:《民生本位教育论文集(第一集)》,教育编译馆,1944。
② 乔一凡补订:《大中华民国宪法草案补订案》,中国民生教育学会1940年印行;中国教育学术团体联合办事处编印:《中国教育学术团体联合年报》,1944年4月,第59页。
③ 邰忠民:《谈谈民生教育思想的来源和内涵——纪念我的父亲邰爽秋诞辰一百二十周年》,《教育史研究》2017年第三辑,第245页。

对于为什么要提倡民生教育,邰爽秋此时认为:首先要知道中国时下最需要什么样的教育。他对科目本位的教育、儿童本位的教育和民生本位的教育进行了比较。

科目本位的教育,以各科目组成中心,由小学到大学,越到上面,分得越细,也越与生活隔离。小学课程,被中学课程决定;中学课程,被大学课程决定;这种制度的目的,在使每个人都成为学者,为知识而研究知识,向知识的牛角尖里去钻。而知识是无限广泛的,什么知识都去研究是不可能的,因此,要确定一种知识选择的标准。这种选择标准在民生本位的教育看来,就是根据其与民生需要的关系,"凡是与民生需要直接或间接有关的,便是有价值的。越有关系,便是越有价值"。[1]根据这个标准,沙漠中的一滴水因其与民生关系的密切,便比一块黄金有价值得多。

儿童本位的教育,是以儿童为中心。一切活动,都以儿童为中心。从个性出发,从兴趣着手,以现在儿童生活知识为内容,极端地反对以死的知识强迫儿童记忆。反对以刻板的道德规律,压制活泼的儿童活动。儿童本位教育的目的,在充分发展个性能力,以发现天才为最后目标。

民生本位的教育,从民生需要出发。以含有与民生需要有关的知识技能为最有价值的知识技能。在相当范围内,是顾及儿童的兴趣和个性发展的,但不极端任凭个性发展,因为极端个性的发展会造成过度自由竞争态度的社会。

通过对上述三种教育的分析,邰爽秋认为,民生教育是现代中国最需要而且是最应该提倡的教育。这个论断显然经不起深刻推敲,在一定程度上显示邰爽秋受自己多年实验模式的惯性影响,理论思维的空间已经有局限。

1947年春,邰爽秋发表《建立自学制度解决青年求学问题刍议(手稿本)》和《自学运动》二文。他讲道:"自学制度特点有六:(一)兼顾求学谋生,受教不须入校;(二)人人皆可求学,不受名额限制;(三)不需许多学费,学子负担减轻;(四)适应个别差异,不限期间修完;(五)毕业概凭考试,无需上课点名;(六)学

---

[1] 邰爽秋:《民生本位教育与当前教育问题》,《国立暨南大学校刊》1948年复刊第14期,第2页。

子未离本业,出路已在其中。"①对于自学管理机构、注册手续、辅导制度、课程标准、教学方法、教学工具考试及毕业制度等都有较详细的规定。该文发表后,江浙等省教育界人士及青年大众来函表示赞同者二千余人。1947年秋,中国教育学会理监事会在苏州开会讨论举行全国教育会议议题时,一致通过采用自学制度作为议题。自学制度提出了中国普及教育的一种新模式,因时局影响也未能有效实施。

归纳邰爽秋的民生本位的教育,它遵从六项原则:②

一、民生本位的教育要同时顾及人民的生活、国民的生计、社会的生存,和群众的生命四个要素。二、要兼顾生产和分配。民生本位的教育不仅是生产教育,虽然生产是国民经济建设中极为重要的问题,民生本位的教育还强调分配问题,生产问题和分配问题兼顾。三、兼顾精神和物质。不仅要发展使每个人能丰衣足食的经济生活,还要发展其他活动,如文字、卫生、体育等。四、兼顾个人生计和社会生存。五、统筹整个民生需要。在衣食住行等民生经济活动中,顾及整个的民生需要,对于个性之发展,在必要时要加以限制。六、贯穿民族、民权、民生三种主义,在衣食住行等民生经济活动中,同时施行民族、民权、民生三种主义之教育,使三民主义之理想同时实现。

中国民生教育学会的主要成员罗廷光在其《教育与民生》一文中认为:"今后我国教育建设方针,应以'国防'、'民主'、'民生'三者为主,藉可医治国人'弱'、'私'、'贫'之通病,而达成复兴建国的目的。"③所谓民生教育,便是关于人民生活的教育。进而,他提出民生教育的实施要遵循以下原则④:

(一)民生教育应从大处着眼,小处下手,小之可解决个人生活问题,大则可应付未来世界经济的危机。

(二)民生教育的实施,虽应顾及人民生活的全部,但当以解决衣食住

---

① 邰忠民:《谈谈民生教育思想的来源和内涵——纪念我的父亲邰爽秋诞辰一百二十周年》,《教育史研究》2017年第三辑,第243页。
② 郭海红:《邰爽秋民生本位教育的理论和实践研究》,硕士学位论文,河北师范大学,2014年,第13-15页。
③ 罗廷光:《教育与民生》,《政治季刊》1948年第6卷第1期,第27页。
④ 罗廷光:《教育与民生》,《政治季刊》1948年第6卷第1期,第28-29页。

行问题为首要,由物质生活的相当满足,进而提高其精神生活,藉以达成丰富圆满的人生。

(三)民生教育应依本国人民的生活实况而渐为提高,个人欲望更应随生产能力而增进——否则不免徒增苦恼。

(四)民生教育的实施,虽以整个经济过程为对象,但权衡轻重,自应以增进生产为急务,次则及于分配与消费。

(五)生产教育的施行,不限于某种学校或某某课程,应寓生产之意于全部教育,主要乃在培养生产的兴趣、创造的思想,以及尊重劳动的态度。

(六)教育上极力鼓励劳动,养成劳作习惯;由学校扩充到家庭、社会——使人人生产、劳动,不可一味做哥儿姐儿。

(七)为开发国家的富源,促成富的社会,学校应与社会一致倡导"劳动服务"——认定劳动即是富源,此在欧美各国试行已著成效。

(八)生产教育应依本国固有生产方式而施行,(不可徒为效颦)——渐用进步方法以为提高。

(九)生产教育应配合国策,当前经济制度及社会需要而为有计划的设施——苏联于此,收效甚宏。

(十)为增进生产教育的效能,各种教育机关及教育行政机关应不时与社会生产机关切实联络并谋沟通一气。

(十一)训练上注重手脑并用,打破劳心劳力的分界;行政上尽量节省浪费,提高行政效率。

罗廷光这段表述及考虑切合实际,又有比较开阔的视野,凝聚了经验与理论,是对十多年民生教育实践的很好总结。

当然,此时也有一些天真的表述,会员王裕凯认为:民生,是教育的重心。民生教育,是手脑并用的教育,一面用手,一面用脑,无劳心者劳力者之分,亦无君子小人之别,这样才做到教育的平等,而使历史的重心稳定,无盛衰治乱之循环。①

---

① 王裕凯:《民生教育——把握历史重心,解决民生问题》,《申报》1948年2月23日第二张,影印本编号:[349]191。

中国民生教育学会对教材的研究也进一步深入,曾开展语汇研究,用速记术记录成人及儿童口语,按照各种经济活动加以分析研究,制成《语汇》作为编辑教材的依据。①

民生本位教材编辑的过程中,对教材的形式、内容、文字及目标等方面做了特殊处理。以封面为例,要考虑到两个因素,一是颜色要大家喜欢,二是要经济耐用,于是选择一种较好的黄色牛皮纸。封面利用也算是创见,把封面当课本,以达到学生能写自己名字住址的目标,如我姓X,我的名字XXX,我是XX省市人,封面的里面是教材使用法说明,版权页将本教材的目标说出,供教师和学生讨论。②

可惜的是,在中国民生教育学会的主要成员对民生教育有了更加深刻、成熟而实际的认知之后不久,他们的民生教育实践中断了,这些很好的认知已经很难对实践发挥作用,只能留在文献中。

第三节　继续实施民生教育实验

日本发动全面侵华战争导致1938年上海沦陷,中国民生教育学会在上海设立的念二运动促进会的会务也因此而暂停,总部转移到贵阳南通路一五八号。③蓬勃进行中的沪西民生教育实验区不幸遭到毁坏。抗日战争结束后,随着中国民生教育学会回迁,沪西民生教育实验区于1946年得以恢复。

沪西民生教育实验区在全面抗战前夕成立,在抗战中被迫中断,抗战胜利后迅速恢复。民生教育领导者邰爽秋等人在复员之后,几经周折,在上海重新发起民生建设系列运动。恢复后的沪西民生教育试验区在邰爽秋等人的不懈努力与指导下,积极地开展各项民生教育工作。实验区此时下设研究组、事务组和宣传组,用于民生教育实验的建设。

---

① 熊明安、周洪宇:《中国近现代教育实验史》,山东教育出版社,2001,第658-659页。
② 民生教育实验区:《民生本位教材的编辑》,《上海教育周刊》1947年第2卷第2期,第12页。
③《念二运动促进会报告会务状况》,中国第二历史档案馆藏,社会部档,全宗号:十一,案卷号:5813,第66页。

恢复后的沪西民生教育实验区至1949年9月结束,先后共有两任区主任,他们均为当时社会教育界的知名人士,分别是陈大白和甘豫源,具体任职情况如下表:[①]

表6-1　沪西民生教育实验区主任任职情况表

姓名	任职时间	籍贯	履历	与中国民生教育学会的关系
陈大白	1946.08—1947.03	江苏	曾经担任国立教育学院教授。	学会会员
甘豫源	1947.03—1949.09	江苏无锡	曾经担任江苏社会教育学院教授,民众教育专家。	学会会员

1948年5月,沪西民生教育实验区的组织设置发生了一些变化。根据上海市教育局令,实验区编制最低额设置十二人[②];设立一名主任:甘豫源;设立三名部主任:甘豫康、冯绍蓉、黄业兴;设立两名指导员:徐桂英、姜仲海;设立三名干事:徐旭、王明保、甘兰经;设立三名助理干事:朱耀天、俞国瑛、戴公诚。另有工役四人:王金生、牛德银、黄和尚、王妈。在实验区中,主任、部主任、指导员和干事等实验区的核心人员多数为中国民生教育学会会员,他们怀着极高的热情参与实验区的建设,认同中国民生教育学会的民生本位的教育理论。

若将全面抗战前的沪西民生教育实验看作第一阶段,复员后的沪西民生教育实验则为第二阶段,它开展工作的时段为1946年恢复至1949年结束。

据上海市档案馆藏档案《沪西民生教育实验区民教馆真如分馆工作报告及计划》记载,沪西民生教育实验区在其第二阶段的主要事业有以下数端。[③]

沪西民生教育实验区依据民生本位教育理论,编辑适应民众生活需要的教材多种,计有种菜教材、合作教材、纱织教材、农业教材、商业教材、工业教材等,均以衣、食、住、行等民众经济活动为经,以养、教、卫、管四类作业为纬,甚得民

[①]本表资料来源:《中国民生建设实验院关于沪西民生教育实验区概况》,上海市档案馆藏,Q30-1-150-9,第131页;《沪西民生教育实验区人事任免及薪级核定》,上海市档案馆藏,Q235-2-1495,第2、14页;《甘豫源教授出长沪西民生教育实验区》),《上海教育周刊》,1947年第1卷第10期,第14页。参照雷志松:《中国民生教育学会研究(1936—1949)》,博士学位论文,四川大学,2009,146页。

[②]《沪西民生教育实验区人事任免及薪级核定》,上海市档案馆藏,A235-2-1495,第12-24页。

[③]《沪西民生教育实验区民教馆真如分馆工作报告及计划》,上海市档案馆藏,Q30-1-150-9,无页码。又请参阅:《沪西民生教育实验区通讯》,《上海教育周刊》1947年第1卷第4期,第15页。

众欢迎。另外实验区还绘制地图、出刊民生壁报、选购民众读物等。

沪西民生教育实验区主办地真如镇普及教育区,得该地热心教育人士及保甲长之协助,共成立巡回教育站6处,采用巡回教育,共收失学男女老幼民众百余人。全区工作人员每日分别于各巡教站实施民生教育,扫除文盲,推行民生建设。实验区办理民建实验国民学校一所,位于金家巷,负有实验民生本位教育任务。

沪西民生教育实验区在生产方面还举办过特约农场、筹备沪西蔬菜生产合作社和协助国民学校等活动实施生产教育。实验区建立教育茶园一处,位于季家库,为区民高尚娱乐之中心,平时备有茶座乐器,并备作礼堂之用,晚间充作教室。

可见,第二阶段的沪西民生教育实验吸纳采用了一些巴县实验区的经验和做法。

1949年9月27日,沪西民生教育实验区正式改称为沪西群众文化馆。原沪西民生教育实验区主任甘豫源担任沪西群众文化馆馆长,且实验区的所有职员也保留至沪西群众文化馆。沪西民生教育实验区所举办的民生教育实验活动至此宣告结束。

在此期间,中国民生教育学会还于1947年与大夏大学联合成立民教推进区,"实施民生本位教育计划",由中国民生教育学会的老会员唐茂槐负责主持,教育系学生70余人参加执教,成立工人学校、中山桥义务学校、实验国民学校、电化教育、民众娱乐、家庭访问及福利农场等组[1]开展活动。

第四节 参加第五届中国教育学术团体联合年会

中国教育学术团体第五届联合年会于1947年10月26日和27日两天在南京文化会堂举行。此次会议原定于1946年12月25日在南京举行[2],但因为各个教育学术团体的战后复员工作还未完成,改成1947年7月在南京举行。然而

---

[1]《大夏大学近成立民教推进区》,《申报》1947年11月11日第二张,影印本编号:[395]420。

[2]《教育学术团体联合会本届年会在京举行》,《申报》1946年6月24日第二张.影印本编号:[389]215。

最终也未能按这个时间如期召开,最后定于1947年10月。

参加这次联合年会的教育学术团体共十七个,分别是:中国教育学会、中华儿童教育社、中国教育电影协会、中华职业教育社、中国社会教育社、中国卫生教育社、中华图书馆协会、中国测验学会、中国民生教育学会、中国心理卫生协会、中华体育协会、中国电化教育学会、中华儿童福利协会、中国童军教育学会、新教育社、世界文化合作协会和国民就业促进会等。[①]与上届年会相比,中华健康教育研究会没有参加本届年会,新加入的有中国电化教育学会、中华儿童福利协会、中国童军教育学会、新教育社、世界文化合作协会和国民就业促进会等教育学术团体。

中国民生教育学会自始至终参加了中国教育学术团体各届联合年会。这次年会召开时的社会环境特殊,抗战虽已结束,内战却已开始。教育社团在社会中的作用事实上在降低,参会代表仅有130多名,与历次年会出席代表人数相比显得较少。此次联合年会的筹备主任是李清悚,同时联合年会理监事联席会议推定其为大会的秘书长。大会推举常道直担任提案组主任、马客谈担任会序组主任、郝更生担任招待组主任、陈东原担任宣传组主任、章柳泉担任总务组主任等。上述成员中,李清悚、马客谈均为中国民生教育学会的会员。

中国教育学术团体第五届联合年会的会程为:

表6-2　中国教育学术团体第五届联合年会日程[②]

时间		会议内容	备注
10月26日	上午	中国教育学术团体第五届联合年会会议主席欧元怀致辞,随后各机关代表先后致辞,其主要的内容是,争取教育学术的独立自主,教育应当配合宪政,建议教育应当有参议的机构,同时教育事业应当得到保障。	

[①]《教育学术团体年会今在京举行开幕仪式,民主与教育为讨论中心》,《申报》1947年10月26日第二张。影印本编号:[395]260。

[②]《教育学术团体联合年会揭幕》,《申报》1947年10月27日第二张,影印本编号:[395]270。

续表

时间		会议内容	备注
	下午	分组审查议案:第一组由常道直担任主席,主要工作是对一般性教育学术提案进行审查;第二组由陈礼江担任主席,主要工作是对电教、社教、图书馆等问题进行审查;第三组由吴麟若担任主席,主要工作是对体育、卫生、童军的提案进行审查;第四组由熊芷担任主席,主要的工作是对职业教育和儿童教育的各项提案进行审查	
10月27日	上午	大会集中	内容不详
	下午	召开事务会议和举行闭幕式	内容不详

  鉴于当时的局势,"民主与教育"成为中国教育学术团体第五届联合年会讨论的中心议题。所有经大会通过的议案中,由中国教育学会提出来的《加速教育之民主化》一案成为中心议案。[1]本次联合年会决议有:首先,要筹备开办中国教育研究所,筹备的工作由理事会和各个教育学术团体共同推举出来的筹备委员负责,这些筹备委员由常道直、马客谈、吴南轩、李清悚等25人组成。此外,还要对教师进行荣誉公选,对选出来的荣誉教师举行荣誉教师膺选典礼。[2]

  这次联合年会事实上成为最后一次,也是中国民生教育学会最后一次参加联合年会的活动。会后还开展了一些联合活动,其中中国民生教育学会参加了1948年的公选荣誉教师活动,在1948年5月5日中国教育学术团体联合会给上海市教育会的函中道:"本会遵照第五届联合年会之决议,举办公选荣誉教师,藉以提高专业精神,推展尊师运动。特订定办法,随函检举。"该办法规定公选出50名荣誉教师,"由本会呈请教育部嘉奖并给奖金外,并于本年度(1948)本会召开年会时,举行荣誉教师膺选典礼,以示推崇"。[3]这次公选活动的结果和预定举行的典礼未见文献记载。

  因为参加联合会,中国民生教育学会的成员也应邀参加联合会其他社团的

---

[1]《教育学术团体联合会第五届年会经过》,《教育通讯》1947年复刊第4卷第6期,第35页。
[2]《中国教育学术团体联合会消息》,《教育杂志》1947年第32卷第6号,第57页。
[3]《中国教育学术团体联合会举办三十七年度公选荣誉教师办法》,上海市档案馆藏,0235-2-1644,第1—2页。

活动,如1947年参加中国教育学会上海分会的筹备与成立大会①。1948年8月参加中国教育学会组织的各种教育研究会②。此外,中国民生教育学会主要成员还应上海市教育局邀请开展国民教育系列讲座。

第五节　倡办大众大学和大众中学

　　正当邰爽秋参照时局的发展为中国民生教育学会寻找新的发展方向时,恰巧他在南高师的师长和哥伦比亚大学的学长陶行知于1946年初在重庆创办社会大学。时任教育部委员的邰爽秋极力支持此举,还欣然应邀去学校讲课。他们都认为平民教育不能仅限于识字班和小学,还应办好中学和大学;要使上大学不是有钱人家子弟的专利,而应让城乡青年工人、店员、小学教师以及一切没能上大学的失学青年都有机会上大学。社会大学的宗旨强调"大学之道,在明民德,在亲民,在止于人民之幸福"③。培养能服务大众的人才成为他们的共识,这个方向由于与当时正日益壮大的中国共产党的价值取向一致,与民生教育的基本立场一致,或许是中国民生教育学会所应鲜明表达的立场。邰爽秋回沪之后,也打算在上海创办一所类似陶行知所办的社会大学那样的公益性大学。

　　1949年,新的政权形态已经出现。经历了抗日战争和内战长达十多年动荡不安的岁月,百废待兴,青年失学失业严重,人才需求成为社会所急。当时新政权对学校教育强调的方针是"必须符合于新民主主义教育的方针……反对封建主义、官僚资本主义和帝国主义的内容,换上民族的、科学的、人民大众的新民主主义的内容……废除国民党那套专制主义的训育制度,实行学生自治"④,为新民主主义社会培养大批有用的人才。而大众大学和大众中学便是因目睹青年大众失学和失业的情形异常痛心所发起创办的,它是学生自治的,实行民主

---

①《中国教育学会沪分会定期成立》,《申报》1947年12月2日第二张。
②《中国教育学会推进教育研究,组织各地分会》,《申报》1948年8月16日第二张。
③陶行知:《谈社会大学》,《陶行知全集》(第四卷),四川教育出版社,1991,第623-624页。
④中央教育科学研究所:《中国现代教育大事记1919—1949》,教育科学出版社,1988,第371页。

化管理,为新民主主义社会培养实用人才。民生教育学会最初以孙中山先生"三民主义"思想为指导,创办大众大学和大众中学的努力可以看作是中国民生教育学会会员立场和思想观念的转变。

1949年4月16日,中国民生教育学会主要成员邰爽秋、欧元怀、吴俊升、蒋建白、罗廷光、唐茂槐等联合众多学员和教育界知名人士在《大公报》发布《发起创办大众大学暨大众中学告社会人士及青年大众》,其主要主张如下[①]:

> 我们都是以教育为职志的人士,目睹青年大众——尤其是工农和在职青年——失学或毕业后失学的情形,异常痛心,所以发起创办这个大众大学和大众中学来补救。谨述其志趣如下:
>
> 一、大众需要
>
> 大众大学和大众中学是根据青年大众的需要而设立的,青年大众人人有求知的欲望,通常学校却用入学考试制度限制人数,往往埋没人才……我们这儿的办法,却与此迥异,我们没有入学考试,没有名额限制,任何向学青年,皆可报名入学,年级高低,在审查他的学历后决定……我们尽量开设民生实用的职业性学程,使学生于毕业后,不但具有研究高深学术的基本素养,并且具有实际知能,成为民生建设的实用人材。……
>
> 二、大众设立
>
> 这一大众化的学校,我们希望用大众的力量——物力、财力、人力和智力——把他建树起来。我们学生家长、毕业生、工友和教职员,是产生这些力量的基本队伍。……我们要集合校内外的大众力量——财力、人力、智力和物力——来建树并维持这个学校。
>
> 三、大众管理
>
> 因为这是一个大众化的学校,并且系由大众的力量建立起来的,所以这个学校的管理,也就需要大众化……是全体学生、家长、全体教职员、全体工友、全体毕业生,还有对这个学校贡献物力财力人力或智力的社会大众人士。从这几种人当中,推举出代表来组织校务委员会,为本校最高行

---

① 邰爽秋等:《发起创办大众大学暨大众中学告社会人士及青年大众》,《大公报》1949年4月16日第一张。

政权力机关,再从这里推举委员会主席或校长及会计。这是一种大众化的管理,也就是一种民主化的管理,我们预备努力做去,把他实现。

邰爽秋在阐明大众大学立校宗旨时道:"改革传统大学制度,扩充大众的教育机会,推广学术的研究,训练科学的技术,来培养新民主主义的各项建设人才。""学校是为适应人民大众尤其是工农和在职青年的需要而设立的。我们在种种地方,都力矫通常教学的缺陷,使这个学校成为大众化的学校。"[1]

在4月16日同一天,《申报》上也发布了《邰爽秋等发起大众学校》的消息。两份告示宣布筹建大众大学和大众中学,拟定办学宗旨为:大众需要、大众设立和大众管理。目的在培养新民主主义建设的实用人才。细心的人会发现,告示署名的61人中多数为中国民生教育学会成员,少数为非会员的社会人士,所以没有署"中国民生教育学会",最后所留通信处地址却是中国民生教育学会的会所上海市多伦路2号。这点可以看出这件事是邰爽秋主导提出,但他觉得仅靠中国民生教育学会难以办好,或当时的政治形势不便使用中国民生教育学会署名。进一步高调宣示服务工农大众也是为了在时局变化中争取中国民生教育学会更大的发展空间和更久的存续时间。

邰爽秋认为:大众大学与自学制度一样是中国普及教育的另一种新模式,并草拟了《介绍大众大学创办计划》《大众大学初期计划大纲草案》《大众大学招收简章》等文稿,对大众大学的教育对象、招生简章、教学制度、行政组织、毕业考试、教学设备、学校经济等各个方面都有较为详尽的论述。

1949年9月,刘景琛等人为提高大众文化水平向上海市政教育处申请准予试办大众中学,在他们呈送的《大众中学组织规程》中,明确规定了大众中学"推行新民主主义"[2]的办学宗旨、招生对象、学校制度、学习方法、经费来源等,使邰爽秋等人创办大众大学和大众中学的想法得以继续向前推进。邰爽秋再三使用中国共产党使用的"新民主主义"一词是他政治立场完全转变的证据,也是中国民生教育学会发生变化的标志。

---

[1] 邰忠民:《谈谈民生教育思想的来源和内涵——纪念我的父亲邰爽秋诞辰一百二十周年》,《教育史研究》2017年第3辑,第243-244页。

[2]《上海市教育局处理申请开办中学的往来文书》,上海市档案馆藏,B105-5-124,第2页。

创办大众大学的信息吸引了许多人踊跃报名,工农商在职青年,纷纷请求入学。邰爽秋为此写诗道:"旬日超过五千人,集体报名真迅速。奔走呼号又一时,不得其门空臆测。"[1]但后来只有真如镇和多伦多路2号挂了块大学招牌,最终未能开学上课。

第六节　中国民生教育学会的终结

中国民生教育学会究竟何时终结没有准确的日期,也没有通过开会发布声明的方式宣布其组织活动结束,因此,它是被动性的终结,从相关资料的表征分析,大约在1949年9月中国民生教育学会就结束了它的所有活动。

在此之前,有一些迹象显示其组织发展与活动的艰难和挫折。

第一个迹象是以不真实会员数的壮胆求生。

1948年12月教育部教育年鉴编纂委员会编纂的《第二次中国教育年鉴》中简略记载:"中国民生教育学会现有会员五千余人"[2]。这个数据显然与中国民生教育学会的会员实际数不相符。之所以出现这个数据,可能与中国民生教育学会理事长邰爽秋给国民党中央党部社会部的呈文随同报送的《中国民生教育学会概览》内《中国民生教育学会最近一年来的工作报告》有关,其中关于"今后的工作"有"拟于最近一年征求会员一万人,并在国内各处成立分会一百处"[3]的表述,但事实上,没有征集到会员一万人,也没有成立分会一百处,年鉴中将这个数字减半了,依然还与事实不符,于此显示的不只是数据问题,更显示中国民生教育学会的发展遇到了问题,甚至要靠虚假的数据壮胆掩护自身的生存。

到1949年中国民生教育学会结束时,理事会职位也已经设有名誉理事、常务理事、赞助理事、候补理事等多种,仍难解其发展难题。

---

[1] 邰忠民:《谈谈民生教育思想的来源和内涵——纪念我的父亲邰爽秋诞辰一百二十周年》,《教育史研究》2017年第3辑,第244页。

[2] 教育部教育年鉴编纂委员会:《第二次中国教育年鉴》,商务印书馆,1948,第848页。

[3] 中国民生教育学会:《中国民生教育学会最近一年来工作报告》,《民生教育》1939年第1卷第4期,第35页。

第二个迹象是沪西民生教育实验区的更名。

1949年9月27日,沪西民生教育实验区主任甘豫源向上海市教育局提出申请,要求将沪西民生教育实验区改称上海市立沪西工农文化馆。在列举改名缘由时说此时的沪西民生教育实验区"不切目前革命情势",因为"当今中国革命以工农为基干,当今教育亟应提高工农政治及文化水平,故名称似以工农文化馆为宜"。于是上海市教育局指令:"沪西民生教育实验区准予改称沪西群众文化馆。"[1]这无疑是顺应时代发展趋势的选择,也意味着沪西民生教育实验区与中国民生教育学会关系发生改变,它不再属于中国民生教育学会重要的事业,这印证了自1936年以来经历各种波折仍属于中国民生教育学会的民生教育实验活动的结束。

第三个迹象是发起创办大众大学和大众中学无果而终。

创办大众大学与大众中学显示中国民生教育学会会员思想的转变,原本是中国民生教育学会的主要成员邰爽秋、欧元怀、唐茂槐等,会员江问渔、吴俊升、罗廷光等人的应变之举。只是这个小变难以跟上大变,到1949年10月1日中华人民共和国成立,创办大众大学和大众中学的计划就没有再进一步实施下去,多伦多路2号的中国民生教育学会再也没有什么能做的事,意味着中国民生教育学会的终结。

1949年9月后,中国民生教育学会就成为历史。

---

[1]《上海市教育局关于工农学校转移领导及补习学校社教机关更改名称之训令》,上海市档案馆藏,B105-5-60,第5-8页。

第七章 中国民生教育学会的成效与影响

中国民生教育学会产生于社会环境适宜、教育社团众多的年代,集合了全国各地有民生教育理念的从事教育实际工作或政商军学界的人士,表达并满足了当时社会上一部分人的教育情感与需求,留下了一些论著、事业和社会经验,经历艰难直至终结,存续了13年多,在众多中国现代教育社团的存续期中属于中等长度,在一定程度上推动了中国教育的改进与发展。

第一节　中国民生教育学会的成效

中国民生教育学会是中国现代教育社团中特点比较鲜明的社团之一,重视实验和研究,重视教育的经济功能开发和后备人才的培养,重视教育与社会的紧密联系,重视教材、教学方式方法的实用性、通俗性。学会主要成员始终对底层百姓充满感情,在民生教育实验活动中,以工农劳苦大众为教育对象,强调教育为工农劳苦大众服务,视经济活动为一切教育的下层基础,坚持教育与生产结合,并为生产服务。

但学会主要成员没有认识到,政治是经济的集中体现,对教育发展起着直接的制约作用。"从教育的领导权到教育的享受权,从教育事业发展的规模到速度,从教育的总目标到各级各类学校教育的具体目标,从国家教育制度到学校管理制度,从教育内容到教育方法,从学校教育到非学校教育,无不反映出政治对教育的作用。"①中国民生教育学会试图重构符合中国实际、体现现代教育发展趋势的新教育教学制度,但由于总体上势单力薄,理论深度不够,过于理想化,特别是对政治问题的忽视等原因,仅仅是取得一定效果,未能实现学会主要成员原定的目标。

一、邰爽秋的个人特点对中国民生教育学会的影响

邰爽秋是个有个性、有激情的人,这是支撑中国民生教育学会发起、建立和在艰难中前行的关键动力,也在很大程度上决定着中国民生教育学会的特征。

目前学术界对邰爽秋的研究尚不充分,他的民生教育思想有相对完整的体系和内涵,实践基础扎实。邰爽秋和中国民生教育学会主干成员们尚公无私、兼济天下的品格,甘于清静、淡泊名利的情操,勤于求索、乐于进取的追求决定着中国民生教育学会是具有较强社会公益性的社团。他们的努力在加快中国教育现代化进程的同时,满足了当时缺乏教育资源的社会底层的特殊群体的教育需求。

有人将邰爽秋的民生教育思想和陶行知的生活教育做了比较,其差异在于,前者是为了"发展民生",后者是为了"培养主人",又认为"他们设想的最终目的是一致的,都是为了让劳苦大众过上幸福安康的美好生活,都是为了达到民强国富"。对这种差异,陶行知给出了可供后人学习的态度,1946年,"有一次陶行知在上海卢湾区震旦大学礼堂演讲时,有位记者故意问到他和邰爽秋的教育思想有何区别,哪一个更符合时代潮流、更受老百姓欢迎时,陶答复说我们应该像北大蔡元培先生那样,提倡不同思想并存,只要它对老百姓有利。陶还引用了一句古语:'古人耻独为君子',由此可见这些前辈们的豁达胸怀"。②

邰爽秋和陶行知一样是武训精神的崇拜者,1946年12月5日他应武训学校校长李士钊的邀请,与孔祥熙、刘王立明、臧克家等贵宾到山东会馆大礼堂参加武训诞辰108周年纪念大会。邰爽秋在孔祥熙讲话后发言,"他首先表达了对陶行知的悼念,然后着重讲了武训精神最值得我们敬仰的两点:一是他虽已获

---

① 叶澜:《教育概论》,人民教育出版社,1991,第146页。
② 郭衍莹:《被遗忘的民国平民教育家邰爽秋》,《钟山风雨》2014年第5期,第30-34页。

得当时国家的褒奖,可以说事业已经成功了,但他依然刻苦耐劳行乞兴学,不若今之世人,当其事业未成之先艰苦奋斗,事业稍有成就已生活腐化了。二是他不仅不以为苦,自以为乐,他眼中没有苦字。最后他提出青年要以武训、陶行知为榜样,到农村、工厂、贫民窟中去,为劳苦大众服务"。①言为心声,邰爽秋当时在武训纪念会的表达,折射出当时的中国民生教育学会以及相类的教育社团的定位、品格与处境。

邰爽秋的行为表现较多激情的同时,也显示出理性的不足和逻辑不缜密,对自己行为的期望高于实际可能产生的效果。他历数"过去教育走错了路""该急速回头"②,以为民生教育就能解决这些问题,认定"民生本位教育,是针对着中华民族生活背景的一剂'对症下药'良方,是纠正过去我国教育所走的曲径的指南针"。③而他对"过去教育走错了路"的原因归结为两大方面,一是中国传统教育,二是新文化运动兴起以后的新教育。这种双重否定压缩了而非扩大了民生教育施展的空间。

邰爽秋在河南大学曾讲授一门"中国教育出路问题"的课,每周上一次,在这门课上,他除了借给学生许多书籍让他们阅读,还用报纸和其他时事资料作为教育资料。邰爽秋认为,这门课不仅仅是关于中国教育的出路问题,而且也是中华民族的出路问题。他一直保持穿中国传统的棉布长衫的习惯,以昭示他对自己的民族文化的认同。他在讲到如何通过教育来战胜政府的腐败无能时,都会痛哭流涕,边哭边上课。

邰爽秋对社会的观察直接影响了中国民生教育学会发展。在中国民生建设实验院建立的过程中,邰爽秋借用了"委座电令";抗战胜利后回到上海,他与一些教育界人士组织上海各界抢救教育危机联合会,举行"抢救教育危机大游行";后曾多次积极参加"反独裁,反内战,反饥饿"的民主运动。1946年陶、邰都在上海齐鲁学校的大礼堂演讲,二人讲话内容都是如何开展平民教育救国,"但二人演讲风格却有很大不同。陶讲话比较亲切,有如和听众聊天,常娓娓道来。邰讲话容易动感情,每讲至激动处常常热泪满面。记得有一次他在抨击国民党

---

① 郭衍莹:《被遗忘的民国平民教育家邰爽秋》,《钟山风雨》2014年第5期,第33页。
② 蒋建白:《发刊词》,《民生教育》1937年第1卷第1期,第1页。
③ 戴广德:《全面抗战与民生教育》,《革命日报》1938年5月30日第4版。

'无钱办教育,有钱打内战'时,激动得边敲桌子边讲话,声泪俱下,满场都为之动容。"[1]1948年许寿裳因批评国民政府惨遭特务杀害,邰爽秋在许寿裳的追悼会上,含泪登台致辞,因情绪激动以致放声大哭。在这些方面他与梁漱溟、晏阳初、陶行知等人有明显的不同。

1949年,邰爽秋断然拒绝国民党和他任立法委员的连襟动员他去台湾的规劝,带领全家迁居北京,准备为新中国贡献自己的力量,接下来与众多学人走了相同的路径,学习政治,真心诚意接受思想改造。1951年批判电影《武训传》时他被迫接受批判,并作了违心的检讨。1952年院系调整后,他去北京师范大学教育系任三级教授,他曾天真地将他发明的"普及教育车"展示给系里师生们,认为它在社会主义社会照样能派上大用场。但此后高校"全面学苏联",全面推行苏联的模式,在教育理论和教育实践方面也全面推行和贯彻苏联凯洛夫、马卡连柯的教育思想体系,新文化运动以来的各种教育探索被当成民国时期各种旧的教育思想和做法,统统被打入冷宫。

邰爽秋努力跟上时代,积极学习俄文,曾和年轻教师李子卓一起翻译了包德列夫主编的《班主任》,把苏联关于学校班主任的一套理论和实践完整介绍到中国。尽管如此,他在民国时期所提倡的教育思想还是屡遭批判,被贴上"杜威改良主义""封资修典型""为美帝和国民党反动统治服务"等政治标签。连续不断的政治批判运动使他心灰意冷,1957年反右后他就一直低调处世,加上体弱多病,只能深居简出,因祸得福,躲过了那场劫难。即便如此,"文革"中他还是被当作"反动权威"被批倒批臭。"由于他认罪态度比较好,譬如尽管工资被扣,家也被抄,但他还是订了十来份报纸,每天拖着病重的身体,把报纸上有关毛主席语录教导的内容一条一条地剪下来,分门别类地装在木匣子里,努力学习最高指示,所以造反派既没关他牛棚,也没给他戴什么帽子。只是有时批判太狠后,他想不通,觉得很委屈,散会后就大哭一场。"[2]1977年邰爽秋在北京去世。

1950年后邰爽秋的境况与态度可以为此前中国民生教育学会发展中的一些现象做注解。

---

[1]郭衍莹:《被遗忘的民国平民教育家邰爽秋》,《钟山风雨》2014年第5期,第34页。
[2]郭衍莹:《被遗忘的民国平民教育家邰爽秋》,《钟山风雨》2014年第5期,第34页。

二、民生教育理论所决定的中国民生教育学会特征

中国民生教育学会的特点在很大程度上是由其主干成员的理念和理论决定的,主要表现为以下方面:

民生教育理论的双重批判性决定着中国民生教育学会激进而不合群。民生教育理论既批判中国旧有追求个人地位显达、不合民生的士大夫教育,[①]是博取功名富贵的工具[②];又指责新式学校培养出的人同样不适合国计民生,"这种失察的责任,都应该授给一班自命为教育家的方帽子上"[③],"总而言之,新式的各项人才都制造出来了,但是国家的富强还渺无希望"[④]。简而言之,他们认为中国原有的教育有毒,照搬西洋也是流毒,"介绍西洋教育的人未能顾及中国的社会需要,和盘抄来实施所致。这是中国过去几十年在教育方面东施效颦的错误"[⑤]。这些批判在一定程度上符合实际,但也存在过头之处,否定1915年后新文化与新教育对中国社会与教育现代化所发挥的巨大作用,显然是忽视整体只看到部分的吹毛求疵,在不严谨深刻的人看来是痛快,在理性平和的人看来是刻薄,以专业眼光看不够完整、充分、全面,影响了中国民生教育学会的社会亲和性,从旧教育体制中出来的人和新教育运动的当事人对民生教育都较少参与,那个年代走在前沿的教育家除蔡元培应邀点赞外,陶行知、胡适、梁漱溟、晏阳初、张伯苓等都几乎没有参与中国民生教育学会的活动。

民生教育理论将教育目的仅仅指向民生,使中国民生教育学会专一而失去多样性思路。民生教育中的"民生"概念不来源于学术思潮,也不是专业生成,而是孙中山提出"三民主义"的"民生"概念。1929年3月国民党三中全会通过《中华民国教育宗旨及其实施方针》,规定:"中华民国之教育,根据三民主义,以充实人民生活,扶植社会生存,发展国民生计,延续民族生命为目的。务期民族独立,民权普遍,民生发展,以促进世界大同。"[⑥]也就是说它来自对行政指令的

[①] 中国民生教育学会:《抗战建国时期中之民生教育》,《民生教育》1939年第1卷第4期,第9页。
[②] 潘公展:《民生本位教育的政治基础》,《民生教育》1937年第1卷第1期,第24页。
[③] 吴曼君:《民族复兴与教育纠正问题》,《生计教育》1935年第1卷第1期,第5页。
[④] 梁园东:《民生本位教育的历史基础》,《民生教育》1937年第1卷第1期,第47页。
[⑤] 张少微:《民生本位教育之社会基础》,《民生教育》1937年第1卷第1期,第38页。
[⑥] 李华兴主编《民国教育史》,上海教育出版社,1997,第11页。

执行。自有人类教育以来,关于教育的目的已有众多理论,大都聚焦于人的健全成长发展,理想社会的建成,无论怎么说"民生"仅是特殊时段特殊人群对教育的特殊需求,将它当作教育的基本命题推及更广大人群或更长时段,只考虑教育与社会经济发展的关系,教育与生产劳动结合,显然是不完整而又偏离教育本质的,这样的教育越是普及就会牵引越多的人远离教育本质。在这样的理论之下,中国民生教育学会的行动自然思路不够开放,屏蔽了对教育的多样性思考,不同的民生教育学会成员对旧教育和新教育的批判也都是一个调,很少对自身的实践进行反思,使民生教育在实施中变成"众人都走进一条胡同"。再者,孙中山所提的"三民主义"虽然符合历史发展的潮流,但在南京国民政府成立后,官方所强调的"三民主义"已深深烙上了国民党专制政府的意识形态印记。孙中山去世以后,国民党政权倒行逆施,人民利益受到严重的损害,纵使民生发展,也经不起反动政权的压榨。

民生教育理论的民生需要牵引,使中国民生教育学会具有现实针对性的同时缺少超越性。教育与民生之间的关系常态下还是以间接为主,过于强调它们之间的直接性,甚至要以教育去直接改善民生,这的确能解决部分人的现实问题,满足他们最急迫的民生需求,在一定程度上改变教育愈普及而民生愈感困惑的问题,也适应了当时社会中一部分人的需要,但这种教育本身的功能与普通的教育功能相比仍存在局限性,也使得接受这种教育的人在知识和能力发展上降低了在更大范围内的适应性,限制了教育的超越性功能。相对而言,越是像民生教育倡导者所主张的那样让社会底层民众接受民生教育,越是限制了这些人群在同等条件下接受普通教育而获得更为普适能力的机会,经过一段时间的积累和传承,就进一步拉大了社会阶层的能力与机会差距,在竞争型社会中形成不同社会资本的再生产,最终使得中国民生教育学会的实践与他所期望的目标之间距离越来越远,而非像他们所追求的那样越来越近。在一个开放的环境中提供包括民生教育和普通教育乃至多种教育让民众去选择就可以看出效果,对于此类问题中国民生教育学会的主要成员未能深入考虑和有效回应。

民生教育理论具有感染力而严谨不足,使得中国民生教育学会显得"志大才疏"。民生教育理论以批判当头,很有冲击力和诱惑力,认为过去的教育是消费性的,"学校出身的青年都已养成西洋物质文明的消费专家,在都市的学生当

第七章　中国民生教育学会的成效与影响

然更不必说,就是从乡村内地跑出来的,一读书就变了,原来可以做一个乡村的生产者,现在也变了都市的消费者"①。校园中充斥着各种洋货,无论是学校的用品以及设备,还是学生的用物以及吃穿。教育"是推销洋货的教育,学校是外国货的销售场,学生是外国货的购买者"②。认为这些是国内生产凋敝、洋货当道、国货衰微、民生窘迫的原因。认为过去的教育是贵族化的,它仿照欧美教育办学,收费较为昂贵,为"有钱的人所独占。在乡村则为地主乡绅所独占,在城市则为奸商市侩贪官污吏及买办阶级的子弟所独占……中国的农民的子女,没有享受初等教育的机会,中国工人的子女也没有享受初等教育的机会"③。教育作为一种工具,没有发挥好它满足最广大民众最迫切民生需要的目的。这样的批判由于缺少全球化政治经济变化的视角显然是不完全的,他们在行文中较多使用比喻而非逻辑推理,使得批判缺少逻辑性。

每当针对当时教育的痼疾,中国民生教育学会就"欲以教育的力量,帮助实现经济救亡的使命"④,而其所能提出的措施就是"以复兴中华民族为其最后目的,以发展人民生计的经济活动为其骨干,以改进民众生活,扶助社会生存,保重群众生命为其职志者也"⑤。这样的措施显然是虚玄抽象而不够有力和有效的。中国民生教育学会通过开展民生教育实验和研究,以发展经济活动为经,以文字、公民、卫生、休闲、自卫、救国等教育为纬,致力于提高社会生产力,改善民众生活,满足民众民生的需求,促进了教育的本土化和教育事业的发展,在一定程度上解决了部分问题,但相对于它所提出的目标而言还远远不够。

民生教育理论的内质与外部言说之间的差异使中国民生教育学会在社会各方看来表里不一。包括邰爽秋在内的多位民生教育理论的倡导者都有在欧美和日本留学的经历,比较系统地学习和掌握了欧美现代教育理论。邰爽秋有关民生教育的基本主张可以明显看出他受到了美国现代教育尤其是杜威教育理论的影响,如强调教育的实用性,强调教育与生活、生产的密切联系,强调职业技术教育的重要等。但是他们高调宣扬的却是本土化,刻意追求土货化的外

---

① 萧莫寒:《生产教育与民生本位教育之新思潮》,《时代知识》1936年第1卷第6期,第271页。
② 王培祚:《中国新教育批判与改革》,《再生》1935年第3卷第3期,第18页。
③ 王培祚:《中国新教育批判与改革》,《再生》1935年第3卷第3期,第6页。
④ 邰爽秋:《民生本位教育产生的背景和意义》,《革命日报》1938年5月2日第4版。
⑤ 潘公展:《谈民生教育》,《民生教育》1937年第1卷第1期,第73页。

在形象,反复强调帝国主义与民族主义的对立;他们一面批判洋化,一面又在使用洋化带来的平民价值和实验与研究方法。这种反差让业内的人感到他们不够坦率,让普通民众在产生亲近感的同时难免有所怀疑。对比晏阳初干脆以洋面目出现,梁漱溟干脆以传统儒家的面目出现,中国民生教育学会给众人的感觉是不一样的,不免让一些人因怀疑而远离。

三、中国民生教育学会的基本特点

中国民生教育学会有明确的发展诉求,就是发展民生本位教育,所开展的活动与其宗旨高度一致,在它众多特征中,可以提炼出其基本特征:

操作性。中国民生教育学会虽然也进行过一些理论探索,但总体而言理论水平不算突出;他们也有组织结构,但在当时的社团中也不算做得较好的;他们也涉及媒体传播,分量和效果都不为上乘。中国民生教育学会真正有特色,超出其他教育社团的在于它在沪西开展的教育实验,建立中国民生建设实验院,创立巴县民生建设实验指导区。在各方面工作中,操作性才是它比较突出的特点。

非正规性。中国民生教育学会所看重的教育内容、教学方式、教育组织等方面都是非正规的,它探索了教育的一个全新领域,这个领域也是非正规的。教育与民生需要的相对分离以及教育与生产的相对分离是教育专业化发展的必然结果,自从教育实现专业化以后,强调教育与民生的直接对接和教育与生产的结合,在生产过程中开展教育就只能是非正规的教育,这些决定着中国民生教育学会的性质只可能是非正规的。

从属性。中国民生教育学会成员中军政官员的比例较高,其中任国民党中央监察委员的有吴南轩等6人,任立法院立法委员的有欧元怀等4人,任国民参政会参政员的有蒋建白等3人,任国大代表的有钱新之等5人[1],这样的成员结构使得学会较大程度上依附于党政机关,独立自主的决策和行动能力事实上有限。

---

[1] 雷志松:《学术、社团与社会:中国民生教育学会研究(1936—1949)》,社会科学文献出版社,2012,第204页。

第七章　中国民生教育学会的成效与影响

搜集中国民生教育学会的资料文献过程显示,与当时其他较大的教育社团资料来源于公开出版物的比例较大不同,中国民生教育学会的历史文献资料较大比例来自上海、重庆的档案馆,这些资料主要是中国民生教育学会向政府和国民党中央党部的呈文。这一现象足以说明中国民生教育学会的从属特征。它的民生教育主张从属于国民政府的教育政策要求;念二与沪西的民生教育实验依赖于大夏大学,遵从上海市教育局的要求;参加教育团体联合、中国民生建设实验院的建立、在巴县的实验以及复员回迁给政府相关部门的报告都显示中国民生教育学会对政府有较强的依赖与从属关系。

以从属特性观之,中国民生教育的一些激烈言辞是仗着政府的强势表达出来的,而不像晏阳初、胡适、陶行知、梁漱溟等人主要是依据自己独立判断的表达。在他们进行的时间较长的实验基础上,未能进行较好地总结提炼也是其从属性必然产生的结果,正因为此,民生教育实验给后人留下成型的成果显得较少。

时代性。中国民生教育学会是特殊时代的产物,从世界范围内看,经历过第一次世界大战,几乎全球大多数学人观念向左的方向转,只有杜威等少数杰出人士保持了理性、民主的观念。中国民生教育学会的主要成员是这种偏转中的一小部分,他们在强化国家与民族意识,淡化民主、自由,甚至要抵制全球化、市场化的大潮;他们提倡民生建设和民生教育的目的是为国家振兴与民族富强服务,却在一定程度上忽视了民生困难主要是社会政治经济落后而非主要是教育造成的,实行培养人的独立思考和健全智力的教育对整个社会的进步所发挥的作用远远大于仅仅训练他们的民生技能发展,培养身心健全的人的价值远远高于培养仅仅会生产或改善民生的人。他们的国家和民族观念也带有一定的局限性。在一个政治昌明、经济进入常态、社会比较文明的时代,就没有多少仅仅为民生的教育需求,也就不需要建立民生教育社团。

从时代性观察,民生教育倡导者认为教育应该发展民生而与时代需要相一致,当今中国国民教育实施之要图,视时代需要与环境需要,中国今日的教育,不能不向民生教育的道路上迈进[①]。中国民生教育学会本身是时代的产物,满

[①] 许乃璇:《国民教育应该以民生教育为中心》,《江西地方教育》1941年第213、214期合刊,第30-31页。

足了时代中一部分人短时期的需要,却不能从更长远更全面的视角判断教育应该如何进行,它的身上有时代的烙印,也受到时代的局限。

中国民生教育学会的基本特点与其试图实现的教育实用化和实验化的目标直接相关,是由其主要成员和所处环境共同决定的,与成员的能力、见识、社会地位等都直接相关。

第二节　中国民生教育学会的影响

中国民生教育学会自1936年创立到1949年结束,存续13年多,开展民生教育实验独树一帜,产生了较大的影响,在中国教育史上留下了有特点的一页,为中国教育理论和教育实践留下了一个较有价值的案例,同时激励一批教育人士积极投身教育的研究和实践,留下更为丰富的教育遗产。

一、教育理论的影响

明确提出并较为充分论证民生本位教育理论是中国民生教育学会在教育理论上的创举。

无论对这一理论怎样评价,它是对中国教育长期不重视实用的一种反叛,也是对自1915年以来的新文化运动以及之后兴起的新教育运动的反思。这种反思促进了当时中国各教育思想流派重新审视自身的理论和实践,做出适当的调整和完善。

中国民生教育学会通过沪西民生教育实验区和中国民生建设实验院将民生本位教育理论应用于实验,检验并丰富了民生教育理论,又为民生教育活动的推进提供了理论指导,并在实践中对理论有所发展。

中国民生教育学会成立后,编辑出版了《民生教育》《教育与民生》等刊物,研究和推行民生教育的理论和实践。刊物的编辑和撰写者大都为当时教育界著名人士,有海外留学归来的学者,也有各大学教授、学校校长和学院院长。借助这些人的影响力,刊物进一步扩大了民生教育的宣传,在较短的时间内就有了上万份订阅量。①虽然刊物存在时间不长,但却发表了有关民生教育思想的一系列重要文章,集中阐释了民生教育的目标、任务、背景、措施、原则及意义,使民生教育理论日臻丰富、系统、深化,也让更多的人了解了民生教育理论。

全面抗战爆发后,结合当时的局势,民生教育学会组织编印了《土货抗战论》。在临近抗日战争结束的时候,中国民生建设实验院研究处整理出版了《民生本位教育论文集》,从民生教育要义、民生教育观、抗战建国时期中之民生教育、今后教育建设问题、民生本位之学校系统及各种教育之实施、民生本位教育与儿童本位教育、民生本位教育与发展民族教育、民生本位教育与生活教育等多个方面,对民生教育理论进行了深入的阐述,进一步扩大了民生教育理论的影响。

二、教育实践的影响

中国民生教育学会在教育实践方面影响比较广,主要在以下方面:

一是它们所开展的教育实验所发生的影响。

尽管此前中国就已经开展了多种教育实验,其中比较有影响的还是乡村教育实验。中国民生教育学会所开展的教育实验有其独特的影响,在实验内容、组织形式、方法上都有新的进展。在内容上"专事以教育力量发展人民生计,改进民众生活"②;在组织形式上多样化,有实验指导区、分团制、流动施教等多种;在方法上与生产结合等,都为教育实践带来了新的启迪。

二是通过会员影响教育实践和政策制定。

中国民生教育学会会员构成从政府官员到基层校长,他们一部分在政府部门担任要职,且或是国外留学归来的教育学博士,术业有专攻;或是国内知名的教育专家,对教育事业甚为关心,可以以当事人的角色直接对教育实践产生影响,或对教育政策的制定产生影响。

---

①《〈民生教育〉月刊征求基本订户万份 举行特价三个月》,《民生教育》1937年第1卷第1期。
②李华兴主编《民国教育史》,上海教育出版社,1997,第586页。

表7-1　中国民生教育学会的任职与教育的关联[①]

任职类别	姓名
国民党中央政治会议文员、中央执行委员	王正廷、吴稚晖、王伯群、石瑛、潘公展、李宗黄
国民政府委员	王伯群、钮永建
教育部部长、次长	蒋梦麟、朱经农、吴俊升
其他各部部长、次长	周佛海（国民党中央宣传部长）、何廉（经济部常务次长）、钱新之（经济部次长）、叶秀峰（国民党中央组织部局长）、董显光（国民政府新闻局长）、谢冠生（司法行政部长）
各省政府主席、委员，各特别市市长	何思源、石瑛、邱椿、陈惕庐、张志韩、窦觉苍
教育部各司司长	吴俊升、黄建中、章益、程时煃、蒋建白、朱经农
省市教育厅（局）长	朱经农、李步青、周邦道、张志韩、黄建中、许恪士、程其保、程时煃、杨廉、何思源、潘公展、鲁继曾、欧元怀
大学校长	吴南轩、何炳松、吴志骞、周尚、姜琦、胡博渊、章益、汪懋祖、蒋梦麟、欧元怀、钱新之、王正廷、张廷休
民众教育馆长、实验区主任	齐国屏、赵杰士、常文俊、徐则骧、徐国屏

三是通过会议为教育事业建言献策。

中国民生教育学会加入中国教育学术团体联合会后，参加了五次联合会。学术团体联合年会在一定程度上"引领着当时中国教育界的主流，代表着当时中国教育学术事业的发展方向"[②]。中国民生教育学会一直积极为政府建言献策，为战后各项教育提出了许多有建设性的建议，部分呈请建议被政府采用。

四是促进了教育学术的交流。

民生教育学会通过开展演讲、欢迎外来人员进行参观的方式推进了教育学术的交流。民生教育学会领导人邰爽秋、钮永建也曾经在国立中央大学、国立暨南大学、大夏大学、上海电报局广播电台等单位和机构进行演讲，宣传了民生教育的主张，与广大民众和在校学生进行了交流和沟通，扩大了民生教育学会的影响。此外，来自不同地区的学者和教育人员也曾先后到民生教育实验区参

[①] 雷志松：《学术、社团与社会：中国民生教育学会研究（1936—1949）》，社会科学文献出版社，2012，第203页。

[②] 刘齐：《回到乡土：邰爽秋民生教育思想与实践研究》，博士学位论文，南京师范大学，2014。

观访问,如三土曾撰写《民生教育实验区访问记》和《民生教育实验区访问记(续)》,乔志恂发表《沪西民生教育实验区一日见闻记》,对实验区开展的民生教育进行介绍和赞赏,推进了教育学术的交流。

全面抗战时期,在重庆参与战时教育座谈会,讨论抗战和教育的问题,抗战结束之后,参加上海市教育局"为谋增进本市教育行政效能,征集社会各界人士及教育专家之意见"[①]而发起的教育座谈会,民生教育学会会员都发表了推进教育改革的意见和建议。

三、中国民生教育学会发生的关涉性影响

中国民生教育学会成立后,除了它自身对教育产生的影响,它还产生"一朵云推动另一朵云"的影响,激励了更多人发表主张,撰写文章,创办报刊,集会结社,推进教育与社会的改进。在很多时候,中国民生教育学会就是一个媒介,不少人借助它实现交流,获得归属,感知激励。中国民生教育学会部分成员的著述业绩的取得不完全靠中国民生教育学会,但与中国民生教育学会相互关涉。[②]

对于这些论著的作者,中国民生教育学会产生的作用大小不同,有的很深刻,有的很轻微。即便对于那些轻微产生作用的人,中国民生教育学会在他人生中的"添加"作用也是客观存在的影响。

由于史料缺失,对中国民生教育学会的影响不可能做完全充分地表述,但它在中国教育和社会发展史中的影响是长存的。

[①]雷志松:《中国民生教育学会研究(1936—1949)》,博士学位论文,四川大学,2009,第184页。
[②]中国民生教育学会会员著述见附录六。

附录一　成立大会宣言[①]

我国抄袭西方教育制度三十余年,办理一种不合国民经济状况的教育。现在这种教育的缺点,一天一天的暴露,虽职司教育者亦觉无可掩讳,热心教育的人士纷谋补救,改革教育的声浪,洋洋盈耳:有说过去的教育忽略了中国的现势,遂提民族教育;有说过去的教育太偏重了城市,遂提倡乡村教育;有说过去的教育是少数人的专利品,遂提倡民众教育;有说过去的教育只能培养成士大夫,遂提倡生产教育。众说纷呈,各有至理。惟欲彻底矫正已往教育之缺陷,自非设立一个公同标准来决定前进之途径不可,这个标准就是:"今日中国最大多数民众最急迫的需要"。

我们认为教育是一种工具,他的主要功用,应当是适应最大多数民众最迫切的需要。中国教育的基础也应当建筑在这种需要之上。所谓最大多数民众最迫切的需要,就是"民生的需要"。

我们深信任何教育不应离开民生。民族教育,应以民生为基础,乡村教育应以民生为脊干,民众教育应以民生为灵魂,生产教育应以民生为归宿,已往的教育,未能重视此点。所以我们显明的提出"民生本位的教育"之主张,以资补救。

民生本位的教育,就是以发展人民生计的经济活动为脊干,来改进民众生活,扶植社会生存,保障群众生命而达到民族复兴的教育。简言之为:"民生教育"。

[①]中国民生教育学会:《本会成立大会宣言》,《民生教育》1937年第1卷第1期,第3-4页。

（一）就发展人民生计来说，民生本位的教育，是发展民众的经济生活，使各个人皆能丰衣足食的教育。衣单食缺的民众，读书识字的教育也无法可施，勉强施进去，有时会发生很大的危险。

（二）就改进民众生活来说，民生本位的教育不仅发展民众的经济生活，使各个人皆能丰衣足食，还要在发展经济生活的过程中，改进民众其他各种生活，（文字生活在内）达到美满人生的目的。

（三）就扶植社会生存来说，民生本位教育，不仅使各个人皆能丰衣足食、生活改善而已，他还使全社会的民众集合而成为一种有机的生命单元——活动的社会——永远的生存，不断的进步。我们可以说：民生本位的教育，就是一种创造社会新生命的教育。

（四）就保障群众生命来说，民生本位的教育，不仅使各个人皆能丰衣足食，生活满足；不仅使一个社会永远的生存，不断的进步，还要使全社会全民族里的群众生命，得着安全的保障，使民族的生命得以延续。我们可以说：民生本位的教育，就是以民族复兴为远大目标的教育。

从上面四点看来，可知民生本位的教育，实含有发展人民生计，改进民众生活，扶植社会生存和保障群众生命的四个目标。不过这四个目标是有先后的次序的。发展人民生计是一种基本工作，必得把发展民众生活，扶植社会生存，保障群众生命的工作，贯穿在发展人民的生计活动当中，才能达到民族复兴的目的！

以上所述，是我们对于民生教育的主张，我们要用这"民生教育"的锄头为我中华民族在教育上开辟一条新路！从民生的需要上，建设我国教育的新基础。

附录二　中国民生教育学会会章[①]

（民国廿五年五月三日大会通过，同年五月三日首次理事会及十二月通函各理事依法修正）

第一条 名称

本会定名为中国民生教育学会。

第二条 宗旨

本会以研究及推行民生本位教育为宗旨。

第三条 区域及会址

本会区域以全国为范围，总会会址设于上海极司非而路七一八号。

第四条 会员

（一）种类及资格

本会会员分普通、赞助、团体及永久四种，其资格如下：

（甲）普通会员：凡有正当职业或中等以上学校学生，赞成本会宗旨，年纳会费一元者，皆得为本会普通会员。

（乙）赞助会员：凡有正当职业或中等以上学校学生，赞成本会宗旨，年纳会费五元以上者，皆得为本会赞助会员。

（丙）团体会员：凡国内教育文化团体或机关，赞成本会宗旨，年纳会费十元者，皆得为本会团体会员。

（丁）永久会员：凡个人一次缴纳会费十元以上，或团体一次缴纳会费五十元以上者，皆得为本会永久会员。

（二）权利及义务

本会会员之权利义务规定如下：

（甲）凡为本会会员者，皆享有本会内之选举及被选举权。

（乙）凡本会会员皆有宣传本会宗旨、促进本会会务发展之义务。

[①]资料来源：《中国民生教育学会立案》，上海市档案馆藏，0235-2-1884，第24—26页。

（三）入会

凡志愿加入本会为会员者,须经本会会员二人之介绍,及理事会之通过后发给入会证,方得为正式会员。

（四）退会

会员得自动请求退会,但须经理事会通过。

（五）除名

会员如有不正当行为,得由理事会议决除名。

第五条 组织

本会为推行便利起见,得设下列四种组织:

（一）理事会

（甲）本会理事会由会员公选十一人至十五人组织之,计划本会进行事宜,任期一年,连选得连任。

（乙）本会为发展会务起见,得再由理事会加推理事八人,名誉理事九人以上,赞助理事若干人,候补理事九人。

（二）常务理事会

（甲）本会由理事互选常务理事七人组织之,并由常务理事公推一人为理事长,总理一切事宜。

（乙）本会为处理日常会务、增加工作效率计,得在常务理事会之下设干事长,副干事长各一人及干事若干人,常驻会办公,其办事细则另订之。

（三）各种委员会

本会为发展会务计,得成立各种委员会,其产生办法及办事细则另订之。

（四）分会

各省市有会员五人以上者,得组织分会,其办事细则另订之。

第六条 选举

本会理事于年会开会时由全体会员选举之。

第七条 会议

本会会议分下列二种:

（一）会员大会

每年举行一次。

(二)理事会

每年举行二次,由理事长召集之。遇必要时,得由理事五人以上之提议,交请理事长召集临时会议。

第八条 经费

本会经费分下列四种:

(一)会费

(二)纪念金

(三)特别捐

(四)投资利息

第九条 事业

本会事业规定六项:

(一)计划关于民生本位教育事项

(二)研究关于民生本位教育事项

(三)推行关于民生本位教育事项

(四)辅导关于民生本位教育事项

(五)改良关于民生本位教育事项

(六)编辑关于民生本位教育事项。

第十条 附则

(一)本会遇不得已事故自动解散时,须由全体会员过半数之同意,所有总会账目由总会理事长负责清算,各分会账目由各分会主持人负责清算。

(二)本会章程遇必要时,由理事会修改之。

(三)本会章应交全体会员大会通过,并呈准市党部备案后施行。

附录三　修正中国民生教育学会会章[1]

（民国二十五年五月三日大会通过,同年十二月及二十七年十二月两次理事会依法修正,二十八年一月十九日中央社会部及二十八年二月二十日教育部指令修正。）

第一条 名称

本会定名为中国民生教育学会。

第二条 宗旨

本会以研究及推行民生本位教育为宗旨。

第三条 区域及会址

本会区域以全国为范围,总会会址现设于重庆川东师范。

第四条 会员

（一）种类及资格

本会会员分普通、赞助、团体及永久四种,其资格如下：

（甲）普通会员：凡有正当职业或中等以上学生,赞成本会宗旨,纳会费一元者,皆得为本会普通会员。

（乙）赞助会员：凡有正当职业或中等以上学校学生,赞成本会宗旨,年纳会费五元以上者,得为本会赞助会员。

（丙）团体会员：凡国内教育文化团体或机关,赞成本会宗旨,年纳会费十元者,皆得为本会团体会员。

（丁）永久会员：凡个人一次缴纳会费十元以上（甲种五十元以上、乙种三十元以上、丙种十元以上）,或团体一次缴纳会费五十元以上者,皆得为本会永久会员。

（二）权利及义务

本会会员之权利义务规定如下：

（甲）凡为本会会员者,皆享有本会内之选举及被选举权。

---

[1]《修正中国民生教育学会会章》,《民生教育》1939年第1卷第4期,第42-44页。

(乙)凡本会会员皆有宣传本会宗旨、促进本会会务发展之义务。

(三)入会

凡志愿加入本会为会员者,须经本会会员二人之介绍,及理事会之通过后发给入会证,方得为正式会员。

(四)退会

会员得自动请求退会,但须经理事会通过。

(五)除名

会员如有不正当行为,得由理事会议决除名。

第五条 组织

本会推行便利起见,得设下列四种组织。

(一)理事会

(甲)本会由会员公选理事十一人至十七人,候补理事五人至七人,组织理事会,执行本会会务进行事宜,任期一年,连选得连任。

(乙)本会为发展会务起见,再由理事会加推名誉理事长一人,名誉理事九人以上,赞助理事若干人,候补理事九人。

(二)常务理事会

(甲)本会由理事互选常务理事九人组织之,并由常务理事公推一人为理事长,综理一切事宜。

(乙)本会为处理日常会务、增加工作效率计,得在常务理事会之下设干事长、副干事长各一人及干事若干人,常驻会办公,其办事细则另订之。

第六条 选举

本会理事于年会开会时由全体会员选举之。

第七条 会议

本会会议分下列二种。

(一)会员大会

每年举行一次。

(二)理事会

每年举行二次,由理事长召集之,遇必要时,由理事五人以上之提议,交请理事长召集临时会议。

第八条 经费

本会经费分下列四种。

(一)会费

(二)纪念金

(三)特别捐

(四)投资利息

第九条 事业

本会事业规定六项。

(一)计划关于民生本位教育事项

(二)研究关于民生本位教育事项

(三)推行关于民生本位教育事项

(四)辅导关于民生本位教育事项

(五)改良关于民生本位教育事项

(六)编辑关于民生本位教育事项。

第十条 附则

(一)本会遇不得已事故自动解散时,须由全体会员过半数之同意,所有总会账目由总会理事长负责清算,各分会账目由各分会主持人负责清算。

(二)本会章程遇必要时,由理事会修改之。

(三)本会章应交全体会员大会通过,并呈准党政机关备案施行。

主要参考文献

一、档案

1.《沪西念二社概况》,上海市档案馆藏,Y4-1-116。

2.《念二社立案及念二运动促进会呈请备案》,上海市档案馆藏,Q235-2-1873。

3.《念二运动促进会报告会务状况》,中国第二历史档案馆藏,社会部档.全宗号:十一,案卷号:5813。

4.《中国民生建设实验院关于沪西民生教育实验区概况》,上海市档案馆藏,Q30-1-150-9。

5.《中国民生教育学会立案》,上海市档案馆藏,Q235-2-1884。

6.《大夏大学一览:职员名录》,上海市档案馆藏,Y8-1-222-46。

7.《中国民生教育学会报送会务活动概览呈及国民党中央社会部指令》,中国第二历史档案馆,社会部档,全宗号:十一,案卷号:3136。

8.《中国民生教育学会概况》(1938年12月),中国第二历史档案馆藏,社会部档,全宗号:十一,案卷号:3122。

9.《中国民生教育学会一览》(1937年3月),重庆市档案馆藏,0093-8-75。

10.《社会部直辖中国民生教育学会第二届职员资历表》,重庆市档案馆藏,重庆市社会局档,0016-10-60。

11.《中国民生建设实验院四年来工作概况及今后三年发展计划》,重庆市档案馆藏,重庆市社会局档,0060-13-103。

12.《重庆青年会章程》,上海市档案馆藏,U120-0-108。

13.《沪西民生教育实验区民教馆真如分馆工作报告及计划》,上海市档案馆藏,Q30-1-150-9。

14.《行政院分配上海各机关房屋委员会关于民生建设实验院申请分配房屋》,上海市档案馆藏,Q30-1-150。

15.《沪西民生教育实验区组织情形》,上海市档案馆藏,Q235-2-3508。

16.《上海市社会局关于中国民生教育学会及征用扬州公所土地申请拨发补助费的文件》,上海市档案馆藏,Q6-18-179。

17.《中国教育学会研究教育、招生问题的文件》,重庆市档案馆藏,重庆市教育局档,0065-1-10。

18.《中国民生建设实验院附属民建中学三十四年秋季新生保送办法》,重庆市档案馆藏,重庆市北碚二岩乡公所档,0081-8-96。

19.《中国民生建设实验院创立旨趣》,重庆市巴南区档案馆藏,巴县县政府建设科档,民1-9-435。

20.《渝市府及各机关居民等请领居民证有关函件》,重庆市档案馆藏,重庆市政府档,0053-9-16。

21.《为函请保送学生一名至三名免试入学以宏造就事》,重庆市巴南区档案馆藏,巴县县政府教育科档,民1-12-387。

22.《中国民生建设实验院征印捐赠抗建故事木刻画办法》,重庆市档案馆藏,重庆市社会局档,0060-13-103。

23.《中国民生建设实验院征印捐赠抗建故事木刻画办法的通知》,重庆市档案馆藏,重庆市北碚管理局档,0081-4-2925。

24.《民建中学校董事会立案事项表、董事履历表、教职员表及有关招生问题》,重庆市档案馆藏,重庆市教育局档,0065-1-3255。

25.《中国民生建设实验院与巴县县政府合办民生建设实验指导区合约》,重庆市巴南区档案馆藏,巴县县政府建设科档,民1-9-435。

26.李纪生编著:《民生教育语录丛刊之九:经济分团街头诗——附街头壁语》,巴县民生建设实验指导区1942年11月印,重庆市巴南区档案馆藏,巴县县政府建设科档,民1-9-435。

27.《沪西民生教育实验区人事任免及薪级核定》,上海市档案馆藏。Q235-2-1495。

28.《中国教育学术团体联合举办三十七年度公选荣誉教师办法》,上海市档案馆藏,0235-2-1644。

29.《上海市教育局处理申请开办中学的往来文书》,上海市档案馆藏,B105-5-124。

30.《上海市教育局关于工农学校转移领导及补习学校社教机关更改名称之训令》,上海市档案馆藏,B105-5-60。

二、著作与文集

1. 孙中山:《孙中山全集》(第一卷),中华书局,1981;《孙中山全集》(第二卷),中华书局,1982;《孙中山全集》中华书局,(第六卷),1985;《孙中山全集》(第九卷、第十卷),中华书局,1986。

2. 秦孝仪:《国父思想学说精义录》(第二编),台北正中书局,1976。

3. 古楳:《现代中国及其教育》(上册),中华书局,1934。

4. 晏阳初:《晏阳初全集》(第一卷),湖南教育出版社,1989。

5. 李海云:《新教育中国化运动》,社会科学文献出版社,2009。

6. 陶行知:《陶行知全集》(第一卷、第四卷),四川教育出版社,1991。

7. 梁漱溟:《梁漱溟全集》(第二卷),山东人民出版社,1990。

8. 陈东原:《中国教育新论》,商务印书馆,1928。

9. 黄炎培:《黄炎培教育文选》,上海教育出版社,1985。

10. 教育部:《第一次中国教育年鉴·乙编》,开明书店,1934。

11. 郑大华:《民国乡村建设运动》,社会科学文献出版社,2000。

12. 邓云特:《中国救荒史》,东方出版中心,2020。

13. 叶澜:《教育概论》,人民教育出版社,1991。

14. 邰爽秋等:《乡村教育之理论与实际》,教育编译馆,1935。

15. 熊明安、周洪宇:《中国近现代教育实验史》,山东教育出版社,2001。

16. 董宝良、周洪宇:《中国近现代教育思潮与流派》,人民教育出版社,1997。

17. 教育编译馆:《爽秋普及教育车说明书》,教育编译馆,1935。

18. 中国教育学会生产教育委员会:《中国生产教育问题》,商务印书馆,1935。

19. 雷通群:《西洋教育通史》,商务印书馆,1934。

20. 雷志松:《学术、社团与社会:中国民生教育学会研究(1936—1949)》,社会科学文献出版社,2012。

21. 李兴华主编《民国教育史》,上海教育出版社,1997。

22. 教育部教育年鉴编纂委员会:《第二次中国教育年鉴》,商务印书馆,1948。

23. 顾岳中:《民众教育》,商务印书馆,1948。

24. 陈旭麓、李华兴主编《中华民国史辞典》,上海人民出版社,1991。

25. 凌承纬、凌彦:《四川新兴版画发展史》,四川美术出版社,1992。

26. 张宪文、方庆秋、黄美真主编《中华民国史大辞典》,江苏古籍出版社,2002。

27. 徐友春主编《民国人物大辞典》,河北人民出版社,1991。

28. 李定开主编《重庆教育史(第二卷)》,西南师范大学出版社,2006。

29. 中国民生建设实验院研究处编:《民生本位教育论文集(第一集)》,教育编译馆,1944年。

30. 李凡:《孙中山全传》,北京出版社,1991。

31. 许美德:《思想肖像:中国知名教育家的故事》,教育科学出版社,2008。

三、报刊文章

1. 潘公展:《民生本位教育的政治基础》,《民生教育》1937年第1卷第1期。

2. 中国民生教育学会:《抗战建国时期中之民生教育》,《民生教育》1939年第1卷4期。

3. 舒新城:《写在中国教育出路问题专号之前》,《中华教育界》1939年第19卷第3期。

4. 萧莫寒:《生产教育与民生本位教育之新思潮》,《时代知识》1936年第1卷第6期。

5. 管汉晖:《20世纪30年代大萧条中的中国宏观经济》,《经济研究》2007年第2期。

6. 刘敏:《三十三年四川之工业》,《四川经济季刊》1944年第2卷第2期。

7.《中国军费与教育费之比较》,《教育杂志》1929年第21卷第6期。

8. 姜琦:《民生运动与民生教育》,《教育与职业》1928年第91期。

9. 邰爽秋:《民生教育刍议》,《教育杂志》1935年第25卷第6期。

10. 杨肃:《陶行知、邰爽秋二先生农村教育主张之不同》,《中华教育界》1934年第22卷第10期。

11. 尚丁,等:《对于〈五五宪章·教育章〉的意见》,《国讯》1944年第364期。

12. 飞卫:《邰爽秋先生的背影》,《十日谈》1934年第38期。

13. 司空村:《邰爽秋这位博士》,《人物杂志》1947年第8期。

14. 邰爽秋、徐国屏、胡义文、王勉素、皇甫均:《金家巷农村念二社实验报告》,《中华教育界》1934年第22卷第4期。

15. 邰爽秋:《死路上的民众教育和乡村教育》,《教育学期刊》1934年第2卷第1期。

16. 邰爽秋讲,陆吾身记:《民生本位教育》,《乡村改造》1937年第6卷第3期。

17. 唐茂槐:《实验的民生教育》,《民生教育》1937年第1卷第2、3期。

18. 乔志恂:《沪西民生教育实验区一日见闻记》,《山东民众教育》1936年第7卷第1期。

19. 杨卫玉:《中国之民生与教育》,《中华教育界》1931年第19卷第3期。

20. 邰爽秋:《民生本位教育发端》,《民生教育》1937年第1卷第1期。

21. 丁锦均:《邰爽秋与民生教育》,《华东师范大学学报》(教育科学版)1988年第1期。

22.《中国民生教育学会宣告成立》,《民众教育通讯》1936年第6卷第4、5期。

23.《钮永建等发起中国民生教育学会》,《教育季刊》1936年第12卷第1期。

24.《中国民生教育学会成立》,《申报》1936年5月4日。

25. 邰爽秋:《发刊词》,《革命日报·教育与民生》1938年5月2日。

26. 中国民生教育学会:《中国民生教育学会会务纪要》,《民生教育》1939年第1卷第4期。

27. 中国民生教育学会:《本会成立大会宣言》,《民生教育》1937年第1卷第1期。

28. 罗廷光:《教育与民生》,《民生教育》1937年第1卷第1期。

29. 叶青:《民生本位教育底哲学基础》,《民生教育》1937年第1卷第1期。

30. 张少微:《民生本位教育之社会基础》,《民生教育》1937年第1卷第1期。

31. 陈振鹭:《民生本位教育之社会基础》,《民生教育》1937年第1卷第1期。

32. 潘公展:《谈民生教育》,《民生教育》1937年第1卷第1期。

33. 林保持:《生产教育与民生主义》,《晨光周刊》(杭州)1937年第6卷第8期。

34. 唐庆增:《民生本位教育之经济基础》,《民生教育》1937年第1卷第1期。

35. 萧孝嵘:《民生本位教育的心理基础》,《民生教育》1937年第1卷第1期。

36. 梁园东:《民生本位教育的历史基础》,《民生教育》1937年第1卷第1期。

37. 陈苿民:《民生本位教育的科学基础》,《民生教育》1937年第1卷第1期。

38. 葛绥成:《民生本位教育的地理基础理论》,《民生教育》1937年第1卷第1期。

39. 中国民生教育学会:《中国民生教育学会最近一年来的工作报告》,《建国教育》1938年第1卷第1期。

40.《中国民生教育学会最近一年来工作报告》,《民生教育》1939年第1卷第4期。

41. 蒋舜年:《介绍吴稚晖先生的民生教育观》,《革命日报》1938年6月20日。

42.《中国民生教育学会扩大征集会员》,《申报》1936年10月19日。

43. 中国民生教育学会:《本会安庆分会近况》,《民生教育》1937年第1卷第2、3期。

44.《民生教育学会组织安庆分会》,《学风》1937年第7卷第1期。

45.《民生教育学会安庆分会举行第二次理事会议》,《学风》1937年第7卷第3期。

46.《民生教育学会安庆分会拟定研究计划大纲》,《学风》1937年第7卷第4期。

47.陈一百:《民生教育与精神训练》,《民生教育》1939年7月第1卷第4期。

48.王秀南:《十年来中国实验教育的回顾与展望》,《中华教育界》1947年1月复刊第1卷第1期。

49.蒋建白:《发刊词》,《民生教育》1937年第1卷第1期。

50.《民生教育学会实施难民教育》,《申报》1937年8月23日。

51.《民生教育月刊征求基本订户万份 举行特价三个月》,《民生教育》1937年第1卷第1期。

52.《各团体消息》,《建国教育》1939年第1卷第2期。

53.《中国教育学术团体联合年会报告》,《建国教育》1939年第1卷第2期。

54.中国民生教育学会:《本会会章修改》,《民生教育》1939年第1卷第4期。

55.《中国教育学术团体联合会简况》,《教育杂志》1947年第32卷第1期。

56.《教育学术团体联合办事处成立》,《教育杂志》1939年第29卷第2期。

57.《中国教育学术团体举行联合年会》,《申报》1938年11月29日。

58.吴鼎:《十二教育学术团体联合年会始末记》,《教育杂志》1939年第29卷第3期。

59.《中国教育学术团体联合年会昨开大会》,《申报》1938年11月30日。

60.中国民生教育学会:《中国教育学术团体第一届联合年会纪要》,《民生教育》1939年第1卷第4期。

61.邰爽秋:《民生本位之学校系统及各种教育之实施》,《教育通讯》1938年第1卷第36期。

62.《中国教育学术团体联合办事处举行座谈会》,《教育通讯》1939年第2卷第42期。

63.《中国各学术团体筹备第二届年会》,《申报》1940年2月18日。

64.《教育团体年会昨晨揭幕》,《申报》1942年2月9日。

65.《中国教育学术团体消息》,《文化先锋》1944年2月第3卷第9期。

66.《中国教育学术团体联合会第四届年会在北碚举行》,《四川教育通讯》1945年第5期。

67. 邰忠民:《谈谈民生教育思想的来源和内涵——纪念我的父亲邰爽秋诞辰一百二十周年》,《教育史研究》2017年第3辑。

68. 李纪生:《道圌教育工作介绍》,《中央日报》1942年12月7日。

69. 邰爽秋:《民生本位教育与当前教育问题》,《国立暨南大学校刊》1948年复刊第14期。

70. 巴战龙:《中国乡村教育研究进程的回顾与评论》,《湖南师范大学教育科学学报》2009年第5期。

71. 罗廷光:《教育与民生》,《政治季刊》1948年第6卷第1期。

72. 王裕凯:《民生教育——把握历史重心,解决民生问题》,《申报》1948年2月23日。

73. 民生教育实验区:《民生本位教材的编辑》,《上海教育周刊》1947年第2卷第2期。

74.《甘豫源教授出长沪西民生教育实验区)》,《上海教育周刊》1947年第1卷第10期。

75.《沪西民生教育实验区通讯》,《上海教育周刊》1946年1月第1卷第4期。

76.《大夏大学近成立民教推进区》,《申报》1947年11月11日。

77.《教育学术团体联合会本届年会在京举行》,《申报》1946年6月24日.

78.《教育学术团体联合年会今在京举行开幕仪式,民主与教育为讨论中心》,《申报》1947年10月26日。

79.《教育学术团体联合年会揭幕》,《申报》1947年10月27日。

80.《教育学术团体联合会第五届年会经过》,《教育通讯》1947年11月复刊第4卷第6期。

81.《中国教育学术团体联合会消息》,《教育杂志》1947年第32卷第6号。

82.《中国教育学会沪分会定期成立》,《申报》1947年12月2日。

83.《中国教育学会推进教育研究,组织各地分会》,《申报》1948年8月16日。

84. 邰爽秋等:《发起创办大众大学暨大众中学告社会人士及青年大众》,《大公报》1949年4月16日。

85. 郭衍莹:《被遗忘的民国平民教育家邰爽秋》,《钟山风雨》2014年第5期。

86.戴广德:《全面抗战与民生教育》,《革命日报》1938年5月30日。

87.吴曼君:《民族复兴与教育纠正问题》,《生计教育》1935年第1卷第1期。

88.王培祚:《中国新教育批判与改革》,《再生》1935年第3卷第3期。

89.邰爽秋:《民生本位教育产生的背景和意义》,《革命日报》1938年5月2日。

90.许乃璇:《国民教育应该以民生教育为中心》,《江西地方教育》1941年第213、214期合刊。

91.《修正中国民生教育学会会章》,《民生教育》1939年第1卷第4期。

四、其他文献资料

1.邰爽秋自传诗及注,手稿本。

2.邰爽秋:《中国民生建设实验院创立旨趣》,中国民生建设实验院筹备处印,1940。

3.万薇:《念二运动研究——以1931—1937年的上海为中心》,硕士学位论文,中山大学,2010。

4.许公鉴、罗次卿:《念二年度大夏民众教育实验区四大活动之轨迹》,大夏民众教育实验区,1934。

5.《大夏大学附设大夏民众教育实验区计划大纲》,《大夏》1934年第1卷第1期。

6.雷志松:《中国民生教育学会研究(1936—1949)》,博士学位论文,四川大学,2009。

7.中国教育学术团体联合办事处编印:《中国教育学术团体联合年报》,1944。

8.邰爽秋、尚莫宗、王琦:《三兄弟踊跃从军》,教育编译馆,1944。

9.史扬:《一所富有革命校风的学校——民建中学》,载政协沙坪坝区文史资料研究委员会、中共沙坪坝区党史工作委员会办公室编《沙坪坝区文史资料专辑》(第6辑),1987年12月。

10.乔一凡补订:《大中华民国宪法草案补订案》,中国民生教育学会1940年印行。

11. 郭海红:《邰爽秋民生本位教育的理论和实践研究》,硕士学位论文,河北师范大学,2014。

12. 中央教育科学研究所编:《中国现代教育大事记1919—1949》(征求意见稿)第四册,1985年印。

13. 中国民生教育学会:《中国民生教育学会报送〈学会概览〉与会务活动概况呈国民党中央社会部》,1938年6月。

14. 刘齐:《回到乡土:邰爽秋民生教育思想与实践研究》,博士学位论文,南京师范大学,2014。

15. 孙中山:《三民主义》,汉文会馆藏书。

丛书跋

2012年完成自己主编的2012年度国家出版基金资助项目"20世纪中国教育家画传"后,就策划启动新的研究项目,于是决定为曾在中国教育现代化过程中发挥巨大作用而又少有人知的教育社团写史,并在2013年3月拿出第一个包含8本书的编撰方案。当初怎么也没想到这一工作一再积累后延,几乎占用了我8年的主要时间,列入写作的社团一个个增加,参加写作的专家团队、支持者和志愿者不断扩大,最终汇成30本书和由50多位专家组成的团队,并在西南大学出版社鼎力支持下如愿以偿地获得2019年度国家出版基金资助。

1895年中日甲午海战中国战败后,中国社会受到强烈震动,有识之士勇敢地站出来组建各种教育社团,发展现代教育。1895年到1949年,在中国传统教育向现代教育转化、嬗变的过程中,产生了数以百计的教育社团。中华教育改进社等众多的民间教育社团在中国教育现代化进程中都曾发挥过重要的、甚至是无可替代的作用,到处留下了这些社团组织的深深印记,它们有的至今还在发挥着潜移默化的作用,它们是中国教育智库的先声。

但随着时间的推移,知道这段历史的人越来越少。教育社团组织与中国教育早期现代化既是一个有丰富内涵的历史课题,更是一个极具现实意义的实践课题。挑选"中国现代教育社团史"这一极为重大的选题,联合国内这一领域有专深研究的专家进行研究,系统编撰教育社团史,既是为了更好地存史,也是为了有效地资政,为当今及此后教育专业社团的建立、发展和教育改进与发展提供借鉴,为教育智库发展提供独具价值的参考,为解决当下中国教育管理问题提供借鉴,从而间接促进当下教育质量的提升和《中国教育现代化2035》目标的实现。简言之,为中国现代教育社团修史是一项十分有意义的工作。

在存史方面,抢救并如实地为这些社团写史显得十分必要、紧迫。依据修史的惯例,经过70多年的沉淀,人们已能依据事实较为客观地看待一些观点,为这些教育社团修史,恰逢其时;依据信息随时间衰减的规律,当下还有极少数人对70多年前的那段历史有较充分的知晓,错过这个时期,则知道的人越来越少,能准确保留的信息也会越来越少,为这些社团治史时不我待。因此,本套丛书担当着关键时段、恰当时机、以专业方式进行存史的重要责任。

在资政方面,为中国现代教育社团修史是一项十分有现实意义的工作。中国教育改革除了依靠政府,更需要更多的专业教育社团发展起来,建立良性的教育评价和管理体系,并在社会中发挥更大的作用。社团是一个社会中多种活力的凝结和显示,一个保存了多样性社团的社会才是组织性良好的社会,才是活力充足的社会。当时的各个教育社团定位于各自不同的职能,如专业咨询、管理、评价等,在社会和教育变革中以协同、博弈等方式发挥出巨大的作用。它们的建立和发展,既受到中国现代新式教育发展的制约,又影响了中国现代新式教育发展的进程。研究它们无疑会加深我们对那个时期中国新式教育发展过程中各种得失的宏观认识,有助于从宏观层面认识整个新式教育的得失,进而促进教育质量和品质的提升。现今的教育社团发展不是在一张白纸上画画,1900年后在中国产生的各种教育社团是它们的先声。为中国现代教育社团修史将会为当下及未来各个社团的建立发展和教育智库建设提供真实可信而又准确细致的历史镜鉴。

做好这项研究需要有独特的史识和对教育发展与改革实践的深刻洞察,本丛书充分运用主编及团队三十余年来从事历史、实地调查与教育改革实践研究的专业积累。在启动本研究之前,丛书主编就从事与教育社团相关的研究,又曾做过一定范围的资料查找,征集国内各地教育史专业工作者意见,依据当时各社团的重要性和历史影响,以及历史资料的可获取性,采用既选好合适的主题,又选好有较长时期专业研究的作者的"双选"程序,以保障研究的总体质量,使这套丛书不仅分量厚重,质量优秀,还有自己的特色。

本丛书的"现代"主要指社团具有的现代性,这样的界定与中国教育现代化进程相吻合。以历史和教育双重视角,对中华教育改进社等具有现代性的30余个教育社团的历史资料进行系统的查找、梳理和分析。对各社团发展的整体形态做全面的描述,在细节基础上构建完整面貌,对其中有歧义的观点依据史实客观论述,尽可能显示当时全国教育社团发展的原貌和全貌,也尽可能为当下教育社团与教育智库的建立和发展提供有益的历史镜鉴。

为此,我们明确了这套丛书的以下撰写要求:

全套丛书明确史是公器,是资料性著述的定位,严格遵循史的写作规范,以史料为依据,遵守求真、客观、公正、无偏见的原则,处理编撰中的各类问题。

力求实现四种境界:信,所写的内容是真实可靠的,保证资料来源的多样性;简,表述的方式是简明的,抓住关键和本质特征经过由博返约的多次反复,宁可少一字,不要多一字;实,记述的内容是有实际意义和价值的,主要体现为内容和文风两个方面,要求多写事实,少发议论,少写口号,少做判断,少用不恰当的形容词,让事实本身表达观点;雅,尽可能体现出艺术品位和教育特性,表现为所体现的精神、风骨之雅,也表现为结构的独具匠心,表达手法的多样和谐、图文并茂。

对内容选取的基本标准和具体要求如下:

(1)对社团的理念做准确、完整的表述,社团理念在其存续期有变化的要准确写出变化的节点,要通过史料说明该社团的活动是如何在其理念引导下开展的。

(2)完整地写出社团的产生、存续、发展过程,完整地陈述社团的组织结构、活动规模、活动方式、社会影响,准确完整地体现社团成员在社团中的作用、教育思想、教育实践,尽可能做到"横不缺项,纵不断线"。

(3)以史料为依据,实事求是,还原历史,避免主观。客观评价所写社团对社会和教育的贡献,不有意拔高,也不压低同时期其他教育社团。关键性的评价及所有叙述要有多方面的史料支撑,用词尽可能准确无歧义。

(4)凸显各单册所写社团的独特性,注意铺垫该社团所在时代的社会与教育背景,避免出现违背历史事实的表述。

(5)根据隔代修史的原则,只记述中华人民共和国成立之前的历史。对后期延续,以大事记、附录的方式处理,不急于做结论式的历史判定。

(6)各书之间不越界,例如江苏教育会与全国教育会联合会之间,江苏教育会与中华教育改进社之间,详略避让,避免重复。

写法要求为:立意写史,但又不写成干巴、抽象、概念化的历史,而是在掌握大量资料的基础上,全面、深刻理解所写社团的历史细节和深度,写出人物的个性和业绩,写出事件的情节和奥秘,尽可能写出有血有肉、有精气神的历史,增强可读性。写法上具体要求如下:

(1)在全面了解所写社团基础上,按照史的体例,设计好篇目、取舍资料、安排内容、确定写法。在整体准确把握的基础上,直叙历史,不写成专题或论文,语言平和,逻辑清晰。

(2)把社团史写得有教育性。主要通过记叙社团发展过程中的人和事展示其具有的教育功能;通过社团具有的专业性对现实的教育实践发生正向影响,力求在不影响科学性、准确性的前提下尽量写得通俗。

(3)能够收集到的各社团的活动图片尽可能都收集起来,用好可用的图,以文带图,图文互补,疏密均匀。图片尽可能用原始的、清晰的,图片说明文字(图题)应尽量简短;如遇特殊情况,例如在正文中未能充分展开的重要事件,可在图题下加叙述性文字做进一步介绍,作为一个独立的知识点。

(4)关键的史实、引文必须加注出处。

据统计,清末至民国时期教育社团或具有教育属性的社团有一百多个,但很多社团因活动时间不长、影响不大,或因资料不足等,难以写成一本史书。本丛书对曾建立的教育社团进行比较全面的梳理,从中精心选择一批存续时间长、影响显著、组织相对健全、在某一专业领域或某一地区具有代表性、典型性的教育社团进行深入研究,在此基础上做出尽可能符合当时历史原貌和全貌的整体设计,整体上能够充分完整地呈现所在时代教育社团的整体性和多样性特征,依据在中国教育现代化进程中所发挥的作用大小选择确定总体和各部分的研究内容，依据史实客观论述，准确保留历史信息。本丛书的基本框架为一项总体研究和若干项社团历史个案研究。以总体研究统领各个案研究，为个案研究确定原则、方法、背景和思路；个案研究为总体研究提供史实和论证依据，各个案研究要有全面性、系统性、真实性、准确性、权威性、实用性，尽量写出历史的原貌和全貌，以及其背后盘根错节的关系。

入选丛书的选题几经增减，最终完稿的共30册：

《中国现代教育社团发展史论》《中华教育改进社史》《中华平民教育促进会史》《生活教育社史》《中华职业教育社史》《江苏教育会史》《全国教育会联合会史》《中国教育学会史》《无锡教育会史》《中国社会教育社史》《中国民生教育学会史》《中国教育电影协会史》《中国科学社史》《通俗教育研究会史》《国家教育协会史》《中华图书馆协会史》《少年中国学会史》《中华儿童教育社史》《新安旅行团史》《留美中国学生联合会史》《中华学艺社史》《道德学社史》《中华教育文化基金会史》《中华基督教教育会史》《华法教育会史》《中华自然科学社史》《寰球中国学生会史》《华美协进社史》《中国数学会史》《澳门中华教育会史》。

本丛书力求还原并留存中国各现代教育社团的历史原貌和全貌，对当时各教育社团的发展历程、重要事件、关键人物进行系统考察，厘清各社团真实的运作情况，从而解决各社团历史上一些有争议的问题，为教育学和历史学相关领域的发展提供一定的帮助，拓展出新的领域，从而传承、传播教育先驱的精神，为当今教育改革和发展提供历史借鉴和智慧资源，为今后教育智库的发展提供有中国实践基础的历史参考，在拓展教育发展的历史文化空间上发挥其他著述不可替代的作用。在写作过程中严格遵守史的写作规范，以史料为依据，遵守求真、客观、公正、无偏见的原则，处理编撰中的各类问题。

这是一项填补学术空白的研究。这个研究领域在过去70多年仅有零星个别社团的研究，在史学研究领域对社团的研究较多，但对教育社团的研究严重不足；长期以来，在教育史研究领域没有对教育社团系统的研究；对民国教育的研究多集中于一些教育人物、制度，对曾发挥不可替代作用的教育社团的研究长期处于不被重视状态。因此，中国没有教育社团史的系列图书出版，只有与新安旅行团、中华职业教育社相关的专著,其他教育社团则无专门图书出版,只是在个别教育人物的传记等文献中出现某个教育社团的部分史实,浮光掠影,难以窥其全貌。但是教育社团对当时教育的发展发挥了倡导、引领、组织、管理、评价等多重功能,确实影响深远,系统研究中国现代教育社团是此前学术界所未有过的。该研究可以为洞察民国教育提供新的视角,在今后一段时期内具有标志性意义,发挥其他著述不可替代的作用。

这是一项高难度的创新研究。它需要从70多年历史沉淀中钩沉,需要在教育学和史学领域跨越,在教育历史与现实中穿梭,难度系数很高、角度比较独特,20多年前就有人因其难度高攻而未克。研究过程中我们将比较厚实的历史积累和对当下教育问题比较深入的洞见相结合,以史为据,以长期未能引起足够重视的教育社团为研究对象,梳理出每个社团的产生、发展、作用、地位。

这是一项促进教育品质提升的研究。中国当下众多教育问题都与管理和评价体制相关。因此,我们决定研究中国现代教育社团史,对中国教育现代化进程中发挥过重要作用的诸多教育社团的历史进行抢救性记述、研究,对中国教育体系形成的脉络进行详尽的梳理,记录百年中国教育现代化进程中教育社团所起的重大作用,体现教育现代化过程中的"中国智慧",为构建中国教育科学话语体系铺垫史料、理论基础,探明1898到1949年间教育社团在中国教育现代化发展中的作用,为改善中国教育提供组织性资源。

这是一项未能引起足够重视的公益性研究。本研究旨在还原并留存各教育社团的历史原貌和全貌,传承、传播教育先驱的精神,为当今教育改革和发展提供历史借鉴和智慧资源,拓展教育发展的历史文化空间,需要比较厚实的历史积累和对当下教育问题比较深入的洞见。本研究长期处于不被重视状态,但是其对教育的发展确实影响深远,需要研究的参与者具有对历史和现实的使命感。

这个研究项目在设计、论证和实施过程中得到业内专家的大力支持、高度关注和评价。中国教育学会教育史分会原会长田正平先生热心为丛书写了推荐信,又拨冗写了总序,认为:"说到底,这是当代中国教育改革的需要和呼唤。教育是中华民族振兴的根基和依托,改革和发展中国教育,让中国教育努力赶上世界先进水平,既是中央政府和各级政府义不容辞的职责,也必须依靠广大教育工作者的自觉参与和担当。从这个意义上讲,中国近代教育会社团体与中国教育早期现代化研究,既是一个有丰富内涵的历史课题,更是一个极具现实意义的重大问题。"中国现代教育社团史的课题,"从近代以来数十上百个教育社团中精心选择一批有代表性、典型性、产生过重大影响的教育社团,列为专题,分头进行了深入的研究。我相信,读者诸君在阅读这些成果后所收获的不仅仅是对教育社团的深入理解和崇高敬意,也可能从中引发出一些关于当代中国教育改革的更深层次的思考"。

北京师范大学教育学部原部长、清华大学教育学院院长石中英教授在推荐中道:"对那些历史上有重要影响的教育社团进行研究,既具有非常重要的学术价值,也具有非常强烈的现实意义。""当前,我国改革开放正在逐步地深入和扩大,激发社会组织活力,在整个社会治理体系建设中具有重要作用。现代教育治理体系的建设,也迫切需要发挥专业的教育社团的积极作用。在这个大背景下,依据可靠的历史资料,回溯和评价历史上著名教育社团的产生、发展、组织方式和活动方式等,具有现实意义和社会价值。""总的来说,这个项目设计视角独特,基础良好,具有较高的学术价值、实践价值和出版价值。"

1990年代,中央教育科学研究所张兰馨等多位前辈学者就意识到这一选题的重要性,曾试图做这一研究并组织编撰工作,终因撰写团队难以组建、资料难以查找搜集等各种条件限制而未完成。当我们拜访80多岁的张兰馨先生时,他很高兴地拿出了当年复印收藏的一些资料,还答应将当年他请周谷城先生题写的书名给我们使用,既显示这一研究实现了学者们近30年未竟的愿望,也使这套书更具历史文化内涵。

西南大学出版社是全国百佳图书出版单位、国家一级出版社、全国先进出版单位,承担了多项国家重大文化出版工程项目、国家出版基金资助项目、重庆市出版专项资金资助项目,具有丰富的国家、省市重点项目出版与管理经验。该社出版的多项国家级项目受到各级主管部门、学界、业内的一致好评。另外,西南大学的学术优势为本书的出版提供了学术支撑。

本项目30余位作者奉献太多。他们分别来自中国人民大学、北京师范大学、华东师范大学、中山大学、首都师范大学、浙江师范大学等多所高校和研究机构，他们长期从事相关领域的研究，具有极强的学术责任感，具备了较好的专业基础，研究成果丰硕，有丰富的写作经验。在没有启动经费的情况下，他们以社会效益为主，把这项研究既当成一项工作任务，又当成一项对精湛技术、高雅艺术和完美人生的追求，以高度的历史使命感和现实的使命感投入研究，确保研究过程和成果具有较高的严谨性。他们旨在记录中国教育现代化过程中教育社团所起的重大作用，体现教育现代化过程中的"中国智慧"，写出理论观点正确、资料翔实准确、体例完备、文风朴实、语言流畅，具有资料性、科学性、思想性，经得起历史检验的，有灵魂、有生命、能传神的现代教育社团史。

这套丛书邀约的审读委员主要为该领域的专家，他们大多在主题确定环节就参与讨论，提供资料线索，审读环节严格把关，有效提高了丛书的品质。

本人为负起丛书主编职责，采用选题与作者"双选"机制确定了撰写社团和作者，实行严格的丛书主编定稿制，每本书都经过作者拟提纲—主编提修改意见—确定提纲—作者提交初稿—主编审阅，提出修改意见—作者修改—定稿的过程，有些书稿从初稿到定稿经过了七到八次的修改，这些措施有效地保障了这套丛书的编撰质量。尽管做了这些努力，仍难免有错，敬希各位不吝赐正。

十分感谢国家出版基金资助。本丛书有重大的出版价值，投入也巨大，但市场相对狭窄。前期在项目论证、项目启动、资料收集、组织编写书稿中投入了大量的人力、物力。多位教育专家和史学专家经过八年的努力，收集了大量的资料，研究的深度和广度都大大超出此前这一领域的研究。各位作者收集了大量的历史资料，走访了全国各大图书馆、资料室，完成了约一千万字、数百幅图片的巨著。前期的资料收集、研讨成本甚高，而使用该书的主要为教育研究者、教育社团和教育行政人员。即便丛书主编与作者是国内教育学、教育史学领域的权威专家，即便丛书经过精心整理、撰写而成，出版后全国各地图书馆、研究院所会有一定的购买，有一定的经济效益，但因发行总数量有限，很难通过少量的销售收入实现对大量经费投入的弥补,国家出版基金资助是保障该套丛书顺利出版的关键。

  教育在实现中华民族伟大复兴中发挥着不可替代的作用。完整、准确、精细地回顾过去方能高瞻远瞩而又脚踏实地地展望未来,将优秀传统充分挖掘展现、利用方能有效创造未来,开创教育发展新时代。在中国教育现代化进程中众多现代教育社团是促进者。中国人坚定的自信是建立在5000多年文明传承基础上的文化自信。中国现代教育社团的发起者心怀中华,在中华民族处于危亡之际奔走呼号,立足弘扬中华优秀文化传统提倡革新。本丛书深层次反映了当时中国仁人志士组织起来,试图以教育救国的真实面貌,其中涉及几乎全部的教育界知名人物,对当年历史的还原有利于挖掘中华优秀传统文化的强大生命力和在民族危亡关头的强大凝聚力,弘扬中华优秀传统文化,为构建中华优秀传统文化传承发展体系添砖加瓦。研究这段历史,对于推动中华优秀传统文化创造性转化、创新性发展,对于促进教育智库建设,发展中国教育事业,发挥教育在促进中华民族伟大复兴中的作用具有重要意义。

  愿我们所有人为此的努力在中国教育现代化进程中生根、发芽、开花、结果。